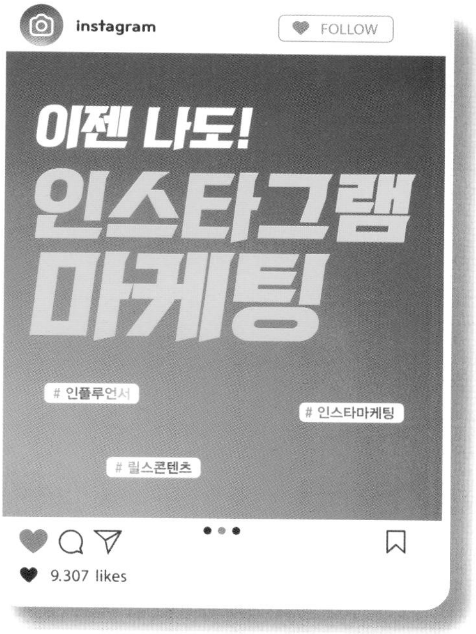

정주윤 지음

BM (주)도서출판 성안당

감각적으로 즐기면서 시작하는 인스타그램 마케팅

인스타그램은 현재 우리가 가장 즐겨 사용하는 SNS임에 틀림없으며, 다수의 소셜 미디어 중에서도 단연 선두주자입니다. 하지만 트렌드에 따라 SNS나 소통의 도구들은 자주 변경되어 왔으며 진화 속도가 점차 빨라지고 있습니다. SNS 플랫폼을 선점하고 우위를 차지하며 SNS계의 선두주자를 자처하는 이들은 늘 앞서가는 플랫폼을 예상하곤 합니다.

인스타그램의 가장 큰 장점은 조작 방법이 그 어떤 플랫폼보다 쉬우며, 스마트폰 하나만으로 언제, 어디서든 손쉽게 콘텐츠를 만들어 낼 수 있다는 것입니다. 인스타그램은 이미지 중심의 SNS이며 관심사를 기반으로 한 플랫폼으로, 이러한 소통은 콘텐츠에 좀 더 집중하도록 도와줍니다. 또한 개인은 #(해시)태그를 통해 내 관심사에 집중할 수 있고, 브랜드는 스토리를 담은 이미지로 관심사에 집중하는 인스타그램 사용자들에게 좀 더 효율적인 홍보를 할 수 있게 도와줍니다. 인스타그램은 광고나 비즈니스 기능을 제공함에도 개인에게 피로를 주지 않는 UI(User Interface)를 선택하며 개인이 관심사에 집중하는 것을 침범하지 않습니다.

개인과 브랜드가 소통하며 공존하는 공간을 만들어줍니다.

현재 인스타그램은 브랜드 마케팅의 필수 요소가 되었습니다. 인스타그램이 다른 플랫폼보다 마케팅 수단으로 주목받는 이유는 무엇일까요? 인스타그램은 단순한 이미지를 업로드하며 일상을 공유하는 단순한 앱으로 시작하여 이제 릴스라는 동영상 플랫폼 기능까지 제공하고 있습니다. 가격 태그를 통해 제품 가격을 노출하며 판매 사이트로 유도하는 기능을 제공합니다. 최근에는 인앱 결제라고 해서 인스타그램 앱 안에서 쇼핑하고 결제할 수 있는 기능을 부분적으로 도입했습니다. 일부 미국 브랜드에 한정적으로 사용하고 있으며, 점차 확대된다면 마케팅 영역뿐만 아니라 쇼핑에 있어서 필수 앱이 될 것이 분명합니다. 현재까지 인스타그램은 다수 인스타그램 사용자의 니즈를 발 빠르게 충족시켜주는 스마트한 행보를 보여주며 점차 성장하고 있습니다.

인스타그램은 쉽고 간단하지만, 작은 앱 안에 다양한 플랫폼을 장착하고 더 큰 힘을 발휘하고 있습니다. 아직 인스타그램을 시작하지 않았나요? 자, 그럼 이젠 나도 인스타그램!

정주윤

처음 시작하려는 인스타그램 사용자를 위한 한마디

인스타그램 세계의 도전을 환영합니다. 유명 인플루언서가 처음 인스타그램을 시작하려는 독자분들에게 생생한 메시지를 전달합니다.

김도한
@k.d0han

패션에 관심이 많아, 패션 정보를 얻으려고 시작했던 인스타그램이 이제는 저만의 포트폴리오가 되었습니다. 인스타그램 자체 UI는 다른 SNS 앱보다 접근성이 쉽고 또 게시물을 쉽게 볼 수 있어서 좋습니다. 일상생활에서 적절히 인스타그램을 활용하면 좋은 정보를 얻을 수 있고, 물론 보여주기 위한 게시물이 많지만 이것 또한 인스타그램만의 매력이라고 생각합니다.

강경희
@kang_kyung.hee

인스타그램을 시작하게 된 배경은 단순히 여행을 다니면서 기억에 남는 장소들을 인생샷으로 찍어 기록하고 싶었기 때문이었습니다. 예쁜 사진 한 장에 무수히 달리는 #(해시)태그는 장소뿐만 아니라 그날의 분위기와 감정을 부담 없이 글로 남길 수 있어 나만의 개성 있는 시선을 담기에 적합한 공간처럼 느껴졌지요. 무엇보다 여행지를 추천하기 위해 수백 장의 사진을 뒤져보지 않고서도 인스타그램에 올린 대표 이미지와 #(해시)태그로 알려줄 수 있다는 점이 매력적으로 다가왔습니다.

조민지
@mj_1419_

회사생활을 시작하면서 새로운 일상과 앞으로의 경험을 기록해두고 싶어 인스타그램을 시작했습니다. 업무나 일상생활을 하면서 예쁘거나 맛있는 것들이 있을 때 그리고 좋아하는 것 중 남들과 공유하고 싶은 것이 있을 때 사진과 생각을 함께 정리해왔습니다. 3년 정도 콘텐츠를 쌓다 보니 음식, 책, 꽃에 관심이 많다는 걸 알게 됐습니다. 그때부터는 아예 식/문/화 세 가지로 콘셉트를 잡아서 이에 대한 제 취향을 남기고 있습니다. 내 취미와 취향을 알아가고 또 정리해 나갈 수 있다는 점에서 인스타그램은 '단순한 일상의 기록' 이상의 의미가 있습니다. '나'라는 브랜드를 만들어 가는 가장 쉽고 가까운 연습장, 인스타그램의 가장 큰 매력입니다.

인스타그램 사용자 되기 4단계 코스

인스타그램은 어렵지 않습니다. 스마트폰만으로 간단한 사진과 영상을 촬영하여 마케팅에 활용할 수 있으니까요. 사진과 영상을 업로드하면서 부족한 부분이 있다면 다음 코스를 밟아가며 도전해 보세요.

1 인스타그램 사용자 되기 3일 코스

당장 인스타그램을 시작하길 원한다면 3일 코스에 도전해 보세요. 스마트폰으로 사진&영상 촬영 노하우를 익히고 인스타그램 콘텐츠 설정과 핵심 기능을 익힌 다음 채널을 만들어 올려 보세요. 일상을 촬영하고 공유하며 소통하는 재미를 느끼면 이미 인스타그램 생활은 시작된 것입니다.

PART 2 100%
PART 3 100%
PART 4 100%

2 인스타그램 사용자 되기 1주 코스

단순하게 촬영한 사진&영상을 올리는 과정이 만족스럽지 않나요? 인스타그램과 별도의 앱에서 제공하는 사진 보정 및 편집 기능으로 쉽고, 빠르게 감각적인 게시물을 업로드해 보세요. 인스타그램의 피드를 만들어 공유했다면 각종 정보를 사진과 함께 검색해 잘 나가는 인스타그램 채널을 만들 수 있습니다.

PART 2·3 100%
PART 4 100%
PART 7 100%

3 인스타그램 사용자 되기 2주 코스

슬슬 팔로워를 늘려 인스타그램 스타가 되고 싶나요? 그럼 먼저 소통을 위해 친구를 찾아 팔로잉하고 채널을 관리해야 합니다. 팔로워 생성기나 무리한 팔로잉은 금물! 꼭 필요한 사진&영상 편집 기법을 익혀 감각적인 피드 외에 스토리, 릴스에 영상을 공유하세요. 그리고 태그 등을 추가해 다양한 방법으로 팔로워 수를 늘려 보세요.

PART 2·3·4 100%
PART 5·6 100%
PART 7 70%

4 인스타그램 사용자 되기 3주 코스

팔로워가 늘어나면 점차 수익에 대한 욕심도 생기기 마련입니다. 그럼 내 채널을 어떻게 다루고 비즈니스 채널 관리 및 수익으로 연결하는지 알아봅니다. 내 채널을 찾는 사람들과 인기 게시물을 파악하여 전략적으로 어떻게 만들어나갈지 생각한다면 이젠 나도 멋진 인스타그램 사용자가 된 셈입니다.

PART 1·2 100%
PART 5 60%
PART 6·7 100%

인스타그램을 사용하기 위한 8단계 과정 학습 방법

인스타그램에 내 채널을 만들기 전에 이 책에서 제시하는 단계별 학습 방법을 미리 알아보세요. 단계별 섹션을 찾아 필요한 부분만 학습할 수 있습니다.

0 START!

인스타그램을 시작하기로 마음먹었다면 어떤 콘텐츠로 채널을 이끌어나갈 것인지 생각해 보세요. 내가 가장 관심 있고 잘하는 아이템을 선택해야 오랫동안 내 채널을 유지하면서 꾸준히 사진&영상을 올릴 수 있답니다. 즐길 수 있는 아이템이 결정되었다면 이제부터 시작입니다.

1 인스타그램 시작하기

핫한 소셜 미디어인 인스타그램에서 내 채널의 콘텐츠를 정하고 스마트폰 하나로 손쉽게 감각적인 사진&영상을 촬영하는 방법을 익힙니다.

PART 02 ······ Section 01~05

더 자연스럽고 일상에 가까운 스토리를 만들어 스토리텔링을 잘 녹인 브랜드를 살펴봅니다.

PART 01 ······ 하나 더!

7 마케팅 준비하기

인스타그램 샵은 사진&영상으로 정보를 습득하는 동시에 제품을 구매할 수 있는 편리한 기능까지 제공하여 매우 유용합니다. 내 게시물을 홍보하는 방법과 팁에 대해 알아봅니다.

PART 05 ······ Section 01~06

8 마케팅하기

인스타그램은 단순히 사진&영상을 공유하는 개인 플랫폼에서 벗어나 점차 비즈니스 영역을 확대하고 있습니다. 그러므로 비즈니스 및 마케팅 요소로 적극적으로 활용하는 수단으로써의 기능도 학습해 개인 마케팅 및 향후 브랜드나 비즈니스 마케팅 수단으로 활용하기를 추천합니다.

PART 01 ······ Section 04~21

2 사진&영상 업로드하기

인스타그램은 다양한 기능들을 제공합니다. 여기서는 인스타그램의 채널을 꾸미는 방법부터 사진&영상을 업로드하고 태그와 정보 등을 추가하여 공유하는 방법까지 인스타그램의 핵심 기능들을 살펴봅니다.

PART 02 ······ Section 07~20

3 채널 기본 관리하기

'팔로잉'은 내가 관심을 가지고 팔로우하는 사람이고, '팔로워'는 나에게 관심을 가지고 나를 팔로우하는 사람입니다. 채널을 만들면 소통을 위해 친구를 찾아 팔로잉하고 팔로워가 생기도록 계정을 관리해야 합니다. 더불어 채널을 더 효율적으로 관리하는 방법을 알아봅니다.

PART 03 ······ Section 03·06·15

다른 사람의 게시물을 내 계정에 담아 보세요. 리포스트 앱을 이용하면 자동으로 출처를 가져오기 편리합니다.

PART 03 ······ 하나 더!

4 스토리와 릴스 만들기

사진 외에도 영상을 다루는 릴스와 스토리 기능을 활용해 생동감 있는 채널을 만들어 봅니다. 또한 생생함과 현장감을 그대로 전달하는 라이브 방송도 가능합니다. 좀 더 다양한 영상 콘텐츠를 올려 크리에이터에 도전해 보세요.

PART 04 ······ Section 04 · 05 · 11

5 계정 관리하기

인스타그램에서 제공하는 기본 채널 관리 기능을 넘어 숨겨진 필수 기능을 알아봅니다. 활동 및 보안 강화, 공개 설정, 차단 및 신고 기능 등으로 인스타그램을 더 효율적으로 관리하세요.

PART 07 ······ Section 05·07·11

6 사진&영상 보정하기

인스타그램의 기본 필터를 활용하여 어둡게 나온 사진을 밝게 보정하고 좀 더 돋보이게 표현하는 방법을 살펴봅니다. 사진&영상을 자르고, 크기를 조정하고, 색감을 보정하고 꾸며 비주얼적인 표현을 강조합니다.

PART 02 ······ Section 17~20

이 책을 보는 법

인스타그램 입문을 위해 가장 쉽게 배울 수 있도록 꼭 알아두어야 할 이론과 스페셜, 따라하기 방식으로 구성하였습니다. 이 책의 보는 방법을 미리보기 형식으로 알아보겠습니다.

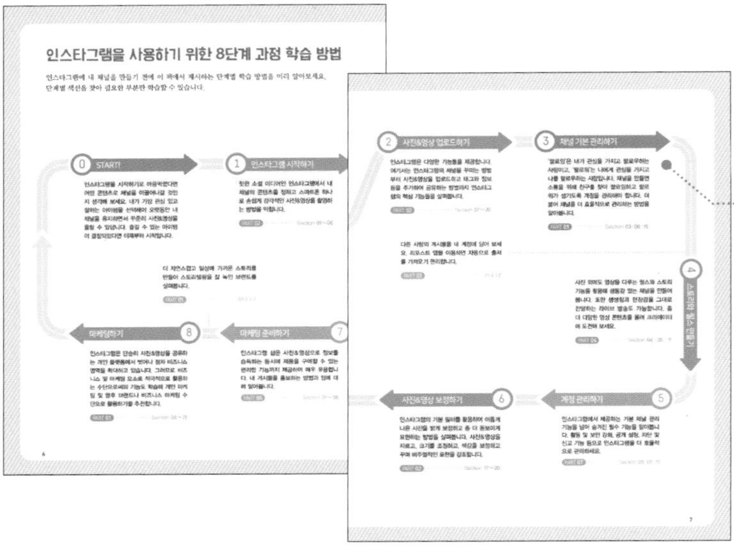

학습 방법

인스타그램을 시작하기 전에 인스타그램 사용자가 되기 위한 작업 과정과 나에게 딱 맞는 학습 방법을 찾아봅니다.

페이지 구조

페이지별 설명을 한눈에 볼 수 있도록 구성하였습니다. 복잡한 인스타그램 페이지 구조를 한번에 파악해 보세요.

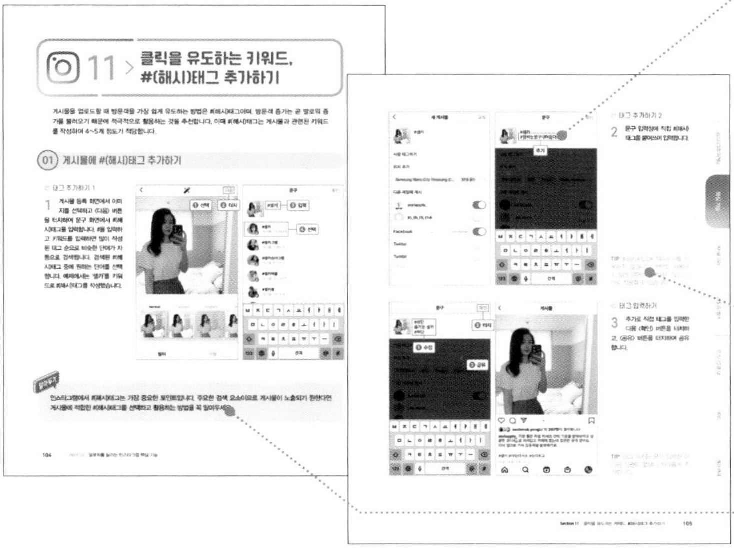

따라하기

인스타그램 활용 과정을 쉽게 배울 수 있도록 따라하기 방식으로 설명하였습니다. 과정별로 차근차근 따라하다 보면 어느새 인스타그램 채널을 만들 수 있습니다.

팁

따라하기에 관한 추가 설명을 팁으로 구성하였습니다.

알아두기

해당 섹션에서 알아두면 좋은 내용을 통해 쉽게 이해할 수 있습니다.

하나 더!

인스타그램 채널 제작 시 알아두면 도움이 되는 내용을 스페셜 페이지로 구성하였습니다. 남들보다 특별하고 멋진 인스타그램 채널을 만들어보세요.

차례

03 이것만 알면, 나도 인싸, 인플루언서!

06 나만의 매거진, 가이드 기능으로 홍보하기

07 마케팅 홍보의 필수! 계정 관리하기

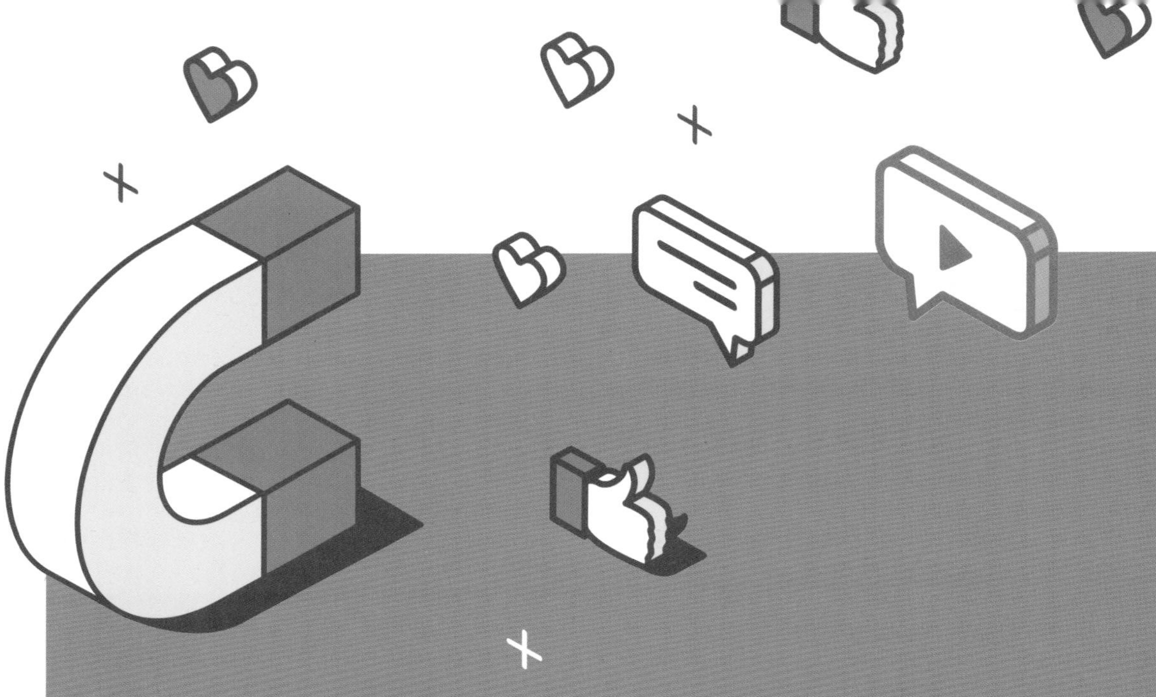

Instagram

PART 01

빠르고 감각 있게! 인스타그램 마케팅의 시작

인스타그램은 최근 가장 쉽게 접할 수 있는 SNS, 말그대로 핫한 소셜 미디어입니다. 각종 정보를 사진과 함께 검색할 수 있어 편리하며 스마트폰 하나로 손쉽게 사용할 수 있습니다. 이제부터 인스타그램을 시작하기 위한 준비물과 마케팅을 알아보겠습니다. 자, 인스타그램 마케팅을 시작할 준비가 되었나요?

01 > 인스타그램을 즐기기 위한 시작!

인스타그램(Instagram)은 사진 및 동영상을 공유할 수 있는 소셜 미디어 플랫폼 중의 하나로, 인스턴트(Instant)와 텔레그램(Telegram)이 합쳐진 단어입니다. 2010년 처음 출시되었으며, 가장 큰 특징은 다른 소셜 미디어에 비해 이미지(사진, 동영상) 중심으로 운영된다는 점입니다.

01 이미지 중심의 짧은 메시지로 소통하는 인스타그램

흔히 인스타그램을 그날의 일상을 가볍게 사진이나 간단한 동영상으로 공유하는 SNS라고 알고 있습니다. 실제로 초창기 인스타그램은 단순한 기능만을 가지고 있었으나, 점차 업그레이드되어 사진 중심의 단순한 피드만으로 운영되던 것에서 벗어나 순간을 담는 스토리, 생동감 넘치는 라이브 기능을 추가했습니다. 이제는 1분 동영상뿐만 아니라 숏폼 동열상을 업로드할 수 있는 릴스까지 추가하는 등 영역이 점차 확장되고 있습니다. 각각의 특징에 맞게 인스타그램의 다양한 채널을 활용하여 나와 브랜드를 홍보할 수 있습니다.

인스타그램은 어떤 사람에게는 기록의 공간이고, 어떤 사람에게는 사업의 공간이며, 어떤 사람에게는 스토리와 이야기를 담아내는 공간입니다. 또한 그 자체가 감성으로 인지됩니다. 사업을 한다면 인스타그램은 타인의 취향을 수집하기 쉬운 장소입니다.

스마트폰 하나만으로 쉽게 기능을 사용할 수 있어 누구나 접근하기 쉬우며 목적에 따라 다방면으로 활용할 수 있습니다. 취미를 공유하고 관심사를 이미지와 함께 쉽게 검색하며 동영상으로 생동감 넘치는 채널을 만들 수 있고, 물건을 바로 구매할 수도 있는 인스타그램을 아직 시작하지 않았다면, 지금이라도 늦지 않았으니 함께 시작해 봅시다.

02 왜 인스타그램을 시작해야 할까?

많은 사람들이 인스타그램을 비롯해 카카오스토리, 밴드, 페이스북, 트위터 등 다양한 SNS를 소통의 장으로 사용합니다. 그만큼 SNS의 진화 속도는 점차 빨라지고 있으며 다수가 사용하는 만큼 SNS는 마케팅에서 빠질 수 없는 요소가 되었습니다. SNS를 사용하는 이유는 저마다 다르며 개인의 취미이거나 브랜드 또는 상품 홍보의 목적을 가진 경우도 있습니다.

인스타그램은 대화나 글을 기반으로 소통하는 소셜 네트워크의 특성에 비해 이미지와 동영상 위주의 기능을 제공하고 직관적으로 서비스하는 것이 특징입니다. 시각적인 요소가 부각되다 보니 제품을 홍보하기 쉽고 개인적인 특징을 이미지화해서 개성을 드러내기 쉬워 많은 사람들이 사용하고 있습니다. 기능 또한 단순하고 직관적인 화면을 사용하고 있어 이용하기 쉽고, 모바일에 최적화된 UI는 언제 어디서나 손쉽게 업로드할 수 있는 강점을 가집니다.

일방적인 광고가 아닌 소통을 통한 SNS 마케팅은 브랜드 마케팅에서 빠질 수 없는 필수 요소로 자리잡았습니다. 그중 인스타그램 홍보는 단연 선두입니다. 인스타그램이 관심사 중심의 #(해시)태그로 운영되는 특징이 있어 원하는 정보를 키워드로 모으고 더불어 이미지로 확인할 수 있기 때문입니다. 관심사에 대한 검색이 쉽다는 점은 비교적 장시간 해당 콘텐츠에 머물게 합니다. 개인은 개인대로 내 관심사에 집중할 수 있어 좋고, 브랜드는 브랜드대로 효율적인 홍보를 펼칠 수 있어 좋은 플랫폼입니다.

03 인스타그램의 파워와 통계

인스타그램은 2019년 상반기에 기자간담회를 열어 사용자층 및 계정 선호도에 관해 발표하였습니다. 인스타그램의 사용자 연령은 생각보다 폭넓게 분포되어 있어 연령별로 나눴을 때 18~24세 인구 중 54%, 25~34세 인구 중 54%가 사용 중이며, 35~44세(39%), 45~54세(30%)의 사용자도 많습니다. 특히 55세 이상 사용자도 15% 정도가 하루에 수차례 인스타그램을 사용한다고 합니다. 인스타그램은 한국 사용자 2천 명을 포함한 13개국 2만 천 명의 사용자에 관해 설문조사를 실시하였는데, 흔히 말하는 먹스타그램과 뷰티, 패션이 가장 강세일 것 같았지만 실제로 인스타그램 사용자들이 흥미롭게 느끼는 분야는 여행(54%), 영화(50%), 패션(46%), 음악(43%), 뷰티(34%), 식음료(32%)라고 합니다.

02 어떤 주제로 만들까? 콘텐츠 정하기

인스타그램은 자신의 흥미와 관심사 위주로 팔로잉과 팔로워를 만드는 SNS이므로, 콘텐츠의 주제를 정해 게시물을 올리는 것이 팔로워를 증가시키는 방법입니다.

01 진정성 있는 콘텐츠로 승부하라

인스타그램 아태 지역 선임 컨슈머 리서치 담당자는 비하인드신에 따르면 인스타그램 사용자들이 원하는 정보는 '재미있거나 흥미로운(50%)', '유용한(44%)', '개인적으로 관련성 높은(43%)', '생생하거나 진정성 있는(43%)', '창의적인(40%)' 것 순이라고 합니다. 재미있고 개인에 포커스가 맞춰진 콘텐츠에 더 흥미를 느낀다는 결과입니다. 자연스러운 일상과 더불어 진정성 있고 신뢰가 가는 콘텐츠를 만드는 것이 화려하고 고급스럽게 포장된 것보다 더 효과적일 것입니다.

인스타그램 계정을 운영하려는 의도가 개인적인 기록 용도라면 콘텐츠 선택이 자유롭고 제약을 받지 않습니다. 하지만 소위 인싸가 되겠다는 의지나 특정 브랜드 혹은 상품을 홍보한다는 목적이 있다면 콘텐츠를 명확히 정리해야 합니다. 효율적인 인스타그램 운영을 위해서는 더 많은 콘텐츠 주제를 담겠다는 욕심보다 정확한 키워드로 담백하게 콘텐츠를 담는 것이 좋습니다.

알아두기

팔로워를 증가시킬 때 유의할 점

인스타그램은 팔로워가 많아야 다른 사람들이 내 계정을 방문하는 횟수, 게시물이 공유되는 횟수가 증가합니다. 하지만 무작정 팔로워를 늘리는 데만 급급하고 콘텐츠 관리나 소통이 원활하게 이루어지지 않는다면 많은 팔로워는 사실상 '좋아요'로 연결되지 않습니다. 특히 원하는 웹사이트에 유입시키기는 더욱 어렵습니다.
무작정 팔로워를 늘리기 위한 마구잡이식 맞팔을 유도하는 팔로잉 행위나 팔로워 늘리기 앱은 추천하지 않습니다. 단, 시작한 지 얼마 되지 않아 팔로워가 너무 없으면 계정이 성장하기 힘들 수 있으니 초반에는 적극적인 팔로잉을 하고 맞팔을 유도하는 적극적인 소통이 필요합니다. 이 또한 콘텐츠의 신뢰성과 진정성을 기반으로 적극적으로 소통해야 한다는 것을 잊지 않도록 합니다.

02 일정한 콘셉트로 업로드하라

인스타그램은 흥미와 관심사 위주로 팔로잉과 팔로워를 만드는 SNS의 특징이 강하므로 같은 관심사의 콘텐츠를 가진 게시물을 업데이트하는 것이 좋습니다. 사진과 동반되는 글은 진정성과 신뢰도가 있어야 팔로워들이 꾸준히 방문합니다.

가끔은 괜찮지만 목적과 차이가 나는 게시글은 언팔을 유도하기 쉬우니 콘텐츠를 일정한 콘셉트로 업로드하는 것이 좋습니다.

예를 들어, 다이어트를 위해 다이어트를 주 목적으로 하는 계정을 팔로잉하는데, 먹방 사진이 시도 때도 없이 올라오면 음식의 유혹을 견디기 힘듭니다. 그야말로 고통이 아닐 수 없어 언팔을 불러오기 쉽습니다.

예시 1 사진처럼 운동과 일상을 콘텐츠로 한다면 건강 식단 그리고 운동을 주제로 한 이미지가 일정하게 업데이트되는 것이 효과적입니다. **예시 2** 사진은 판매 계정으로, 판매하는 상품이 수영용품인 것을 알 수 있고 그 외 연관성이 없는 게시물은 보이지 않습니다. 판매 계정일수록 판매에 도움이 되는 게시물이 아니라면 자제하는 것이 좋으며 판매와 관련 있는 정보를 가진 이미지를 꾸준히 게시하는 것이 좋습니다.

예시 1

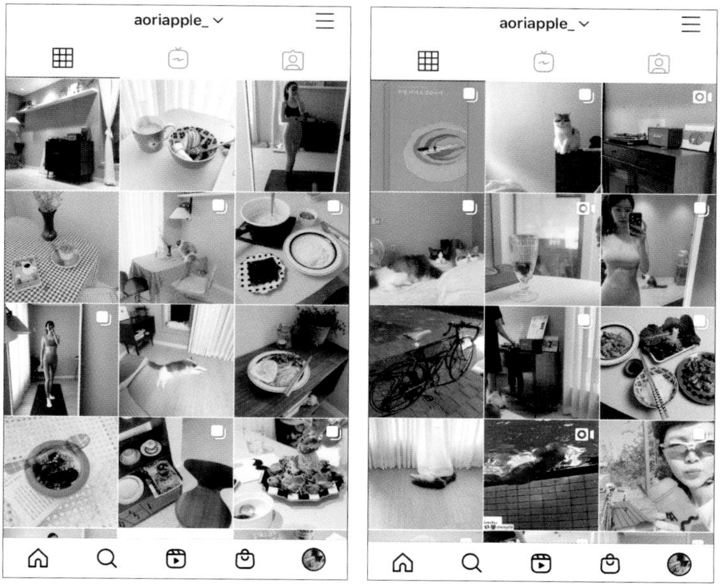

예시 2

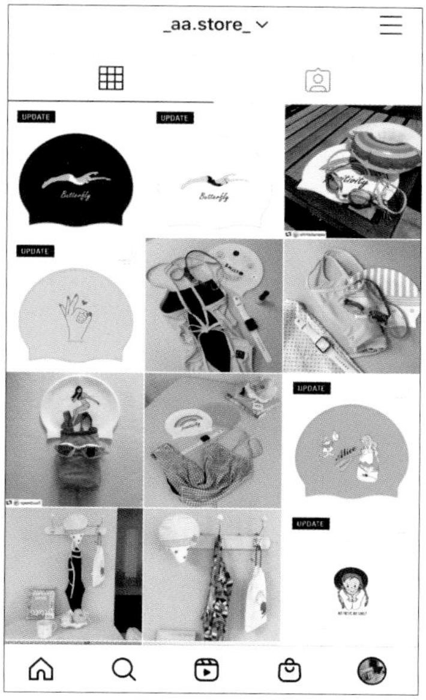

03 잘 나가는 인스타그램을 만드는 방법, 이것만은 꼭 알자!

인스타그램 계정을 운영하며 많은 팔로워를 가진 인플루언서가 되기 위한 기본적인 몇 가지 사항들을 간략하게 알아보도록 하겠습니다.

01 명확한 콘텐츠를 만들어라

인스타그램 계정 관리에서 가장 중요한 것은 콘텐츠입니다. 비즈니스 홍보 수단으로 운영한다면 명확한 콘셉트를 가지고 일정한 톤을 유지하기 위해 노력해야 하며, 개인적으로 사용하고자 할 때에도 한 가지 혹은 몇 가지 한정된 주제 안에서 운영하는 것이 좋습니다. 관심사를 기반으로 소통하는 SNS 특징답게 명확한 주제를 가지고 운영하면 좋으므로 포괄적인 주제를 갖기보다는 하나의 주제를 갖고 시작하는 것을 추천합니다. 예를 들어, 일상이라는 포괄적인 주제보다는 뷰티, 운동 등의 주제로 축소하는 것이 좋습니다.

다루고 싶은 주제가 너무 다르거나 범위의 폭이 너무 클 때에는 계정을 분리하는 것을 추천합니다. 계정을 분리해서 운영하는 방법도 있지만 여러 개의 계정을 관리하는 것은 생각보다 쉽지 않으며 수시로 각각의 계정을 확인해야 한다는 것을 인지해야 합니다. 계정을 분리, 운영하는 방법에 대해서는 이후에 더 자세히 알아보겠습니다.

02 공통의 관심사를 나누며 소통하라

우리는 생활 속에서 일방적으로 이야기를 듣기보다는 서로 소통하길 원합니다. SNS도 별반 다르지 않아서 팔로워를 안정적으로 확보하더라도 단순히 일방적인 정보만 제공하는 것은 효과적이지 않습니다. 정보를 기반으로 소통하는 것은 계정 관리의 중요한 포인트입니다. 브랜드 정보, 지적 정보를 꾸준히 나누는 것은 공통 관심사를 가진 사람들의 소통입니다. 팔로워가 원하는 같은 주제의 게시물을 꾸준히 업데이트하는 것은 인스타그램에서 가장 큰 소통 방법입니다. 더불어 관심을 표하는 댓글에 관한 성실한 답글 또한 팔로워와의 소통이며 유대 관계를 깊게 만듭니다. 꾸준히 자주 소통하는 것은 기억에 남고 결국 지속적인 팔로워를 유지하는 힘이 됩니다.

03 꾸준히 업데이트하라

관심사가 같은 사람들을 계속해서 유입할 수 있도록 콘텐츠를 꾸준히 업데이트하는 것은 인스타그램의 가장 큰 소통 방법이며, 자동으로 팔로워를 증가시키는 데 도움을 줍니다. 여기서 업데이트는 내 계정의 게시물에 국한된 것이 아니라 다른 사람의 계정을 방문하여 '좋아요'를 누르고, 댓글을 남기는 것이 포함됩니다. 부득이하게 내 계정을 자주 업데이트할 수 없는 상황이라면 팔로워를 관리해야 합니다. 활발한 계정도 어느 순간 소통이 끊기면 다시 활발한 계정 분위기로 회복하는 데 꽤 오랜 시간이 걸리므로 SNS 관리는 꾸준히 하는 것이 중요합니다.

04 팔로워/팔로잉을 관리하라

팔로잉은 급격하고 단순하게 팔로잉만 한다고 해서 늘어나지 않습니다. 진정성이 떨어지고 맞팔 확률도 떨어집니다. 무분별한 팔로잉으로 팔로워 수보다 지나치게 팔로잉이 많은 것도 좋지 않은 이미지를 남길 수 있습니다. 서두르지 말고 앞서 말한 콘텐츠, 소통, 매력적인 콘텐츠의 꾸준한 업데이트가 우선입니다. 상업적인 의도로 맞팔을 유도한 다음 언팔하는 계정도 꽤 있으므로 이 경우에는 언팔을 확인한 다음 정리하며 팔로워와 팔로잉을 관리할 필요가 있습니다. 언팔 확인은 앱을 통해 가능하며 이후 자세히 살펴봅니다.

05 다양한 인스타그램 채널을 활용하라

인스타그램에서는 기본으로 피드 관리를 잘해야 합니다. 하지만 수많은 인스타그램 사용자 중에서 눈에 띄려면 채널을 다각도로 활용하는 것을 추천합니다. 예를 들어, 피드의 톤 앤 매너를 지키기 위해서는 톤이 다른 일상을 스토리에서 잠깐 노출해도 좋습니다. 라이브 방송도 가능한 경우 2인 이상이 함께 운영하면 더욱 재미를 줄 수 있고 영상이 길수록 효과가 더 높다는 통계가 있으니 적극적으로 활용합니다.

06 인친과 소통 및 협력하라

#(해시)태그나 사람 태그를 이용하여 나와 연관 있는 콘텐츠를 운영하는 사람의 계정을 태그해서 홍보하는 것은 서로에게 좋은 효과를 가져옵니다. 서로에게 힘이 되는 콘텐츠를 가지고 있는 경우 친구들과 협력해서 좋은 콘텐츠를 만들면 효과는 배가 됩니다.

04 > 마케팅 수단으로써의 인스타그램

인스타그램이라는 단 하나의 플랫폼만 잘 익혀 두어도 든든한 마케팅 요소를 가지는 것이므로 인스타그램 마케팅을 잘 활용하고 이후에 인스타그램에서 판매 기능을 추가로 제공한다면 누구보다 빨리 해당 채널을 선점할 수 있을 것입니다.

01 인스타그램을 알면 수익이 보인다

인스타그램으로 마케팅과 판매를 하려면 인스타그램이 소비자에게 어떠한 구매 경로인지 파악해야 합니다. 인스타그램에서는 판매 웹사이트로 바로 이동할 수 있고 가격 태그를 통해 정보를 노출하기도 합니다. 인스타그램은 브랜드를 인지시키고 흥미를 유발해서 구매나 공유로 이어지도록 도와주는 역할이 큽니다.

당장 구매할 수 있는 스토어가 아닌데도 왜 인스타그램이 마케팅의 중요 요소로 대두되었는가 하는 부분에 대해서 짚고 넘어가 볼 필요가 있습니다. 보통 온라인 쇼핑 고객들은 직접 상품을 보지 못하는 특성 탓에 우선 필요한 상품을 구매하기 위해 상품 정보를 검색하고 흥미를 끄는 상품의 기존 리뷰와 정보를 검토한 다음 구매를 합니다. 필요한 상품을 검색하고 인스타그램을 찾는 사람도 있지만, 당장 그 제품을 구매하고자 하는 사람들이 아니라도 이후에 제품을 구매하기 위해 계속해서 사람들은 브랜드 정보와 스토리를 확인합니다. 여기서 인스타그램의 주요 기능 두 가지가 정리됩니다. **이미지 검색을 통한 상품 홍보, 이후 구매로 연결될 고객과의 소통 및 정보를 나누는 장**입니다. 또한 스토리를 담은 브랜딩은 제품의 가치를 높이는 역할을 합니다. 이 점을 확실하게 인지하고 SNS 마케팅 수단으로 인스타그램을 활용하면 더 효과적인 마케팅을 펼칠 수 있습니다.

Instagram IG Shopping

05 SNS 유명인, 인플루언서 마케팅

SNS에서 많은 팔로워와 함께 영향력을 가진 사람을 인플루언서라고 칭합니다. 이들 계정에서 내 브랜드 제품 사용 후기를 자연스럽게 노출시키는 마케팅은 매우 효과적입니다.

01 셀럽과 인플루언서들의 소통 채널, 인스타그램

수많은 셀럽과 인플루언서들이 인스타그램을 소통 채널로 이용하고 있습니다. 최근에는 브랜드 광고에서도 인플루언서들의 활동을 심심찮게 볼 수 있습니다. 하지만 일부 인플루언서의 부정적인 이슈가 문제시되는 부분이 있으므로 이점을 간과해서도 안 됩니다. 그런데도 인플루언서 마케팅은 계속 증가하고 성장했습니다.

애드픽(인플루언서 마케팅 플랫폼)은 2018년 말 광고 마케터들을 대상으로 진행했던 설문조사에서 가장 영향력이 클 것으로 예상되는 2대 SNS에 인스타그램(58%)을 포함했습니다.

소비자 니즈를 충족하는 최적화된 플랫폼으로 거듭나기 위해서 인스타그램이 추진하는 것은 판매 플랫폼입니다. 인플루언서들은 제품을 '공동구매(이하 공구)'를 진행하는 수단으로 SNS를 적극적으로 활용하고 있는데, 이것은 대표 판매 수단으로 자리 잡고 있습니다. 비즈니스 계정을 운영한다면 대량으로 물건을 '공구'하여 판매하도록 도와주는 인플루언서들을 간과할 수 없습니다.

최근에는 단순하게 인플루언서에게 기대어 제품 홍보 게시물을 통한 수동적인 마케팅에서 벗어나 콜라보레이션 제품을 제작하거나, 오프라인 소통 공간을 제공하는 이벤트 등으로 마케팅 영역을 확장하고 있습니다.

인플루언서 마케팅의 위험이 걱정될 수 있어 필수 요소는 아니라도 성장세를 고려한다면 전략적인 인플루언서 마케팅도 염두에 둘 수 있습니다. 또한 단독으로 진행하거나 그것에만 기댈 것이 아니라 브랜드 제품이 뒤에서 단단히 뒷받침하는 것이 필요합니다. 기타 전통 마케팅 및 유료 광고와 함께 진행하면 큰 시너지를 낼 수 있는 인스타그램 마케팅 중 하나로 여겨지고 있습니다.

06 > 틈새 시간을 활용한 인스타그램 활동하기

인스타그램은 PC 버전에서 이미지 업로드 기능을 제공하지 않는, 모바일에 최적화된 앱입니다. 조금 불편하게 느낄 수 있지만 이것을 반대로 활용하면 좋습니다.

01 자투리 시간을 활용한 인스타그램 활동

인스타그램은 항상 휴대하는 스마트폰을 활용해 마케팅을 위한 시간을 할애하는 것보다 잠깐의 쉬는 시간, 이동 시간 중에 조금씩 활용하기 좋습니다. '임시 저장' 기능을 이용해서 순차적으로 하나의 게시물을 작성하면 인스타그램만큼 편리한 마케팅 도구도 없으니 자투리 시간을 활용해서 더욱 효율적으로 활용하기를 추천합니다.

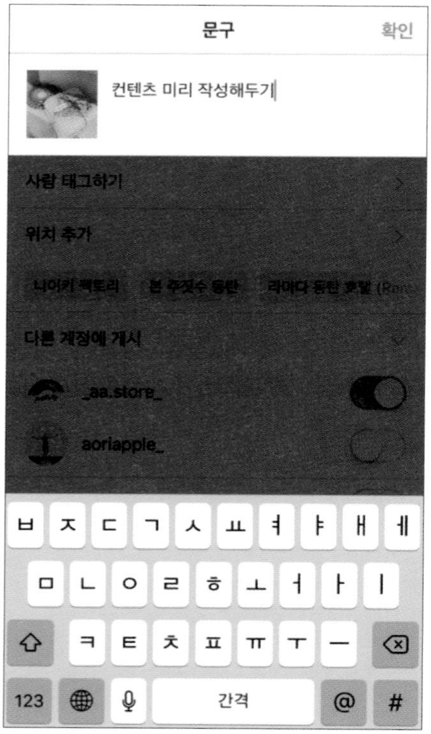

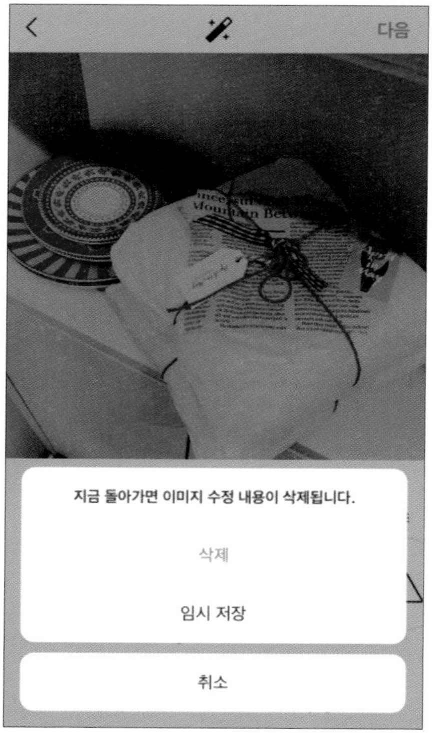

07 > 프로페셔널 계정으로 전환하기

개인 계정의 경우에는 인사이트나 광고 도구를 제공하지 않기 때문에 프로페셔널 계정(비즈니스, 크리에이터 계정) 유형으로 전환하여 사용해야 합니다. 프로페셔널 계정으로 전환하면 〈프로필 편집〉 버튼 아래에 마케팅에 도움이 되는 기능이 추가됩니다. Shop을 운영하지 않더라도 프로페셔널 계정으로 전환해 두면 프로페셔널 계정에게 제공되는 '인사이트'로 팔로워와 피드 관리에 도움이 됩니다.

01 인사이트 파악을 통한 마케팅 계획 세우기

앞서 배운 대로 인사이트를 통해 팔로워들의 내 계정에 대한 반응을 확인할 수 있으며, 기간에 따른 지표들을 토대로 피드를 어떻게 관리할 것인지 계획하고 수정할 수 있습니다.

▲ 개인 계정

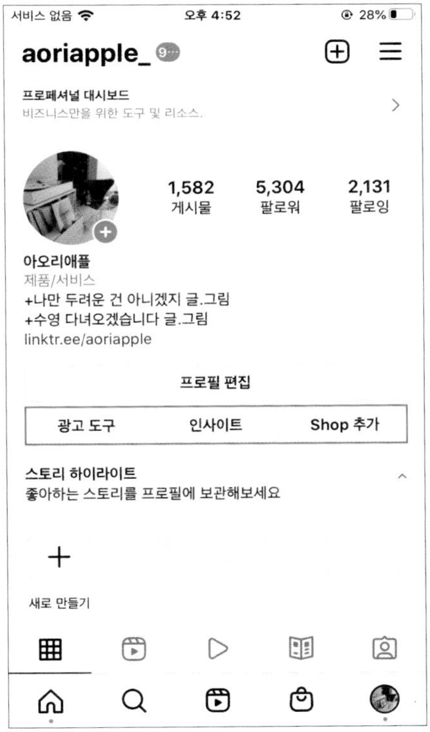

▲ 프로페셔널 계정

08 > 비즈니스 계정으로 전환하기

인스타그램을 비즈니스 목적으로 사용하고 싶다면 계정을 전환해야 합니다. 비즈니스 계정은 페이스북 페이지와 연동되어 운영되므로 페이스북 페이지 생성이 필수입니다. 페이스북 페이지가 없더라도 일단 비즈니스 계정으로 전환한 뒤에 생성할 수 있습니다.

01 계정 유형 전환하기

계정 유형 변경하기

1 계정 유형은 '프로페셔널', '개인', '크리에이터' 계정으로 분류되며, 보통은 개인 계정으로 사용합니다. 내 계정에서 '더 보기' 아이콘(≡)을 터치한 다음 **설정 → 계정**을 선택하고 '계정 유형 전환'을 터치하여 다른 유형으로 변경 가능할 수 있습니다.

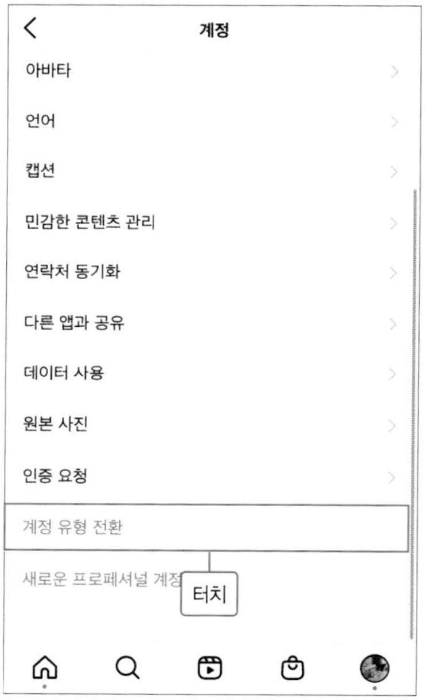

알아두기

비즈니스 계정으로의 전환은 내 계정을 방문하는 사람들의 정보 및 방문 통계를 확인할 수 있는 인사이트를 제공하므로 비즈니스 계정 운영이 아니더라도 사용하기를 추천합니다.

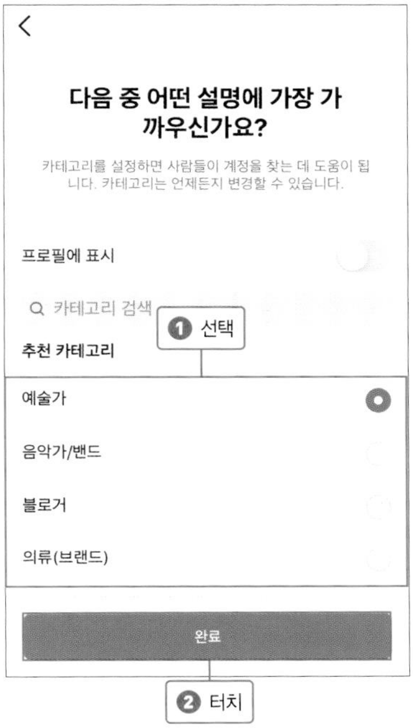
다음 중 어떤 설명에 가장 가까우신가요?
카테고리를 설정하면 사람들이 계정을 찾는 데 도움이 됩니다. 카테고리는 언제든지 변경할 수 있습니다.
프로필에 표시
카테고리 검색
추천 카테고리
❶ 선택
예술가
음악가/밴드
블로거
의류(브랜드)
완료
❷ 터치

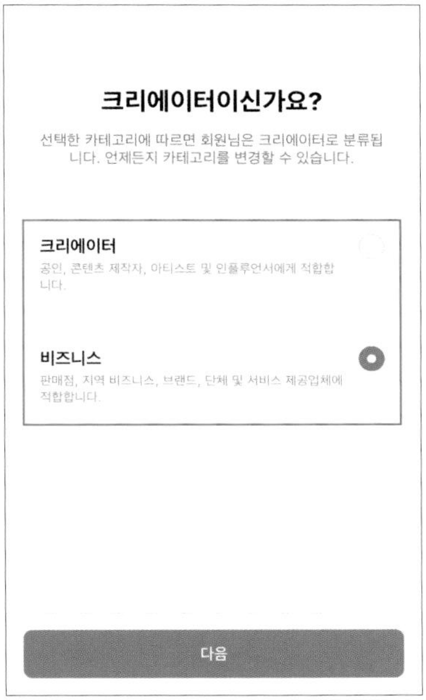
크리에이터이신가요?
선택한 카테고리에 따르면 회원님은 크리에이터로 분류됩니다. 언제든지 카테고리를 변경할 수 있습니다.
크리에이터
공인, 콘텐츠 제작자, 아티스트 및 인플루언서에게 적합합니다.
비즈니스
판매점, 지역 비즈니스, 브랜드, 단체 및 서비스 제공업체에 적합합니다.
다음

프로페셔널 계정 전환하기

2 프로페셔널 계정은 '크리에이터' 유형과 '비즈니스' 유형으로 계정을 전환할 수 있습니다. 카테고리를 선택하고 〈완료〉 버튼을 터치하면 '크리에이터' 유형과 '비즈니스' 유형을 선택할 수 있습니다.

TIP 유형은 이후에 동일한 방법으로 전환할 수 있으니 원하는 유형으로 선택하고 진행해도 무관합니다.

프로페셔널 계정 설정
이제 프로페셔널 도구를 사용하여 Instagram에서 팬들과 소통해보세요.
0/5단계 완료
프로필 완성하기
아이디어 얻기
팬 늘리기
콘텐츠를 공유하여 인사이트를 확인해보세요
프로페셔널 도구 둘러보기

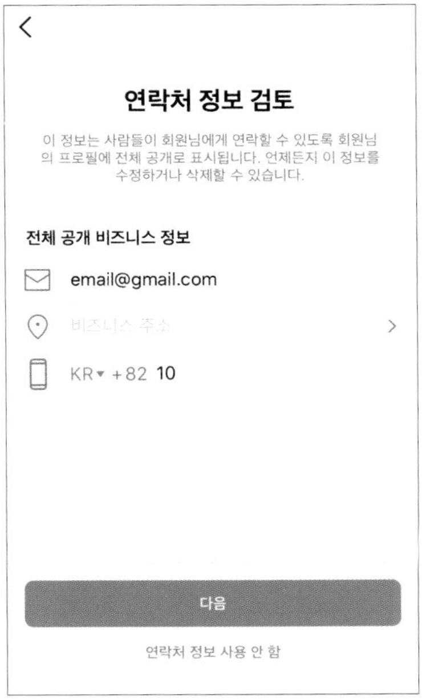
연락처 정보 검토
이 정보는 사람들이 회원님에게 연락할 수 있도록 회원님의 프로필에 전체 공개로 표시됩니다. 언제든지 이 정보를 수정하거나 삭제할 수 있습니다.
전체 공개 비즈니스 정보
email@gmail.com
비즈니스 주소
KR▾ +82 10
다음
연락처 정보 사용 안 함

프로페셔널 계정 설정하기

3 프로페셔널 계정을 설정하기 위해서는 다음과 같은 정보를 미리 기재해 두어야 계정 전환이 가능합니다. 비즈니스 계정으로 전환인 경우에는 고객과 소통할 수 있는 이메일 혹은 전화번호 등록이 가능합니다.

TIP 계정을 전환한 후에도 유형은 원하는 경우 전환이 가능합니다. 프로페셔널 계정(비즈니스, 크리에이터)은 개인 계정으로 전환이 가능하고, 비즈니스와 크리에이터 계정도 각각 전환이 가능합니다.

02 연락처 등록하기

연락처 기능 보기

1 비즈니스 계정으로 전환되면 계정 화면에 〈연락처〉 버튼이 추가됩니다.

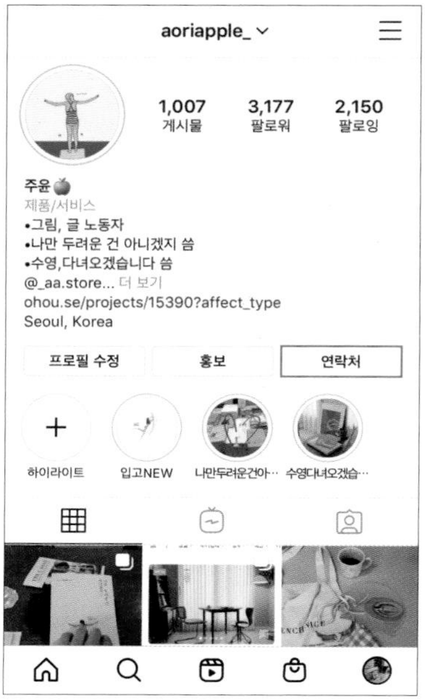

메일 보내기

2 〈연락처〉 버튼을 터치한 다음 '이메일'을 선택하면 이메일을 작성하는 새로운 메시지 화면으로 전환됩니다. 메시지를 입력하고 〈보내기〉 버튼을 터치하여 메일을 보냅니다.

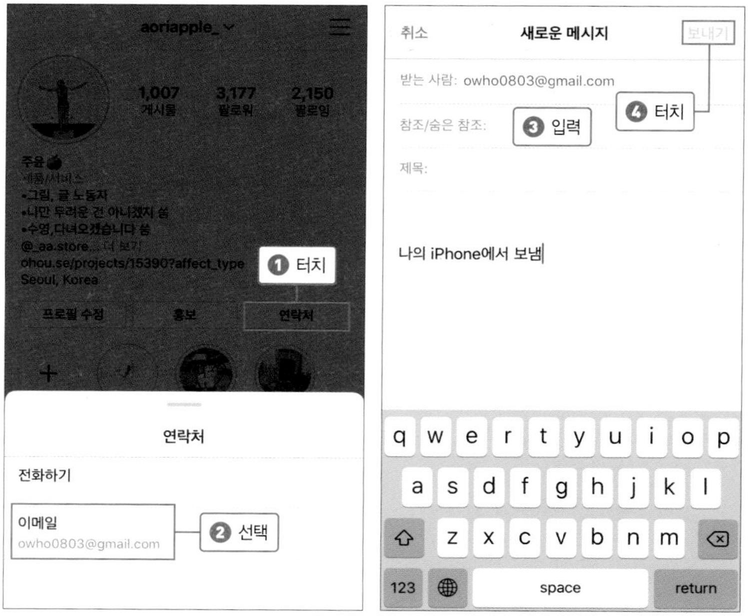

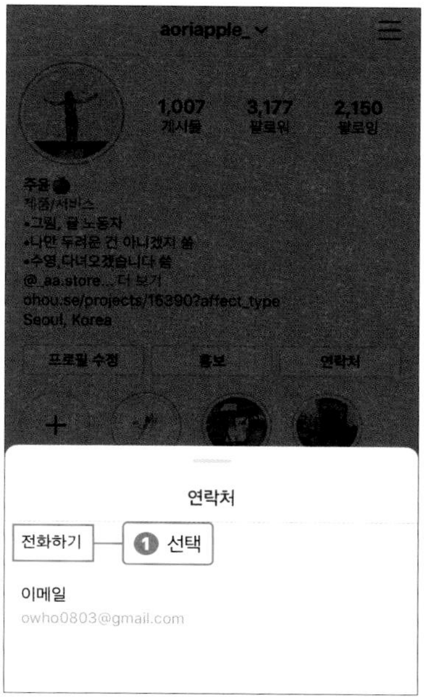

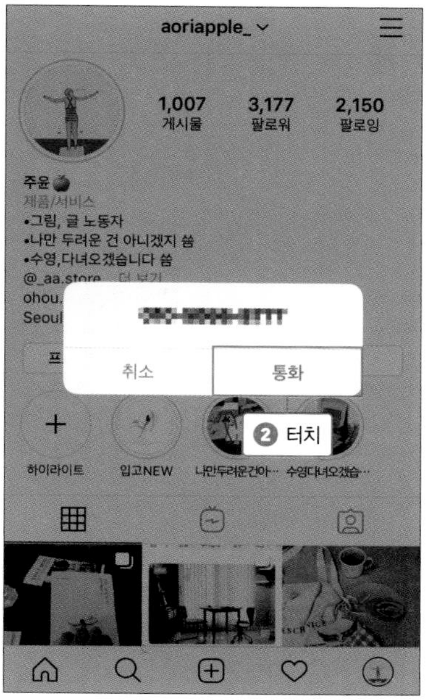

전화하기

3 '전화하기'를 선택하면 통화 연결 기능을 제공하며 〈통화〉 버튼을 터치합니다.

03 연락처 수정하기

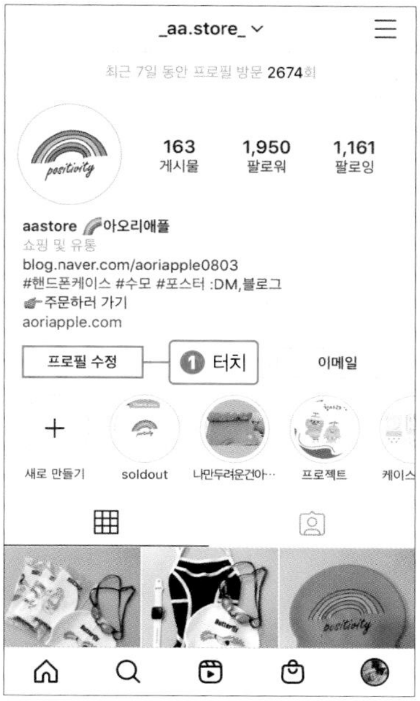

연락처 변경하기

1 〈프로필 수정〉 버튼을 터치하여 프로필 편집 화면에서 개인 정보 항목의 이메일 주소와 전화 번호를 변경하고 〈완료〉 버튼을 터치합니다.

09 > 크리에이터 계정으로 전환하기

제품을 판매하는 상업적인 계정이 아니라도 생산하는 콘텐츠의 호감도를 살펴보고 계정 방문자의 통계와 정보를 얻고 싶다면 크리에이터 계정으로 전환하여 사용합니다. 비즈니스 계정과 마찬가지로 인스타그램을 더 잘 활용하고 적극적인 홍보가 가능하도록 도와줍니다.

01 크리에이터 계정 전환하기

프로페셔널 계정으로 전환하기

1 내 계정 화면에서 '더 보기' 아이콘(≡)을 터치한 다음 **설정 → 계정**을 선택합니다. '프로페셔널 계정으로 전환'을 터치합니다.

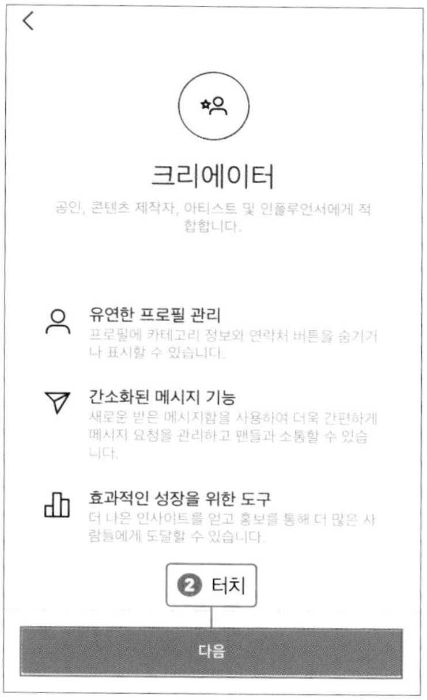

크리에이터 계정 전환하기

2 크리에이터 계정으로 전환하려면 '크리에이터'의 〈다음〉 버튼을 터치합니다. 크리에이터 계정 화면을 확인하고 〈다음〉 버튼을 터치합니다.

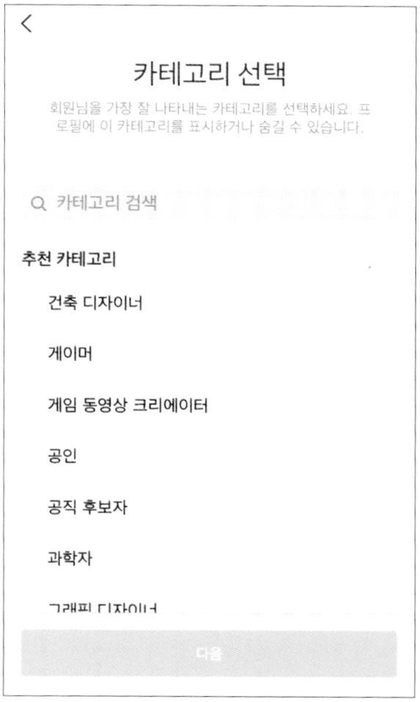

카테고리 선택하기

3 원하는 카테고리를 검색할 수 있으며, 예제에서는 '작가'를 선택했습니다. 〈다음〉 버튼을 터치한 다음 Facebook 페이지를 연결하고 〈다음〉 버튼을 터치합니다.

TIP Facebook 페이지는 다음에 연결해도 무방합니다.

연락처 입력하기

4 연락처는 이메일과 전화번호를 등록할 수 있으며, 두 개 중 한 개는 입력이 필수입니다. 입력 후 〈다음〉 버튼을 터치합니다.

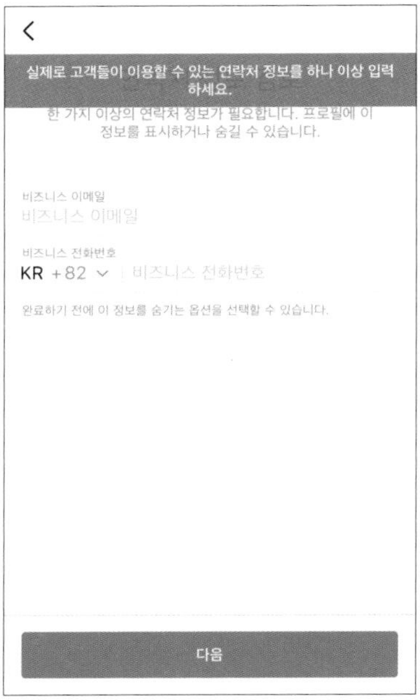

TIP 전화번호를 등록하고 연락처 표시를 활성화하면 타인에게 내 전화번호가 노출되므로 이메일 정보를 입력하는 것을 추천합니다.

정보 노출하기

5 카테고리 레이블과 연락처 정보를 활성화 또는 비활성화로 설정할 수 있습니다. 예제에서는 카테고리 레이블을 표시하고 연락처 정보 표시를 비활성화로 설정했습니다. 설정 후 〈완료〉 버튼을 터치합니다.

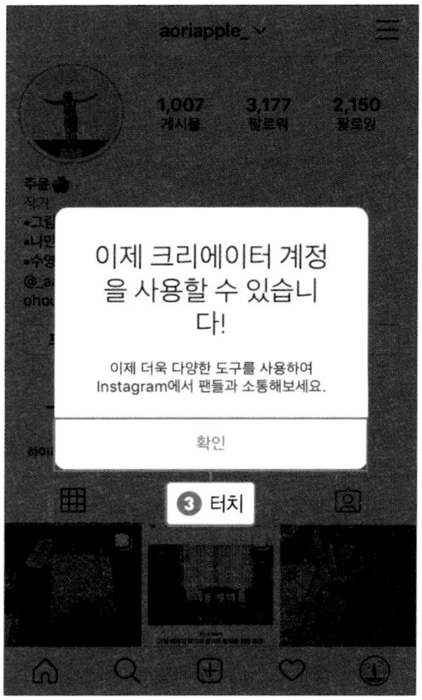

크리에이터 계정 확인하기

6 크리에이터 계정 화면에서 프로필 아래에 입력한 카테고리 레이블 '작가'와 〈홍보〉 버튼이 추가됩니다. 게시물에는 '인사이트 보기'와 〈홍보하기〉 버튼이 추가됩니다.

TIP 5번 과정에서 연락처 노출 옵션을 활성화하면 〈홍보〉 버튼 옆에 〈연락처〉 혹은 〈이메일〉 버튼이 추가됩니다.

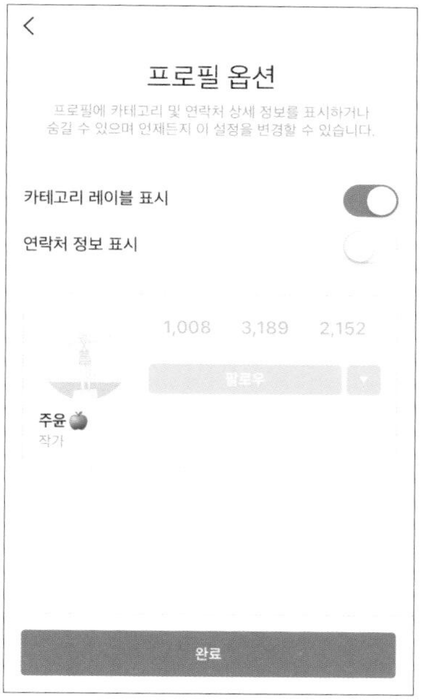

정보 비노출하기

7 5번 과정에서 모두 비활성화를 선택하면 〈인사이트 보기〉와 〈홍보〉 영역만 추가되고 개인 계정과 동일하게 유지됩니다.

10 > 인스타그램에 웹사이트 연결하여 활용하기

인스타그램 계정을 비즈니스 계정으로 만들면 계정의 인사이트를 확인할 수 있습니다. 인스타그램에서 웹사이트 URL 영역만이 유일한 고객 반응을 유도하는 행동(Call to Action)입니다. 마케팅 요소로 적극 활용해야 하는 영역이므로 더욱 세밀하게 살펴봅니다.

01 인스타그램 계정에 웹사이트 추가하기

계정에 웹사이트 입력하기

1 프로필에 유입하고자 하는 URL을 입력합니다. 팔로워 수와 별개로 내 인스타그램을 방문한 사용자 수와 해당 URL로 유입된 자료를 확인할 수 있습니다.

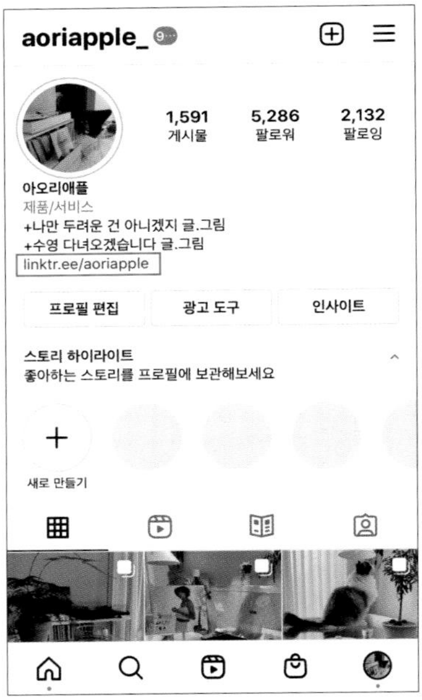

TIP 예제에서는 최근 7일 동안 1565회의 방문 횟수를 확인할 수 있습니다.

알아두기

인스타그램에서는 외부로 이동하는 기능을 웹사이트에서만 제공합니다. 비즈니스 계정의 경우에는 입력한 웹사이트를 통해 얼마나 많은 사람들이 반응했는지도 알 수 있습니다. 쇼핑몰 사이트뿐 아니라 블로그 주소 등의 기타 주소를 입력해도 상관없습니다.

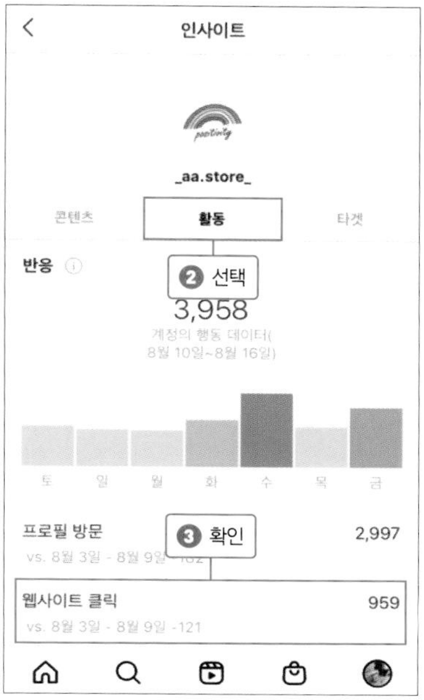

웹사이트 클릭 수 확인하기

2 비즈니스 계정 이름 아래의 '프로필 방문'을 터치하면 인사이트 화면으로 이동합니다. [활동] 탭을 선택한 다음 웹사이트 클릭 수를 확인합니다.

TIP 내 계정 인사이트 정보는 다른 사람에게 노출되지 않고 나만 볼 수 있습니다.

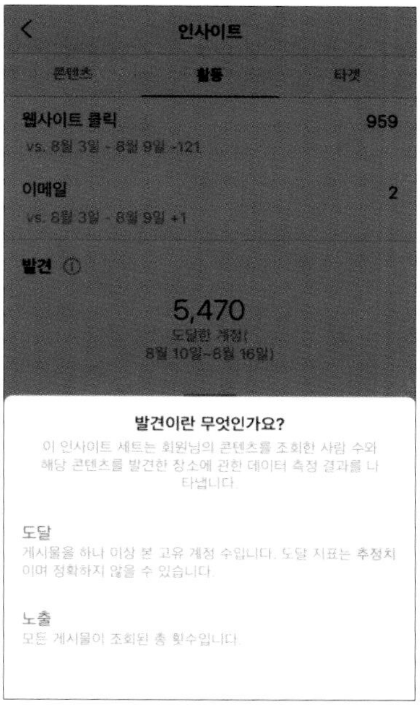

내 콘텐츠 조회 수 확인하기

3 [활동] 탭 아래에서는 발견 및 노출, 도달을 확인할 수 있습니다. 기간별 내 게시물이 조회된 총횟수 및 하나의 게시물을 확인한 추정치를 보여줍니다.

11 > 페이스북과 함께 사용하기

인스타그램의 비즈니스 계정 전환을 위해 페이스북 페이지 생성은 필수입니다. 기존 페이스북 사용자는 함께 활용하면 좋으며, 인스타그램 계정을 비즈니스 계정으로 전환하고자 페이지를 만들어도 이왕이면 새로운 페이지를 활용하여 마케팅 수단으로 사용하면 일석이조입니다.

01 수익을 창출하기 위해 페이스북 활용하기

페이스북 스폰서 광고의 경우에도 인스타그램 홍보를 통한 타겟 및 기간, 지역을 설정할 수 있어 효율이 높습니다. 인스타그램보다 먼저 실행한 홍보 수단이라서 많은 검증을 거쳤으니, 함께 활용하는 것을 추천합니다.

12 > 페이스북과 연결한 비즈니스 계정 홍보하기

페이스북에 연결된 비즈니스 계정 홍보는 유료 서비스로, 비즈니스 계정을 특정 대상에게 홍보할 때 사용합니다. 인스타그램 광고는 피드의 개인 게시물과 인터페이스가 같고 갑자기 튀어나오는 배너 등의 광고가 아니라서 사용자의 피로도를 최소화시켜 거부감 없는 광고 효과를 얻습니다.

01 페이스북 페이지 만들기

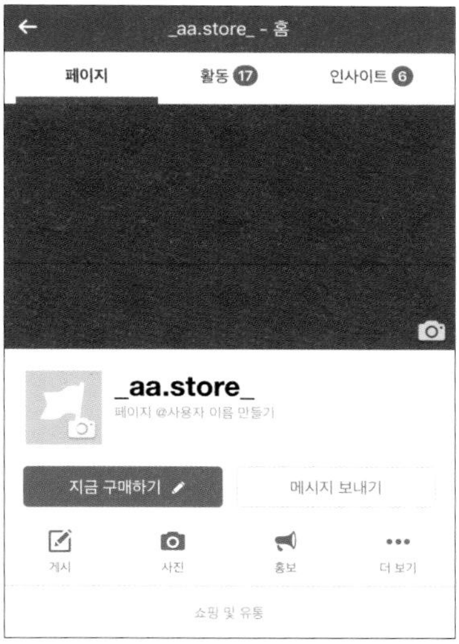

페이스북 페이지 만들기

1 비즈니스 계정으로 전환되면 페이스북 아이디가 있고, 페이스북과 연결한 상태에서 시간이 지나면 사용자 이름으로 자동으로 페이스북 페이지가 만들어집니다.

TIP 미리 페이스북에서 별도의 페이지를 생성하는 것이 빠릅니다.

알아두기

홍보하기는 내 계정을 전체로 홍보하는 것은 아니며 특정 게시물을 홍보하는 것입니다. 인사이트를 통한 통계를 바탕으로 인스타그램에서는 특정 게시물을 추천하는 기능을 이용하여 홍보에 적극적으로 이용하면 좋습니다.

02 비즈니스 계정 홍보하기

계정 홍보하기

1 비즈니스 계정에 추가된 〈홍보하기〉 또는 〈홍보 만들기〉 버튼을 터치합니다.

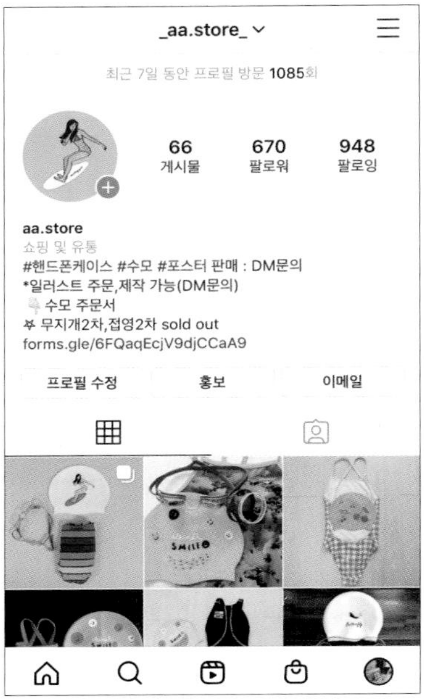

게시물 선택하기

2 섬네일을 드래그해서 홍보하고자 하는 게시물을 선택하고 〈다음〉 버튼을 터치합니다. 페이스북에 연결 팝업 창이 나타나면 〈계속〉 버튼을 터치합니다.

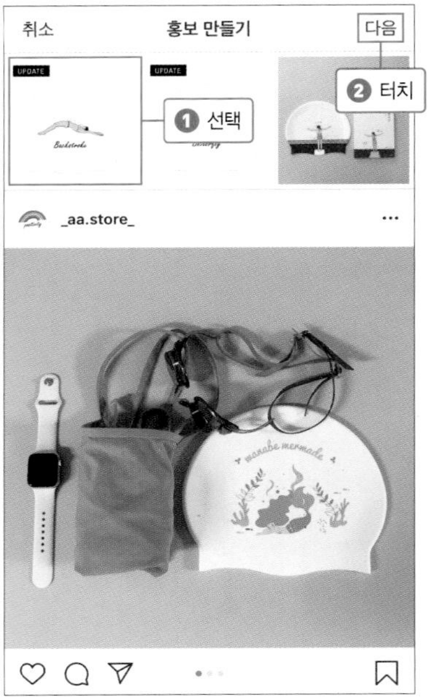

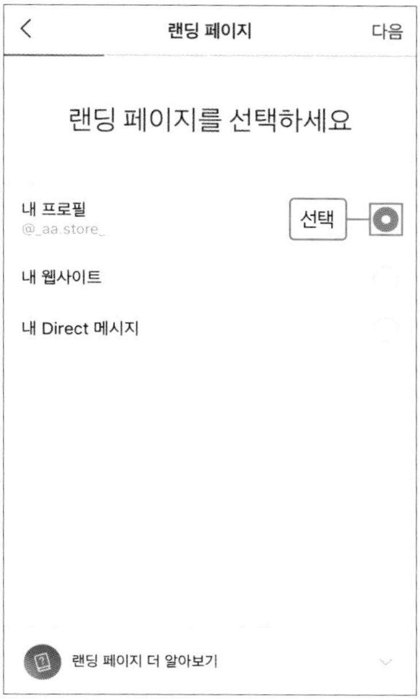

랜딩 페이지 선택하기

3 페이스북에 로그인하면 자동으로 다음 단계로 이동합니다.

4 세 가지 옵션 중에서 연결하고자 하는 페이지를 선택합니다. 웹사이트가 있다면 '내 웹사이트'를 선택하여 연결이 가능합니다. 별도의 웹사이트가 없다면 '내 프로필' 또는 '내 Direct 메시지'를 선택합니다.

내 웹사이트 선택하기

5 '내 웹사이트'를 선택하면 프로필에 작성된 URL로 자동 연결됩니다.

내 Direct 메시지 선택하기

6 '내 Direct 메시지'를 선택하면 판매 문의를 메시지로 받을 수 있습니다. 〈다음〉 버튼을 터치합니다.

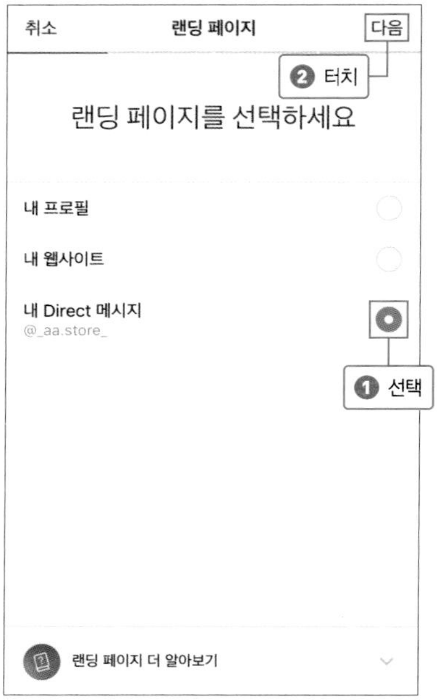

타겟 대상 선택하기

7 타겟 대상은 '자동'을 선택할 수 있으며, 또는 '직접 만들기'를 선택하고 타겟을 지정할 수도 있습니다. 완료 후 〈다음〉 버튼을 터치합니다.

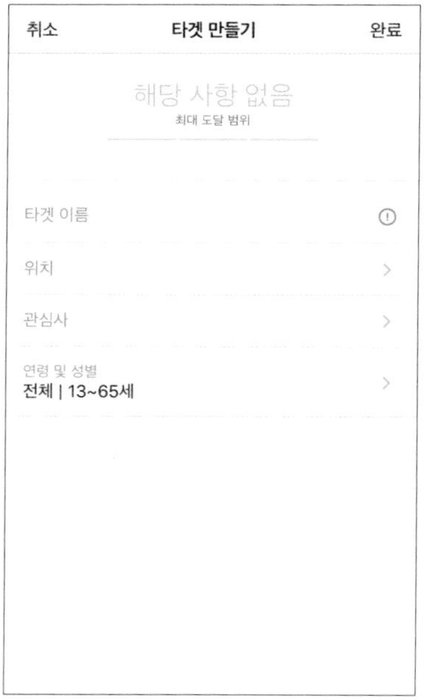

예산 확인하기

8 조절점을 움직여 예산과 기간을 지정한 다음 지출 금액을 확인할 수 있습니다. 확인 후 〈다음〉 버튼을 터치합니다.

홍보 만들기 마치기

9 홍보 만들기가 완료되면 내용을 확인합니다. 인스타그램에서 검토한 후 광고가 집행됩니다.

13 > 잘 나가는 이유! 인기 #(해시)태그 분석하기

수익을 위한 #(해시)태그를 사용하기 위해서는 인사이트를 통해 분석하거나 게시된 이미지 정보 등이 정확할 때 인기가 높아지게 됩니다. 여기서는 수익 창출을 위한 #(해시)태그 분석 방법을 알아봅니다.

01 수익 창출을 위한 #(해시)태그 분석하기

인스타그램이 비즈니스 SNS 마케팅의 대표로 떠오르면서 인기 태그를 분석해주는 사이트가 생겨나고 있습니다. 예를 들어 '스타태그' 사이트에서는 인스타그램 대분류를 토대로 가장 인기 있는 #(해시)태그를 순위별로 정리한 정보를 제공합니다. #(해시)태그를 작성할 경우나 검색 화면에서 #(해시)태그를 직접 입력하여 인기도를 판가름할 수 있으며, 편리하게 볼 수 있어서 활용해도 좋습니다.

여기서는 '#외식'이라는 분류를 선택했습니다. 해당 분류의 인기 있는 #(해시)태그를 순위별로 확인할 수 있습니다.

#(해시)태그를 가장 효율적으로 사용하는 방법은 인스타그램에서 직접 입력하고 해당 게시물의 검색 횟수를 인사이트를 통해 분석하는 것입니다. 인스타그램 게시물의 인기도는 단지 #(해시)태그만의 문제가 아니고 이미지의 정확성, 정보성 등 여러 가지가 복합적으로 나타나는 결과물이므로 스스로 다양한 요인을 파악해야 하며 세밀한 분석이 필요합니다.

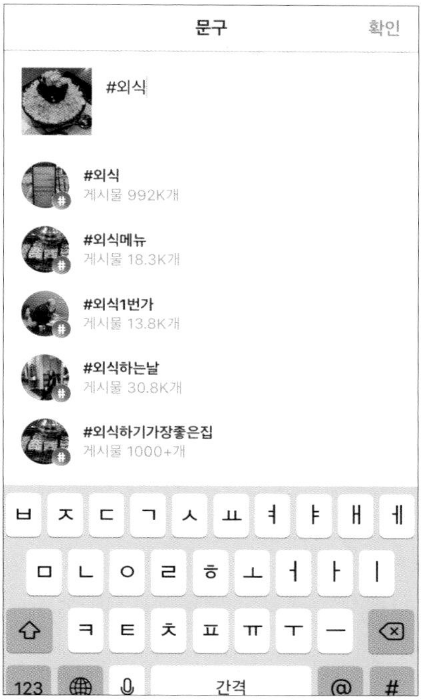
문구
확인
#외식
#외식
게시물 992K개
#외식메뉴
게시물 18.3K개
#외식1번가
게시물 13.8K개
#외식하는날
게시물 30.8K개
#외식하기가장좋은집
게시물 1000+개
간격

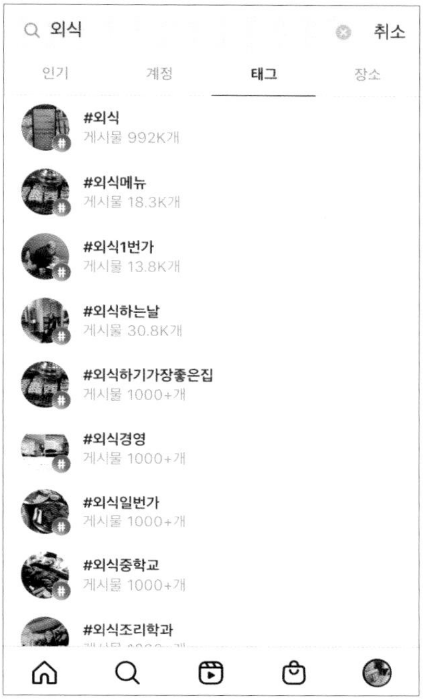
외식
취소
인기
계정
태그
장소
#외식
게시물 992K개
#외식메뉴
게시물 18.3K개
#외식1번가
게시물 13.8K개
#외식하는날
게시물 30.8K개
#외식하기가장좋은집
게시물 1000+개
#외식경영
게시물 1000+개
#외식일번가
게시물 1000+개
#외식중학교
게시물 1000+개
#외식조리학과

Find #Tags
#StarTag
100% 무료로 지원되는 스타태그를 이용해서
뛰어난 인스타그램 마케터가 되어보세요!
태그
분석할 태그를 검색하세요
#업종별 검색 예시
카페
패션
외식
@업종별 검색 예시
@ daily.oasis
@ hulahula_···
@ heart_n_ar···
@ imvely

태그
@ 계정
음식스타그램 맛집그램 경리단길맛집
반응도
#태그
반응도
트렌드지수
#음식스타그램 10 0.06
#맛집그램 7 0.14
#경리단길맛집 3 0.17
#대구맛집그램 1 1.63
#울산맛집그램 0 0.31
#안산맛집그램 0 1.78
#대전맛집그램 0 0.32
#인천맛집그램 0 0.44

14 > 인기 있는 계정 벤치마킹하기

잘 되는 것에는 이유가 있기 마련입니다. 아직 익숙하지 않은 플랫폼에서 내 계정이 성장하는 방법을 가장 쉽게 터득할 수 있는 것은 잘 되는 계정을 가이드로 삼는 것입니다.

01 인기 인플루언서, 사이트 벤치마킹하기

운영하는 계정과 유사한 콘텐츠를 운영하는 계정 중에서 더 효과적으로 계정을 잘 활용하는 인스타그래머들의 계정을 참고하고 벤치마킹하는 것도 도움이 됩니다. 그들이 가지고 있는 톤 앤 매너, #(해시)태그, 콘텐츠 작성 방법을 유심히 관찰하며 공부할 필요가 있습니다.

아직 소상인이더라도 브랜드 사이트를 벤치마킹하는 것도 추천합니다. 해당 분야의 전문가들이 운영하는 경우가 많기 때문에 그들이 사용하는 방법을 잘 활용하는 것이 좋습니다. 사용자들이 선호하는 것은 크게 다르지 않으므로 참고한 다음 나만의 톤 앤 매너와 방법을 가지고 다수가 찾는 인스타그램 계정을 만듭니다. 유사한 콘텐츠를 가진 계정을 찾는 방법은 역시 #(해시)태그 검색을 통한 방법입니다.

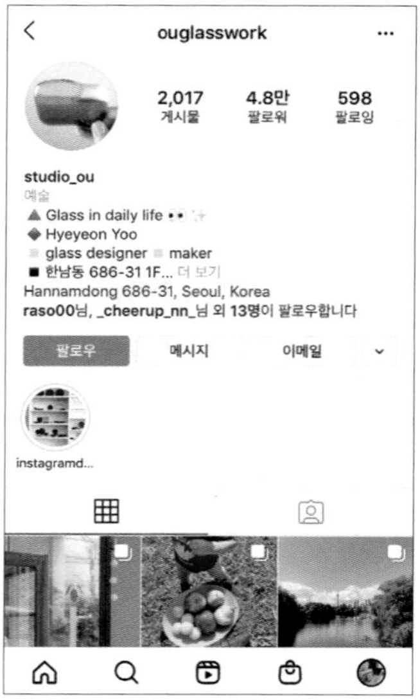

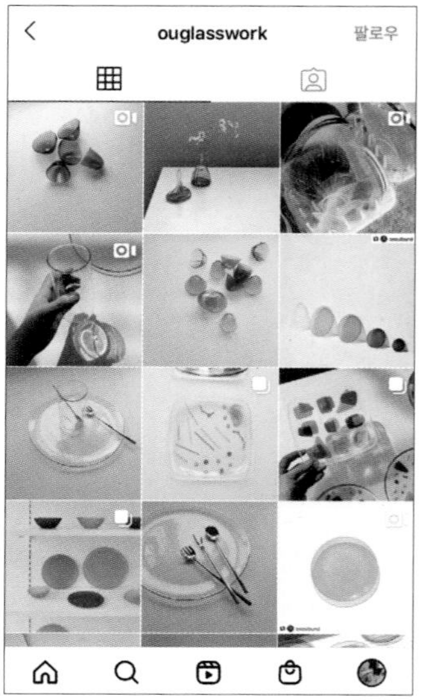

◀ 이미지의 톤 앤 매너, 같은 방식의 이미지 업로드, 동영상을 통한 스토리를 담는 방법 등을 관찰할 수 있다.

15 > 스토리와 콘텐츠로 소통하기

인스타그램에서 단순히 게시물만 업로드하는 것은 큰 효과를 얻기 힘듭니다. 무엇보다 스토리를 만들고 꾸준히 팔로워들과 소통하는 것이 중요합니다.

01 스토리와 콘텐츠 활용하기

비즈니스 계정이라고 해서 판매에만 치중하여 제품 사진만으로 도배하는 것은 구매자 입장에서 스토리가 전혀 느껴지지 않습니다. 인스타그램의 특성상 앞서 강조한 것처럼 스토리는 매우 중요합니다. 단지 인스타그램 화면을 매장의 상품을 진열하듯이 단순하게 이용하는 것은 추천하지 않습니다. 인스타그램을 떠나서도 최근 마케팅 트렌드는 스토리와 콘텐츠이므로 이것을 간과해서는 안 됩니다. 최근 소비자들은 단순히 물건을 구매하기보다 스토리를 함께 구매하는 것을 선호한다는 것을 인지하고 마케팅을 진행하는 것이 좋습니다.

일상이나 스토리에 치중하는 것도 위험하니 인스타그램을 운영하면서 내 계정에 방문하는 사람들의 특성을 일부 파악하여 효율적인 피드를 만들어가야 합니다.

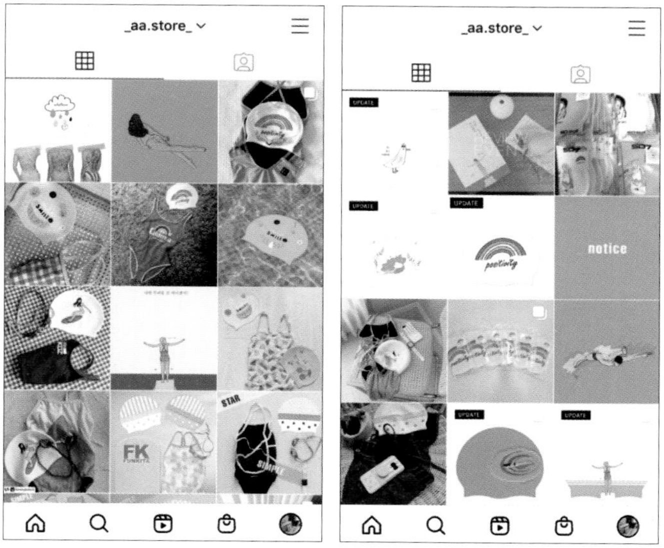

◀ 수영용품을 판매하며 수영하는 그림들을 중간에 게시하고, 배송 상황이나 고객들의 물품을 수령한 사진들을 적절히 배치하여 스토리를 만들어가고 있습니다.

16 인스타그램 성과 및 사용자 분석하기

인스타그램에서는 실질적인 성과를 분석하며 효율적인 면을 잘 판단하고 이용해야 합니다. 다양한 마케팅을 시도한 뒤에는 성과를 분석하고 효과의 정도를 가늠해야 효율적인 마케팅을 지속할 수 있습니다. 그렇다면 성과는 어떤 식으로 분석이 가능할까요?

01 성과 및 사용자 분석으로 전략 세우기

현재 인스타그램은 #(해시)태그와 @태그 외에는 본문에 URL을 입력하여 바로 구매를 유도할 수 있는 기능을 제공하지 않아 어떠한 게시물을 통해 구매 페이지로 유입되었는지에 대해 파악할 수 없습니다. 단, 인사이트를 통한 URL 유입 횟수와 통계치, 계정에 접속하는 사람의 나이와 사는 지역 등의 정보를 얻을 수 있습니다.

해외에서 개발한 '라이크투노우잇' 앱은 인스타그램에서 누군가 특정 게시물을 저장하면 AI가 이를 분석하여 해당 게시물과 관련된 상품 및 브랜드를 자동으로 추천하는 기능을 제공합니다. 라이크투노우잇 앱은 이렇게 추천받은 게시물을 선택하여 이동하였는지에 대한 데이터를 광고주에게 제공해서 실제로 어떠한 성과를 내었는지 확인할 수 있는 토대를 만듭니다.

하지만 아직 해외 사용자를 토대로 분석할 수 있는 대상자가 한정되어 정확한 분석이 어렵습니다. 구글 애널리틱스와 같은 웹 로그 분석 솔루션을 통해 인스타그램으로부터 유입된 트래픽 소스를 통해서 유입 성과를 분석하는 것이 최선입니다.

비즈니스 계정이라면 프로필 계정에 URL을 입력하여 트래픽 소스를 추정할 수 있으므로 필수로 연관된 웹사이트를 표기하기를 추천합니다.

사용자 분석은 잠재 구매자들이 얼마나 내 인스타그램 계정과 웹사이트 페이지를 방문하는지를 가늠할 수 있으며, 구매 전환에 기여하는 가장 큰 활동은 어떤 것인지, 판매량이 높은 시간대와 유입 경로 및 연령대, 거주 지역을 통합적으로 분석할 수 있습니다. 이러한 분석을 통해 비즈니스 전략 및 방향을 설정하고 문제점을 검토할 수 있어 중요한 요소입니다.

구글 애널리틱스
https://www.google.com › web
Google 애널리틱스
함께 검색한 항목
google analytics 추적코드
웹로그 분석 툴
구글태그매니저
데이터스튜디오
Google 애널리틱스
웹 사이트
Google Analytics
구글 애널리틱스(Google Analytics)란? 구글 애널리틱스는 웹사이트 방문자의 데이터를 수집해서 분석함으로써 온라인 비즈니스의 성과를 측정하고 개선하는 데 사용하는 웹로그분석 도구입니다. 2018. 5. 21.
analyticsmarketing.co.kr › google-a...

accounts.google.com
Google
로그인
Google 애널리틱스로 이동
이메일 또는 휴대전화
이메일을 잊으셨나요?
내 컴퓨터가 아닌가요? 개인정보 보호 브라우징 창을 사용하여 로그인하세요. 자세히 알아보기
계정 만들기
다음
한국어
도움말
개인정보 보호
약관

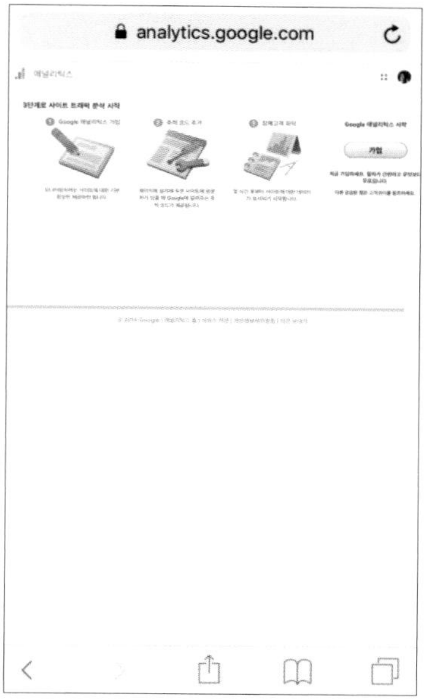
analytics.google.com

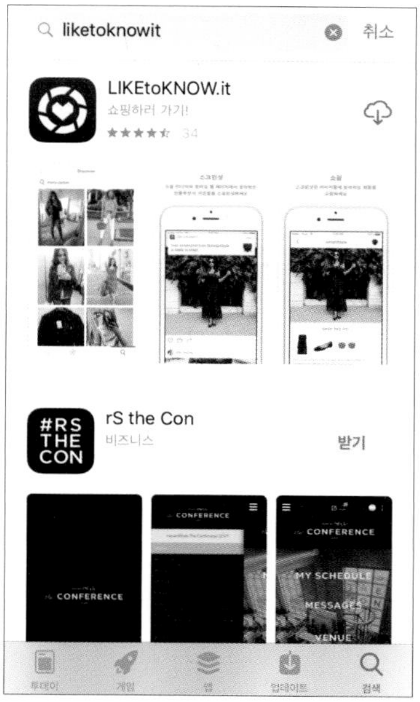
liketoknowit
취소
LIKEtoKNOW.it
쇼핑하러 가기!
rS the Con
비즈니스
받기
CONFERENCE
MY SCHEDULE
MESSAGES
VENUE
투데이
게임
앱
업데이트
검색

LIKETOKNOW.IT
now
Your screenshot from @songofstyle is ready to shop!
LIKEtoKNOW.it
시작하기

17 > 내가 제일 잘 나가! 인기 게시물 만들기

사용자들을 내 프로필로 유도하고 타겟 사용자들과 팔로워에게 등록한 콘텐츠를 볼 수 있도록 노출시키며, 내 프로필이나 콘텐츠에 반응을 보인 방문자 또는 잠재 고객이 될 서비스, 브랜드, 업종 #(해시)태그를 통해 타겟을 찾아 소통하는 것이 홍보의 기본입니다. 인기 게시물을 만들어 홍보하는 방법을 알아보겠습니다.

01 인기 게시물 만들기

인스타그램의 인기 게시물이란 #(해시)태그를 검색했을 때 위쪽에 노출되는 게시물을 말합니다. 위쪽에 노출되면 자연스럽게 검색을 이용한 사용자들 눈에 띄고 잠재 팔로워를 확보하기 쉽습니다.

인기 게시물은 통합 검색 사이트에서 가장 먼저 노출되는 검색 결과이므로 최근 게시물과 달리 일정 기간 동안 위쪽에 노출되어 인스타그램 홍보 효과에 좋습니다. 보통 마음에 드는 게시물을 터치하고 확인한 다음 계정의 전체 게시물을 확인하고 팔로잉으로 연결되기 때문에 인기 검색어에 노출되도록 노력하는 것은 팔로워 증가에 큰 도움을 줍니다.

인기 게시물을 만드는 방법은 **첫째, 일단 검색에 노출되기 위한 #(해시)태그를 써야 합니다.** 아무리 좋은 게시물도 태그 노출을 하지 않으면 검색에서 제외되므로 기존 팔로워가 아니라면 내 게시물에 접근하는 것이 쉽지 않습니다. 그러므로 게시물을 업로드할 때는 적절한 #(해시)태그를 잘 사용하기 바랍니다. #(해시)태그 검색 시 검색 상위에 노출되는 인기 게시물은 내 계정을 좀 더 쉽게 타인에게 노출하므로 인기 게시물에 설정되는 흐름을 잘 파악하고 활용합니다.

둘째, '좋아요' 수가 많아야 인기 게시물이 되므로 꾸준히 팔로워를 증가시키고 '좋아요'를 유도해야 합니다. 많은 사용자가 앞다투어 #(해시)태그를 사용하므로 노출 경쟁을 할 수밖에 없어서 노력이 필요합니다. 인기 게시물에 오르기 위해서는 팔로워 수를 확보하고 내 계정의 인기도를 올리는 것이 선행되어야 합니다.

18 > 영향력 있는 계정이 되려면? 팔로워 늘리기

내 인스타그램 계정을 방문하는 사람들에게 단순한 피드보다 게시물과 함께 정보를 제공하면 그들은 적극적으로 피드를 방문하고 팔로잉하게 됩니다. 게시물에 #(해시)태그나 @태그를 통한 정보 제공 및 사람 태그, 위치 태그를 통해 정보를 제공할 수 있습니다.

01 가치 있는 콘텐츠로 팔로워 늘리기

인스타그램 팔로워를 늘리는 자연스러운 방법은 앞서 설명한 것처럼 꾸준히 게시물을 업데이트하고 #(해시)태그, @태그를 활용하는 것입니다. 좀 더 적극적인 홍보를 위한다면 홍보하고자 하는 콘텐츠를 그저 나열만 할 것이 아니라 팔로워나 나에게 관심이 있는 사람들의 궁금증을 해소할 수 있는 정보를 함께 제공하는 것이 좋습니다.

콘텐츠가 얼마나 가치 있는지도 설명하는 스토리가 필요합니다. 이때 콘텐츠와 관련된 정보를 나누는 방법이 자연스럽고 효과적입니다. 무엇보다 팔로워들이 어떤 주제에 관심을 가지는지 그들의 성향을 파악하는 등 끊임없이 고민하고 소통해야 합니다. 마지막으로 꾸준함과 성실함으로 기억 속에 각인시키는 것이 가장 중요합니다.

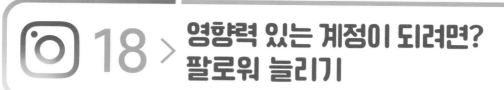

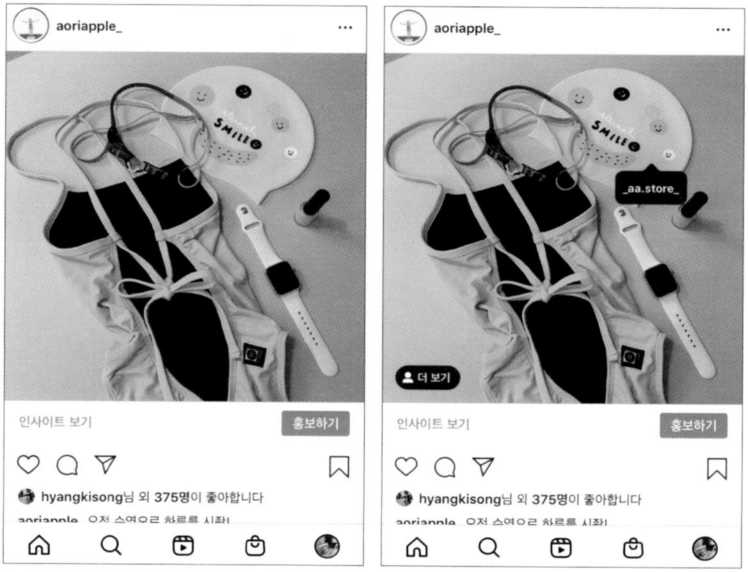

19 > #(해시)태그, @태그, 사람 태그, QR 코드로 홍보하기

인스타그램에서는 태그를 기본으로 검색할 수 있으며, '#(해시)태그, @태그, 사람 태그, QR 코드'를 적극적으로 활용 가능합니다. 내 계정을 홍보하기 위해서는 태그가 필수이며, 팔로워를 만들기 위해 허위로 태그를 작성하는 것은 좋지 않습니다.

01 태그 활용하기

태그 사용하기

1 인스타그램에서 인기 있는 정보는 검색으로 이어지기 마련입니다. 정보를 검색하기 위한 용도가 크므로 내용과 관련 있는 #(해시)태그를 사용하면 신뢰도가 높아집니다.

TIP #(해시)태그를 프로필에 활용하면 계정을 검색할 때 빠르게 노출됩니다.

알아두기

인스타그램에서 검색은 #(해시)태그를 기본으로 하기 때문에 게시물이 검색에 노출되고자 한다면 #(해시)태그를 잘 이용해야 합니다. 내 인스타그램을 올바르게 홍보하는 방법 중 가장 크게 요구되는 것은 진정성입니다. 성의 없는 게시글과 이미지를 사용하거나 같은 사진을 연속해서 올리면 흥미가 떨어집니다. 연관 없는 #(해시)태그나 낚시성 광고 글을 세세하게 읽는 사람들도 드뭅니다. 그러므로 정확한 정보로 팔로워를 점차 증가시키는 노력이 필요합니다.

댓글에 태그 입력하기

2 #(해시)태그는 내용 안에 입력되면 자칫 지저분해 보입니다. 이때 게시물을 업로드하고 댓글에 별도로 #(해시)태그를 입력할 수 있습니다.

TIP 댓글에 입력한 #(해시)태그 또한 게시물에 입력된 #(해시)태그와 마찬가지로 적용되고 검색됩니다. 단, 기능상 댓글이 수정되지 않습니다.

@태그 활용하기

3 프로필 위에 @를 사용하여 해당 계정으로 유도할 수 있으며, 게시물에 @태그를 입력하여 활성화하기도 합니다. 자동으로 링크가 연결되므로 특정 계정을 홍보하거나 추천할 때 유용합니다.

사람 태그 이용하기

4 사람 태그는 게시물을 터치하면 보이는 태그로써 링크가 연결되므로 특정 계정을 홍보하기 위한 수단으로 사용하며 제품 후기를 보여줄 때도 해당 브랜드를 태그해 팔로워들에게 정보를 제공합니다.

QR 코드 활용하기

5 내 QR 코드는 간편하게 만들 수 있어 활용도가 뛰어납니다. 쉽게 QR 코드를 스캔해서 팔로잉을 유도할 수 있으며, QR 코드를 명함 크기로 출력해서 명함처럼 나누어 주어도 좋은 홍보 자료가 됩니다.

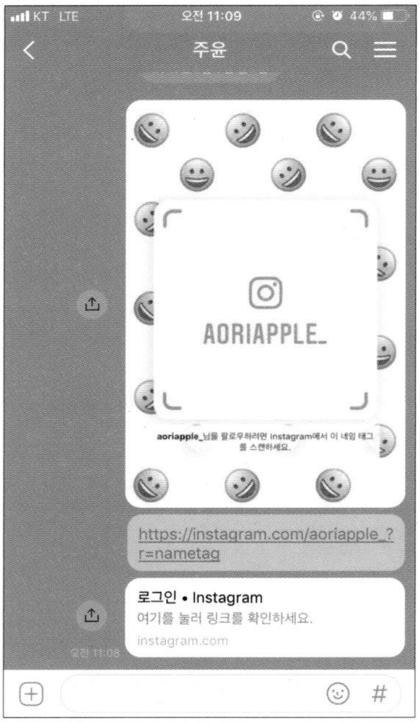

20 > 통계를 분석하면 홍보는 따라온다! 타겟 마케팅하기

인사이트를 분석하면 불특정 다수에게 노출되는 배너 광고보다 특정 범위를 한정하여 해당하는 사람들에게만 홍보할 수 있어 광고 효과가 더 높습니다.

01 인사이트를 통해 홍보하기

게시물
aa.store
터치
이 게시물은 최근 게시물의 95%보다 더 좋은 성과를 내고 있습니다. 게시물을 홍보하여 더 많은 사람에게 도달해보세요. 인사이트 보기
홍보하기

게시물 성과 확인하기

1 인스타그램에서는 성과가 좋은 특정 게시물을 자동으로 추출하여 알려줍니다. 이를 토대로 홍보하고자 하는 대표 게시물을 선택하면 효과적입니다. 게시물에서 〈홍보하기〉 버튼을 터치합니다.

알아두기

인사이트에서는 내 계정을 방문하는 시간, 방문자 연령대, 인기 게시물 등의 통계를 확인할 수 있어 인스타그램 마케팅뿐만 아니라 브랜드 마케팅의 필수 검토 요소입니다.

02 게시물 홍보하기

홍보 타겟 자동으로 지정하기

1 타겟 화면에서 '자동'을 선택하면 인스타그램에서 내 계정의 인사이트를 통해 자동으로 타겟을 지정합니다.

홍보 타겟 직접 지정하기

2 직접 홍보 타겟을 지정할 때는 타겟 화면의 '직접 만들기'를 선택합니다.
관심사를 선택하거나 키워드를 입력한 다음 선택합니다.

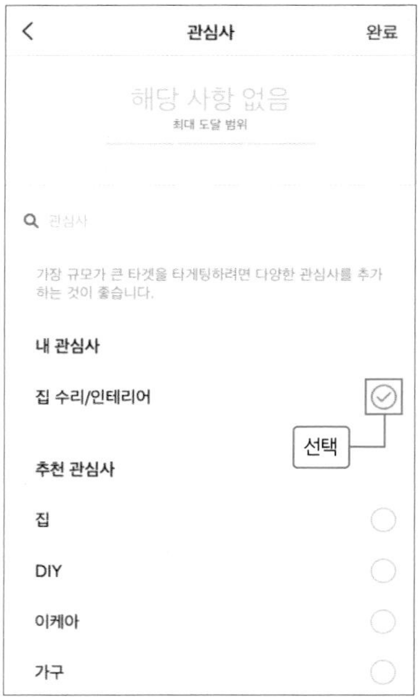

TIP 추천 관심사는 중복으로 선택할 수 있습니다.

타겟 관심사 설정하기

3 하나의 카테고리를 연관시킬 수 있지만, 게시물에 여러 가지 품목이 해당된 경우라면 카테고리를 확장해서 선택할 수도 있습니다. 예제에서는 '인테리어'와 '의류'를 선택했습니다. 관심사를 지정하고 〈완료〉 버튼을 터치합니다.

TIP 상반된 카테고리도 함께 지정할 수 있습니다.

타겟 위치 지정하기

4 타겟 만들기 화면에서 위치를 선택합니다. 키워드를 검색하고 터치한 다음 〈완료〉 버튼을 터치하여 타겟을 만듭니다.

21 > 누가 내 채널을 봤을까? 방문자 분석 및 통계 보기

비즈니스 계정으로 전환되면 내 계정을 방문한 횟수, 콘텐츠와 활동 통계 및 주 방문 타겟의 통계 정보를 확인할 수 있는 인사이트 기능을 제공합니다. 비즈니스 계정이 아니라도 비즈니스 계정 전환을 통해 인사이트 활용을 추천합니다.

01 계정 통계 확인하기

인사이트 보기

1 내 계정에서 〈인사이트〉 버튼을 터치하면 다른 사람들이 내 계정에 참여하는 비율 및 팔로워 추이 등을 확인할 수 있습니다.

TIP 인사이트는 본인만 확인할 수 있습니다.

인사이트 자세히 보기

2 인사이트 개요에서 게시물, 릴스, 동영상 등을 터치하여 상세 화면으로 이동하면 '기간'과 게시물 '유형'에 따른 '지표(게시물 반응, 공유, 노출, 댓글 등)'를 확인할 수 있습니다.

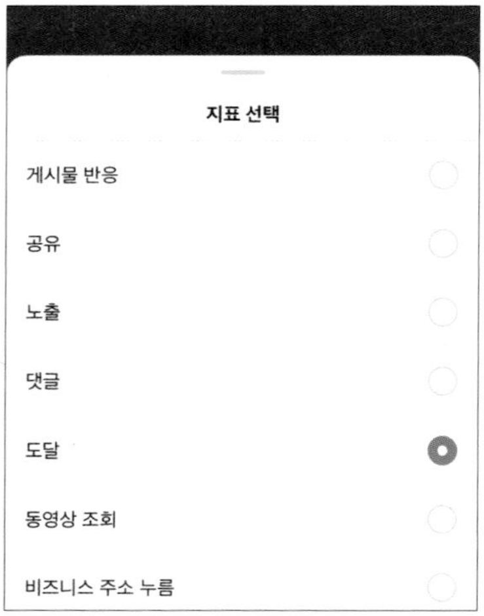

02 특정 게시물 통계 분석하기

게시물 인사이트 보기

1 원하는 이미지를 선택하고 아래의 '인사이트 보기'를 터치합니다. 게시물의 인사이트 정보를 보여 줍니다.

인사이트 살펴보기

2 자세한 정보를 확인하기 위해 인사이트를 터치해 인사이트 화면을 확인합니다.

22 > 최소한의 흔들림을 방지하는 삼각대 사용하기

사진이나 동영상을 좀 더 안정적으로 촬영하려면 삼각대를 이용해서 스마트폰을 바닥에 고정하는 것이 좋습니다. 삼각대는 용도에 따라 길이를 조절할 수 있으며, 거치하고자 하는 스마트폰, 태블릿 PC, 카메라의 마운트만 별도로 준비한다면 충분히 활용할 수 있습니다.

01 삼각대를 사용한 안정적인 촬영하기

스마트폰 또는 카메라를 삼각대에 고정하기

1 삼각대는 용도에 따라 바닥에 고정하거나 자유자재로 구부려서 역동적으로 사용할 수 있습니다.
스마트폰이나 카메라 무게를 지탱할 수 있는 제품을 선택하며, 거치대에 고정하고 바닥에 세워 균형을 맞춥니다.

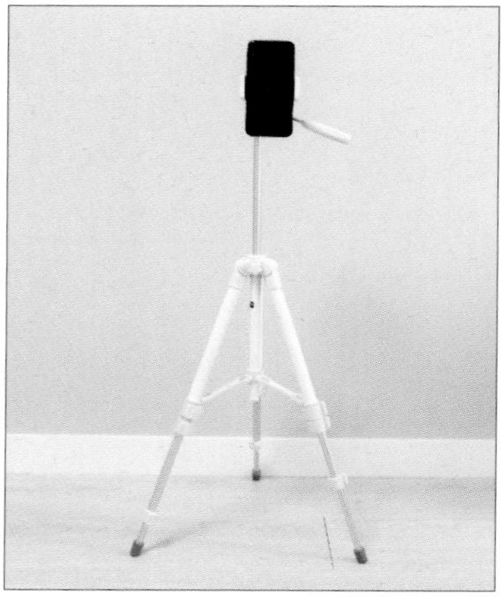

사진 또는 영상 촬영하기

2 바닥에 세워진 스마트폰이나 카메라의 수평이 잘 맞는지 확인하며 조절바와 삼각대의 관절을 조절한 다음 촬영을 시작합니다. 안정된 사진과 영상을 얻을 수 있습니다.

23 > 주로 촬영하는 샷 잘 찍는 노하우 알아두기

같은 사진이지만 어딘가 모르게 좋아 보이는 이미지들은 단순히 촬영되지 않습니다. 촬영 콘텐츠나 피사체가 좀 더 좋은 결과물로 나오도록 하려면 학습과 정성, 노력이 필요합니다. 몇 가지 예를 살펴보겠습니다.

01 다리가 길어 보이는 인물 사진 촬영하기

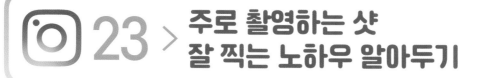

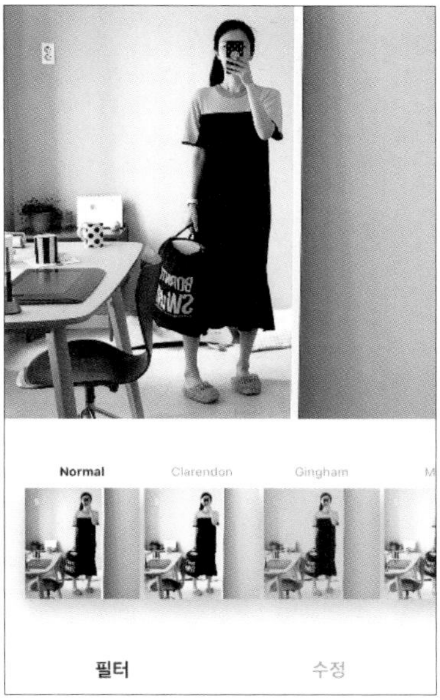

한발 내밀기

1 전신 촬영의 경우 허리를 펴고 정자세에서 한 발을 앞으로 내밉니다. 몸이 좀 더 길게 촬영되는 것을 확인할 수 있습니다.

알아두기

인물 사진에서 다리가 길어보이도록 촬영하려면 보통 아래에서 위로 시선을 두고 찍습니다. 그러나 셀프 카메라는 다른 사람이 찍어줄 때처럼 촬영하기 어려우므로 거울을 이용한 셀카의 경우 자세나 거리 조절로 다리가 좀 더 길게 나오도록 촬영할 수 있습니다.

상체를 뒤로 젖히기

2 허리를 편 정자세에서 상체만 뒤로 살짝 젖힙니다. 몸이 좀 더 슬림하고 다리가 길어 보이게 촬영되는 것을 확인할 수 있습니다.

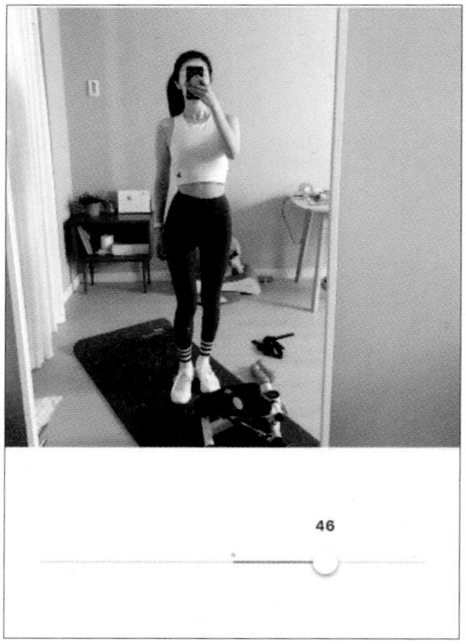

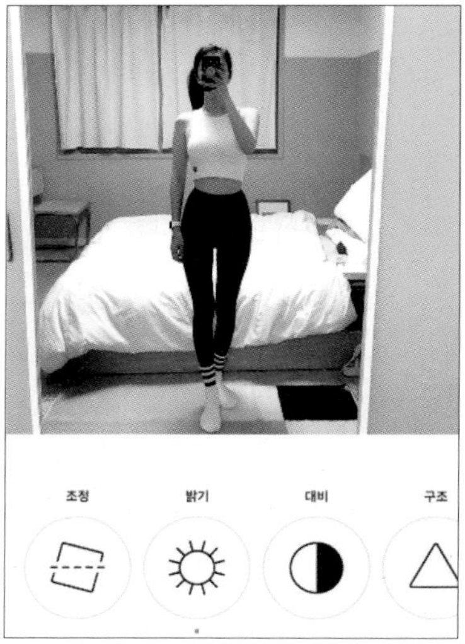

02 먹스타그램을 위한 음식 사진 촬영하기

측면 촬영하기

1 음식 사진은 보통 옆에서 비스듬히 바라보는 각도가 좋습니다.
식기가 자연스럽게 보이고 주변 소품이 조금씩 보이는 것도 사진을 더 풍부하게 만듭니다.

알아두기

음식 사진은 밝고 선명하게 찍는 것이 좋고, 옆에서 비스듬히 바라보는 각도가 좋습니다. 음식만 단독으로 찍어도 좋지만 테이블 세팅이 좋은 환경이라면 전체적인 느낌을 담는 것도 좋습니다. 이때 살짝 위에서 내려다보는 느낌으로 촬영하면 좋습니다.
음식 사진 촬영에서는 근접 촬영, 측면 촬영 및 동영상 촬영을 통해 소리를 더하는 등 음식 종류에 따라서 다양하게 촬영할 수 있습니다. 음식은 보통 밝은 톤으로 선명하게 촬영하는 것이 좋으나 커피와 디저트 등의 음식은 주변 분위기와 더불어 톤을 맞추는 것이 좋습니다.

항공샷으로 촬영하기

2 소품을 활용한 테이블샷은 위에서 내려다보는 모습으로 담는 것이 음식이 더 명확하게 보입니다.

근접 촬영하기

3 음식 사진은 때로는 식기나 배경 없이 원재료에 초점을 맞춰 촬영하면 훨씬 더 맛있어 보입니다. 음식 종류에 따라 좀 더 가까이에서 촬영하는 것도 좋습니다.

03 먹음직스러운 음식 영상 촬영하기

동영상 촬영하기

1 음식은 영상으로 담으면 소리와 함께 식욕을 돋우는 이미지로 완성됩니다.

멀티 업로드하기

2 인테리어와 음식의 분위기를 보여 주려면 공간과 함께 음식의 단독 사진을 함께 보여주는 멀티 업로드를 활용합니다.

04 소품/제품 사진 촬영하기

배경지 이용하기

1 소품을 부각시킬 수 있는 컬러의 배경지를 선택합니다. 스크린으로 벽에 장착하거나 바닥에 잘 고정하고 촬영을 준비합니다.

알아두기

소품이나 제품 사진을 촬영할 때는 테이블 세팅 등의 콘셉트 사진도 중요하지만, 무엇보다 제품을 명확하게 촬영해야 합니다. 배경지는 모노톤부터 컬러까지 다양하므로 제품이 돋보이는 컬러를 선택합니다.
인스타그램 사용자들은 스토리가 담긴 이미지를 선호합니다. 단순히 판매를 위한 제품 사진보다는 소품을 이용한 전체 분위기를 전달하는 소품이나 공간을 이용하는 것이 더 효율적입니다.

소품 촬영하기

2 배경지를 이용해서 소품을 촬영하면 상품의 특징이 부각되어 상세 이미지에 효과적입니다.

05 콘셉트 사진 촬영하기

촬영 소품 준비하기

1 소품의 분위기를 잘 드러내는 사진을 찍으려면 전체 콘셉트를 구상한 다음 촬영을 해야 합니다.

2 예제에서는 찻잔 세트를 촬영하기 위해 티팟과 책, 테이블보, 화병 등을 컬러 콘셉트에 맞춰 준비합니다.

24 > 인스타그램 사진 잘 촬영하는 방법 알아보기

사진을 잘 찍는 방법은 사실 많이 찍어보는 것이 기본입니다. 시선이 항상 고정되어 있으면 안정적인 사진을 얻을 수 있으나, 재미있고 보기 좋은 사진을 얻기는 어렵습니다.

01 좋은 사진을 촬영하는 6가지 방법

❶ 이미지를 바라보는 시선을 다양하게 가져라

같은 이미지라도 위에서 내려다보며 찍었는지, 측면에서 찍었는지에 따라 이미지가 다르게 보입니다. 가까운 거리에서 확대한 모습으로 단일 피사체만 찍는 것과 먼 시선으로 전체 풍경을 담는 것은 전혀 다른 사진으로 만듭니다.

❷ 인스타그램에서 제공하는 다양한 필터와 수정 기능을 요긴하게 활용하라

❸ 별도의 사진 앱을 다운로드하여 나만의 개성 있는 사진을 만들어라

사진의 중심, 포커스를 어디에 두느냐에 따라 구도가 달라지므로 같은 사물 또는 장소에 따라서도 전혀 다른 사진을 촬영하게 됩니다. 이때 포커스는 늘 가운데에 맞추지 않아도 됩니다.

❹ 주변의 조명과 채광을 감각 있게 사용하라

빛을 활용하면 분위기 있는 사진을 연출하고 좀 더 화사하면서 예쁘게 담을 수 있어 좋습니다. 모든 사진이 마찬가지지만 특히 셀카를 찍을 때 빛은 정말 중요합니다.

❺ 소품을 조화롭게 배치하라

주변 소품을 적절히 배치해서 조화로운 사진을 연출할 수 있으며, 소품의 적절한 배치는 강약이 있는 재미있는 사진을 만들기도 합니다.

❻ 계속해서 촬영을 시도하라

촬영을 지속해야 좋은 결과물이 나오기 때문에, 즉시 좋은 결과물이 나오지 않고 완벽하지 않아도 계속해서 촬영을 시도합니다.

02 줌인/줌아웃으로 확대/축소하기

이미지 크롭하기

1 간결하게 하나의 오브젝트에 포커스를 맞추려면 촬영한 이미지를 선택한 다음 가장자리 부분을 잘라내는 것도 좋습니다. 이때 전체 분위기가 달라집니다.

줌인/줌아웃 촬영하기

2 줌아웃 풀샷으로 이미지를 담고자 할 때는 정면에서 촬영하는 것이 자연스럽습니다.
줌인으로 일부 이미지만 확대해서 담을 때는 약간 위에서 촬영해도 좋습니다.

03 빛과 조명으로 분위기 연출하기

조명 사용하기

1 빛은 촬영에서 중요한 요소입니다. 조명 하나로 사진 분위기가 크게 달라집니다.

2 집에서 사용하는 조명이나 스탠드를 이용해 사진을 좀 더 분위기 있게 만들 수 있습니다.

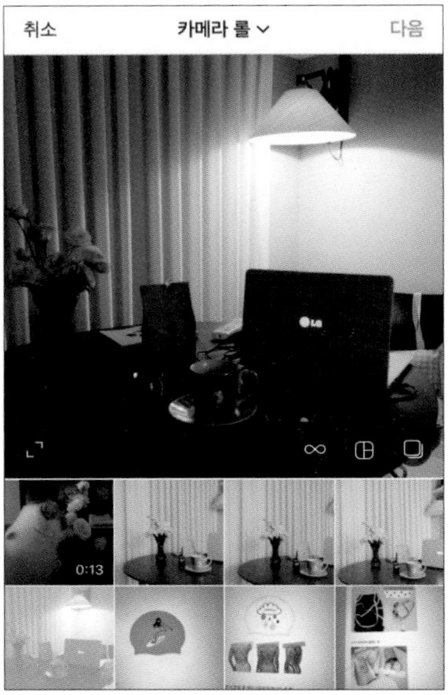

04 완성도를 높이는 구도(포커스) 활용하기

포커스 이동하기

1 테이블에 포커스를 맞추고 찍은 사진과 테이블을 왼쪽으로 두고 찍은 사진의 느낌이 다른 것을 확인할 수 있습니다.

2 포커스를 잘 맞추고 균형이 잡힌 사진은 일부 사물이 잘려도 좀 더 완성도 높은 결과물을 만들어 냅니다.

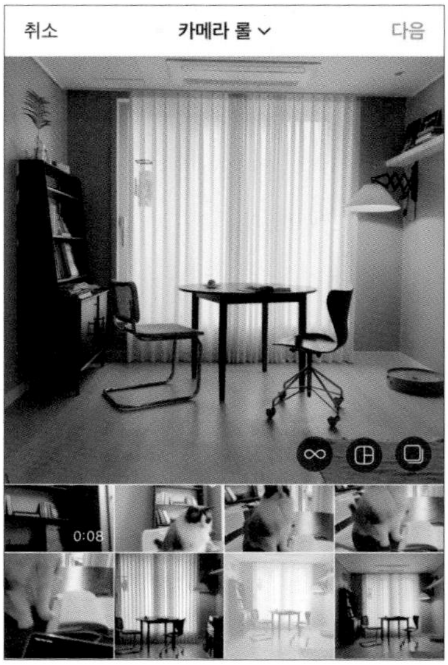

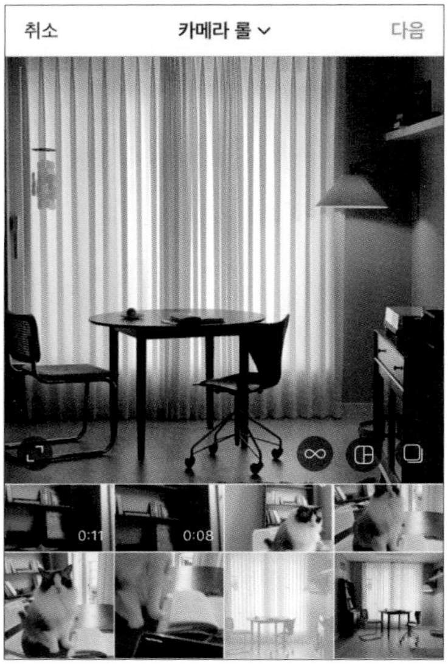

05 작은 변화로 큰 차이를 만드는 소품과 배경 활용하기

소품 활용하기

1 커피잔을 다양한 형태로 촬영할 수 있습니다. 작은 변화지만 컵을 테이블 가운데에 두느냐, 옆에 두느냐에 따라 크게 달라집니다.

배경 활용하기

2 커튼 또는 배경처럼 작은 변화에 따라 사진이 달라집니다.

콘셉트 사진 찍기

3 자연스럽게 사진을 찍은 것 같지만 색감을 어느 정도 비슷한 톤으로 맞추고 그릇, 컵, 책 등의 소품을 자연스러워 보이는 구도로 배치하여 촬영했습니다.

TIP 구도를 생각하지 않고 사진에 많은 것을 담으면 자칫 지저분해 보일 수 있으니 주의합니다.

25 좁은 공간을 넓게! 광각 렌즈 활용하기

여행지 또는 실내 인테리어 풍경을 넓게 담거나 좁은 공간을 더 넓게 보여 주려면 광각 렌즈를 이용해 스마트폰에 넓고 시원한 전경을 담을 수 있습니다. 또한 셀카 사진을 촬영할 때 광각(셀카) 렌즈를 이용하면 다른 사람이 찍어 준 것처럼 좀 더 멀리서 촬영한 듯한 사진을 담을 수 있어 편리합니다.

01 광각 렌즈로 넓고 길게 촬영하기

광각 렌즈 장착하기

1 광각 렌즈는 스마트폰과의 호환성을 확인한 다음 준비합니다. 왼쪽 제품은 스마트폰에 쉽게 장착할 수 있어 휴대 및 촬영하기에 좋습니다.

▲ 써패스아이 컴팩트 아이폰

▲ 럭시 스마트폰 셀카렌즈

알아두기

광각 렌즈는 단독으로도 넓은 시야를 확보할 수 있지만 셀카봉과 함께 사용하면 더 넓은 화면을 스마트폰에 담을 수 있습니다.

광각 렌즈 사용하기

2 광각 렌즈는 인테리어 사진처럼 공간을 촬영할 때 더 넓은 영역을 담으며 좁은 공간을 넓어 보이게 만드는 효과가 있습니다.

광각 렌즈 장착 전후 비교

3 광각 렌즈 장착 전(왼쪽)과 후(오른쪽) 사진에서 더 넓어진 공간감의 차이를 확인할 수 있습니다.

02 셀기꾼의 비밀, 광각 렌즈를 이용한 셀카 찍기

광각 렌즈 장착하기

1 광각 렌즈를 스마트폰의 전면에 장착합니다.

TIP 광각 렌즈를 이용해 셀카를 촬영하면 좀 더 멀리서 찍은 것처럼 자연스럽게 촬영됩니다.

셀카 촬영하기

2 촬영 화면의 면적이 넓어져 홀로 여행을 갔을 때에도 풍경과 함께 셀카를 찍을 수 있어 유용합니다.

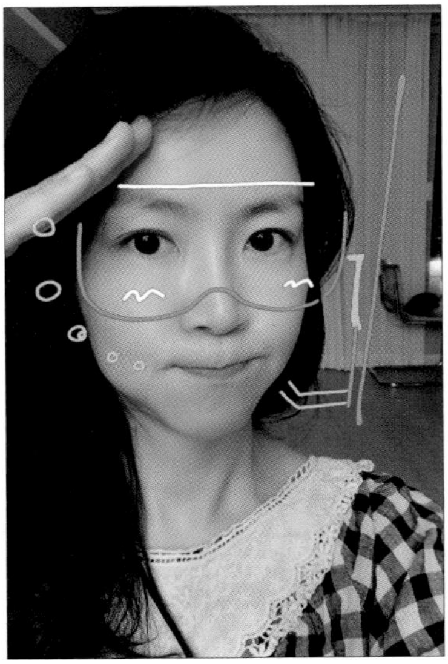

26 > 스토리가 있는 계정 만들기

인스타그램에는 단독으로 이미지를 올려도 좋지만 다양한 경우에 멀티 업로드를 이용하면 좀 더 다채로운 피드를 만들어 스토리가 살아 있는 계정을 만들 수 있습니다.

01 엣지 있는 이미지 활용하기

동영상과 함께 생동감 주기

1 소리와 관련된 이미지는 사진도 좋지만 동영상과 함께라면 훨씬 더 흥미로운 피드로 만들어 줍니다. 음악, 소리를 담은 동영상과 함께 순간의 전체 화면을 사진을 올립니다.

알아두기

인스타그램의 멀티 업로드는 최대 10장까지 한번에 이미지를 업로드할 수 있습니다. 판매 계정의 경우에는 제품을 컬러별로 멀티 업로드를 사용하는 등 다각도로 활용하면 좋습니다.

크롭 사진으로 포인트 주기

2 전체 풍경을 담은 사진과 함께 좀 더 강조해서 보여 주고 싶은 부분을 확대한 이미지를 올리면 스토리가 더해져 재미를 줍니다.

일과를 다양하게 표현하기

3 하루 종일 피드를 올리면 팔로워들도 피로해지기 마련입니다. 연관된 일과는 순서대로 멀티 이미지로 올리고 관련된 콘텐츠로 일과를 표현해도 좋습니다. 여기서는 커피를 한잔 마시고 운동했다는 일상을 나타냈습니다.

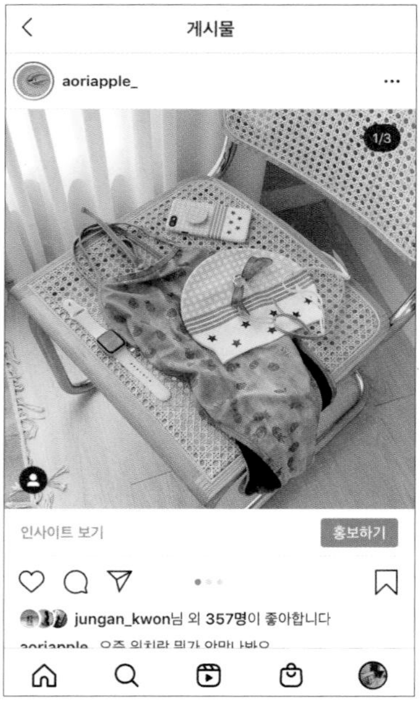

연결 사진으로 스토리 표현하기

4 반려동물이라는 같은 키워드로 다양한 모습을 연이어 담아 스토리를 전달합니다.

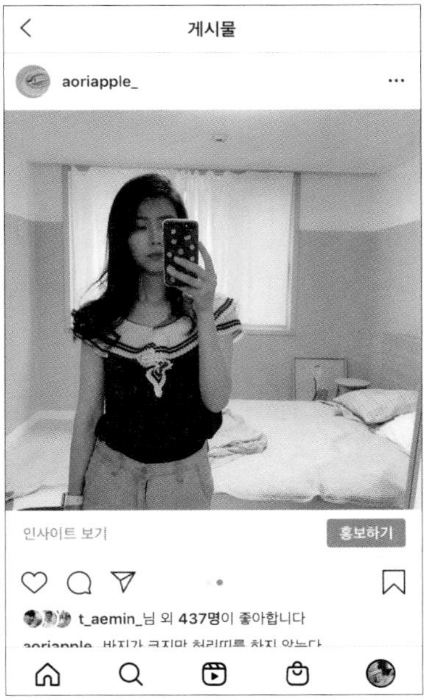

엉뚱한 사진도 함께 보여주기

5 분위기가 조금은 차이 나는 사진을 함께 업로드하면 한 장씩 넘겨보다가 순간 다른 모습에 재미를 느낄 수 있습니다. 여기서는 눈을 감은 사진을 추가했습니다.

하나 더!

매력적인 콘텐츠의 브랜드 살펴보기

인스타그램의 특징을 파악하고 이미지에 대한 이야깃거리 혹은 제품의 사용성이나 제작 과정을 영상이나 이미지로 공유하는 것은 인스타그램을 즐거운 소통의 장으로 만듭니다. 더 자연스럽고 일상에 가까운 스토리를 만들어 브랜딩에 스토리텔링을 잘 녹인 브랜드를 살펴봅시다.

01 제품 사용 영상 - 모나미

필기구 브랜드답게 영상으로 실제 필기구를 사용하고 표현하는 모습을 영상에 담아 스토리를 만듭니다.

알아두기

인스타그램은 단순히 이미지만을 보여 주는 공간이 아니라 콘텐츠와 스토리가 필수입니다. 같은 이미지와 상품이라도 어떤 이미지는 주목을 받고, 어떤 이미지는 외면당합니다. 그 이유는 톤에서도 느낄 수 있지만, 어떤 스토리를 담느냐도 굉장히 중요하기 때문입니다.

02 제작 과정 - 하이브로우

가구 제작 과정을 일상에 녹여 제품의 제작 과정을 자연스럽게 스토리로 담았습니다.

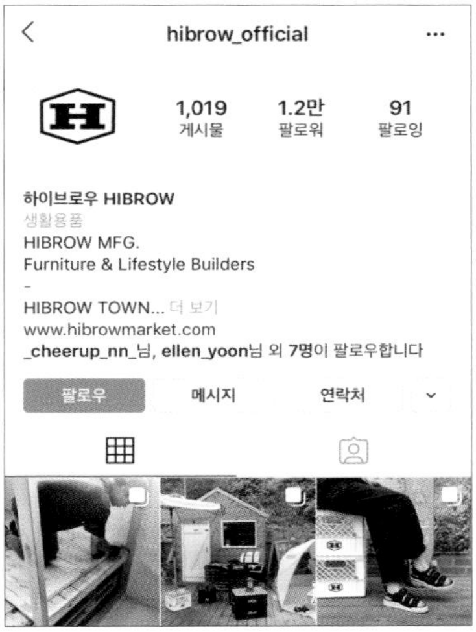

03 스토리를 담아 - 오이뮤

문구류를 디자인하고 제작하는 브랜드로 해당 문구류의 역사를 담은 제품을 소개하거나 소소한 이야기, 제작 과정 등을 스토리로 담아냅니다.

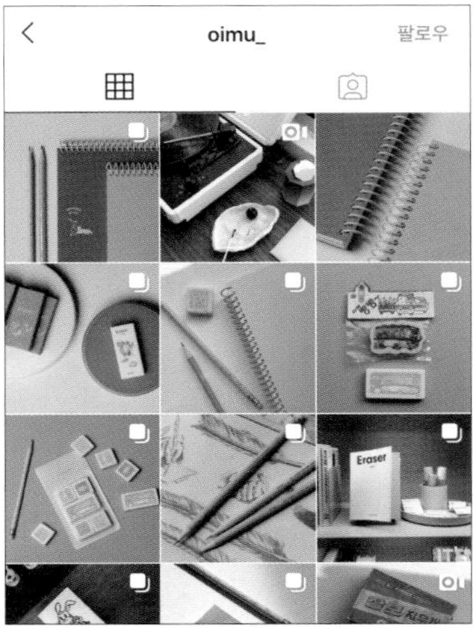

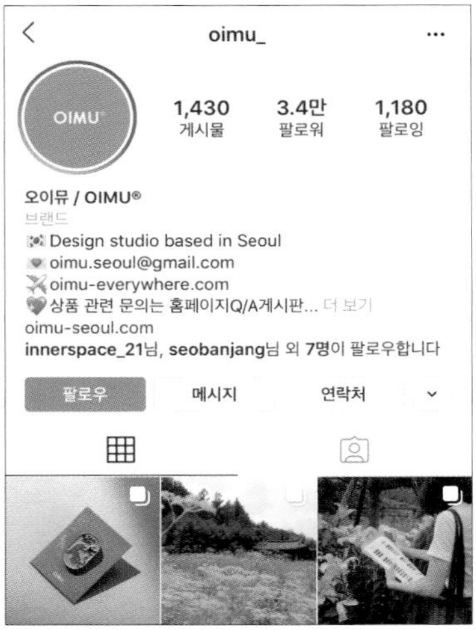

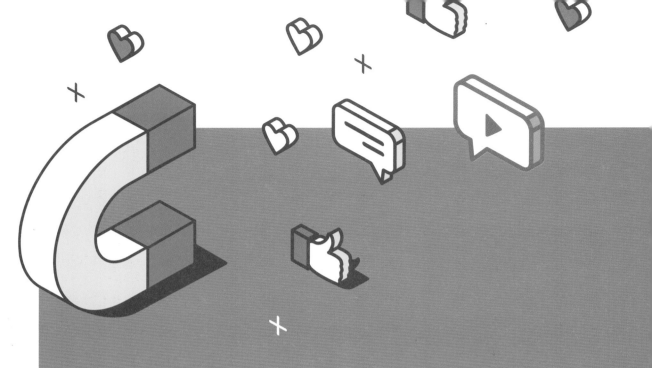

Instagram

PART 02

팔로워를 늘리는 인스타그램 핵심 기능

인스타그램은 다양한 기능들을 제공합니다. 여기서는 인스타그램의 내 계정을 꾸미는 방법부터 사진/영상을 업로드하고 공유하는 방법까지 인스타그램의 숨은 필수 기능들을 살펴봅니다.

01 > 어떻게 생겼을까? 인스타그램 홈 화면 살펴보기

자, 이제 인스타그램을 시작할 준비가 되었나요? 그럼 먼저 인스타그램의 시작 화면인 홈 화면을 살펴보겠습니다. 인스타그램 앱을 실행하고 첫 화면부터 차례대로 확인합니다.

01 홈 화면 보기

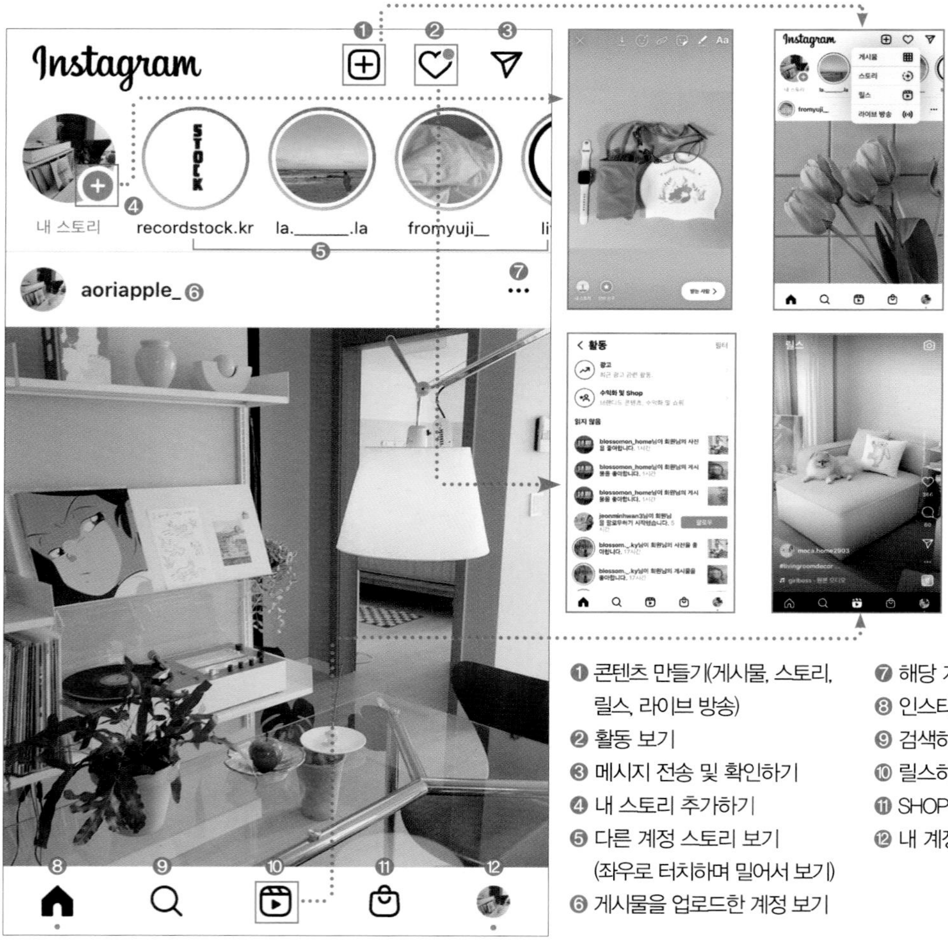

❶ 콘텐츠 만들기(게시물, 스토리, 릴스, 라이브 방송)
❷ 활동 보기
❸ 메시지 전송 및 확인하기
❹ 내 스토리 추가하기
❺ 다른 계정 스토리 보기 (좌우로 터치하며 밀어서 보기)
❻ 게시물을 업로드한 계정 보기
❼ 해당 게시물 더 보기
❽ 인스타그램 홈
❾ 검색하기
❿ 릴스하기
⓫ SHOP
⓬ 내 계정 보기

02 내 계정 화면보기

❶ 계정 사용자 아이디
❷ 새로운 소식 알림
❸ 콘텐츠 만들기
❹ 계정 더 보기
❺ 프로필 사진
❻ 스토리 추가하기
❼ 게시물
❽ 팔로워
❾ 팔로잉
❿ 프로필
⓫ 프로필 편집하기
⓬ 광고 관리하기
⓭ 홍보
⓮ Shop 추가하기
⓯ 스토리 하이라이트 추가하기
⓰ 스토리 하이라이트
⓱ 내 피드 보기
⓲ 내 릴스 보기
⓳ 내 영상 보기
⓴ 내 가이드 보기
㉑ 나를 사람 태그한 피드 보기

02 > 이건 뭘까? 화면별 이해하기

인스타그램의 전체 화면을 살펴보겠습니다. 인스타그램 앱을 실행하고 먼저 메인 화면부터 차례대로 확인합니다.

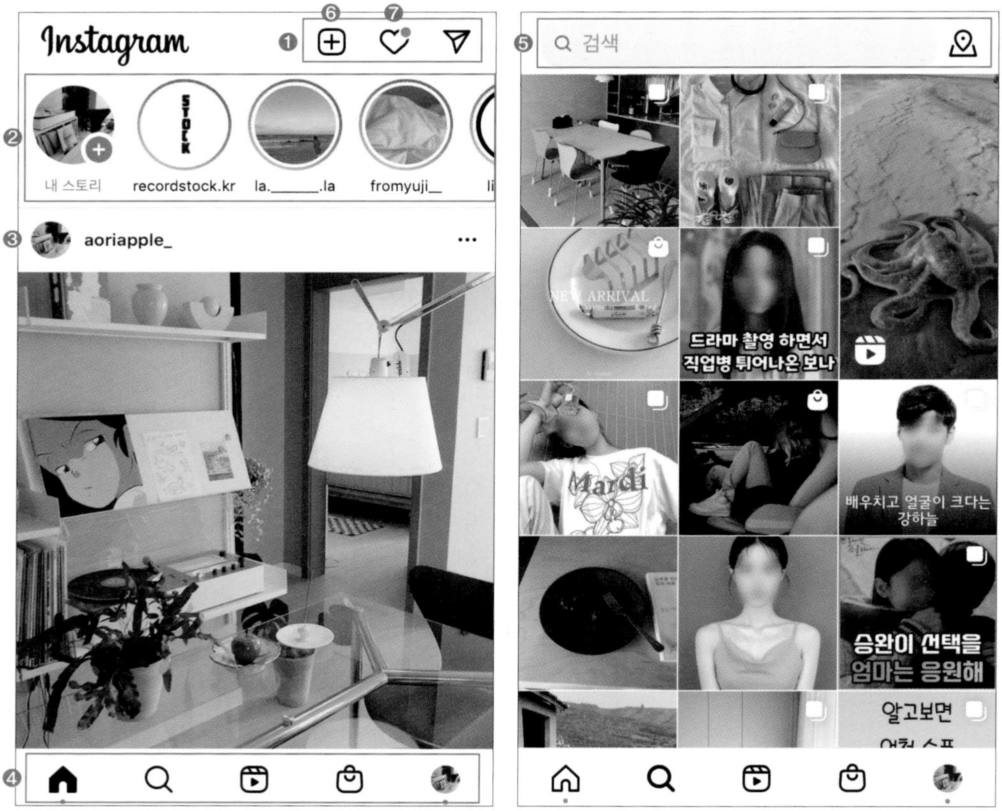

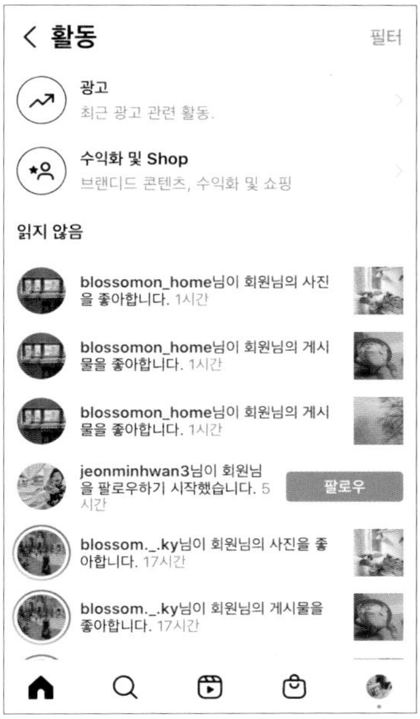

❶ 콘텐츠 작성, 활동, 메시지 보기

인스타 홈 화면의 상단에는 콘텐츠 만들기, 활동 확인하기, 메시지 확인하기로 이동하는 아이콘이 위치합니다.

❷ 내 스토리, 다른 계정의 스토리

왼쪽 첫 번째 아이콘은 내 스토리를 확인하거나 작성할 수 있으며, 나머지 아이콘들은 다른 계정의 스토리들이 나타납니다. 섬네일을 터치하면 해당 계정으로 이동하고 화면을 옆으로 밀면 다른 계정의 스토리를 확인할 수 있습니다.

❸ 피드 확인하기

큰 섬네일 이미지들이 나열되는 것을 '피드'라고 합니다. 화면을 아래로 드래그하면 새로 고침되어 새로운 게시물이 나타납니다.

❹ 하단 내비게이션

왼쪽부터 순서대로 '홈', '검색', '릴스', 'SHOP', '내 계정' 기능을 나타내는 아이콘입니다.

❺ 검색 기능, 인기 장소 보기

검색창에서 검색하고자 하는 '계정', '오디오', '태그', '장소'를 검색할 수 있으며, 검색창 오른쪽의 '장소' 아이콘을 터치하면 근처 인기 장소를 찾아볼 수 있습니다.

❻ 이미지 업로드 보기

사진과 동영상을 촬영할 수 있으며, 라이브러리에 저장된 이미지를 불러오기도 합니다.

❼ 활동 보기

좋아요, 댓글과 답글 기능, 나를 새롭게 팔로잉하는 계정을 확인합니다. 오른쪽의 '필터' 기능을 적용해서 좀 더 편리하게 사용할 수 있습니다.

03 > 최강 인스타그램 기능! 주요 아이콘 알아두기

인스타그램을 시작하기 전에 기본 아이콘이 어떤 기능을 가지고 있는지 미리 알아두면 사용하기 편리해집니다.

01 주요 아이콘 기능 알아보기

❶ **스토리(◎)** : 인스타그램의 대표적인 플랫폼으로 스토리 기능입니다.

❷ **릴스(▣)** : 쉽고 빠르게 짧은 영상을 제작합니다.

❸ **가이드(▣)** : 콘텐츠를 목적에 맞게 분류하고 정리할 수 있습니다.

❹ **영상(▷)** : 인스타그램에 업로드한 영상을 확인합니다.

❺ **SHOP(▣)** : 다양한 계정의 상품을 확인하고 구매합니다.

❻ **메시지(▽)** : 일대일 혹은 그룹에게 메시지를 보내거나 받습니다.

❼ **홈(⌂)** : 인스타그램 메인 화면으로 이동합니다.

❽ **검색(Q)** : 인기 게시물을 비롯해 계정, 태그, 장소를 검색합니다.

❾ **프로필 사진(●)** : 내 계정으로 이동합니다.

❿ **더 보기(…)** : 게시물 위쪽에 위치하며 게시물 수정, 삭제 등 게시물에 대한 기능들이 있습니다.

⓫ **이미지 추가(⊕)** : 사진, 동영상을 촬영하고 스마트폰에서 이미지를 불러옵니다.

⓬ **활동(♡)** : 팔로워, 좋아요, 댓글, 답글 소식을 확인합니다.

⓭ **댓글/덧글(◯)** : 댓글과 덧글을 작성합니다.

⓮ **저장(⌑)** : 내 게시물이나 다른 사람의 게시물을 저장합니다.

⓯ **사람 찾아보기(+웃)** : 친구를 찾고 추가합니다.

⓰ **내 계정(PC)(웃)** : PC 버전에서는 내 계정을 나타냅니다.

⓱ **사람 태그(▣)** : 나를 사람 태그한 게시물을 보여줍니다.

⓲ **더 보기(≡)** : 계정을 관리하는 기능들을 더 볼 수 있습니다.

04 > 나만의 인스타그램! 내 계정 화면 살펴보기

메인 화면에는 피드나 좋아요 등 검색과 알림을 나타내는 기능이 압축되어 있다면, 내 계정 화면에는 계정 관리를 위한 기능들이 숨어있으므로 확인해 보겠습니다.

01 내 계정 화면 살펴보기

위쪽부터 차례대로 사용자 이름, 프로필 사진과 게시물 수, 팔로워 수, 팔로잉 수, 프로필을 확인할 수 있습니다. 프로필 아래에는 스토리와 함께 하이라이트로 보관된 이미지들이 나타납니다. 이것은 이후에 상세히 살펴보겠습니다.

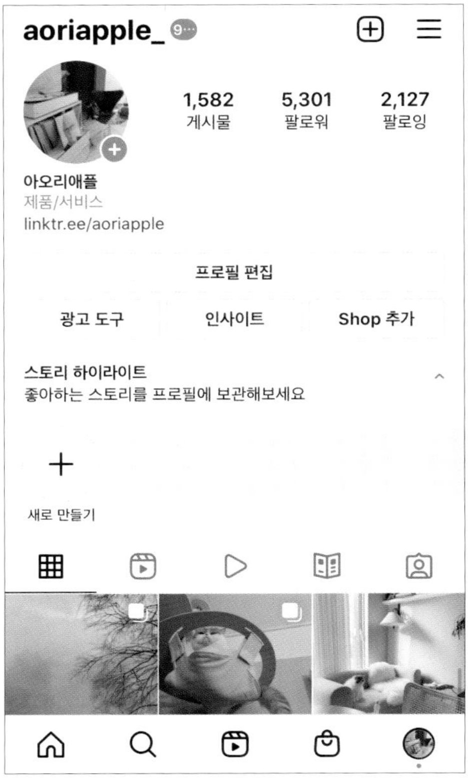

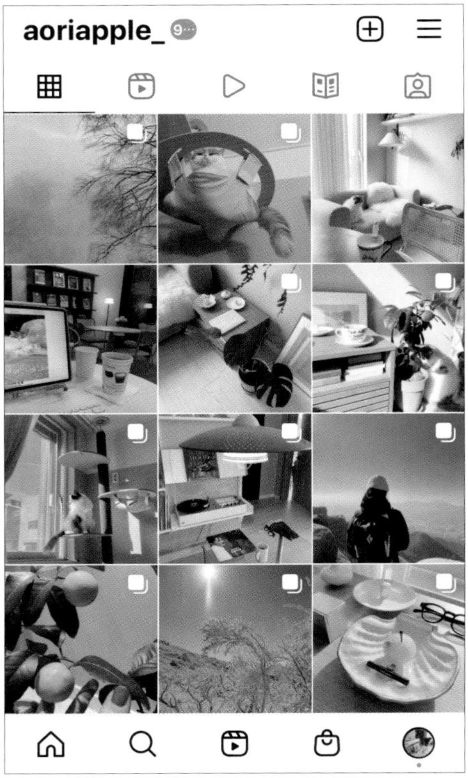

05 > 인스타그램 가입하기

인스타그램을 시작하려면 일단 계정을 만들어야 하며 이메일과 전화번호를 이용한 두 가지 방법으로 가입할 수 있습니다. 가입 계정으로 정보 변경에 대한 알림 및 비밀번호 분실 시 알림을 받으므로 실제로 사용하는 올바른 정보를 입력해야 합니다.

01 이메일을 이용해 가입하기

인스타그램 실행하기

1 인스타그램을 다운로드한 다음 실행하면 계정 만들기 화면이 표시됩니다. 〈새 계정 만들기〉 버튼을 터치한 다음 '이메일로 가입하기'를 선택합니다.

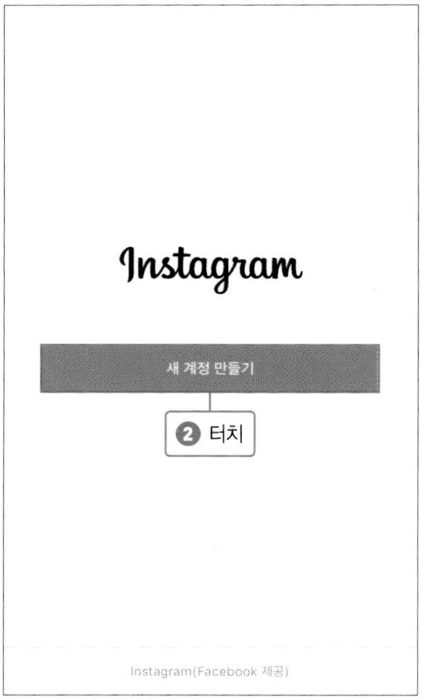

이메일 입력하기

2 입력창에 메일 주소를 입력하고 〈다음〉 버튼을 터치합니다.

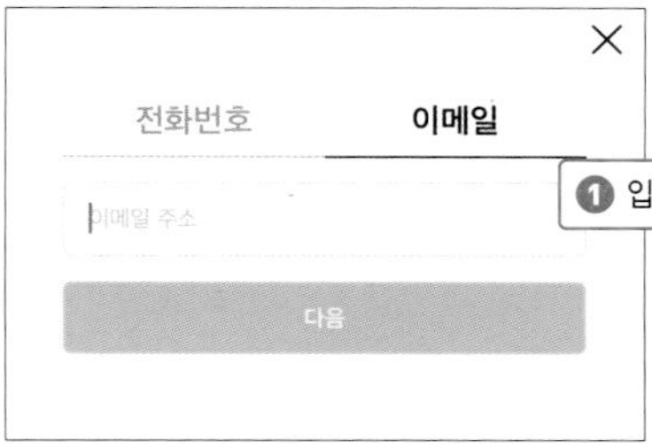

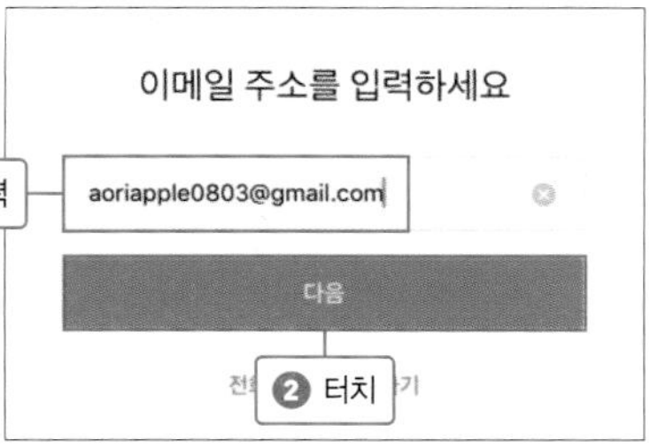

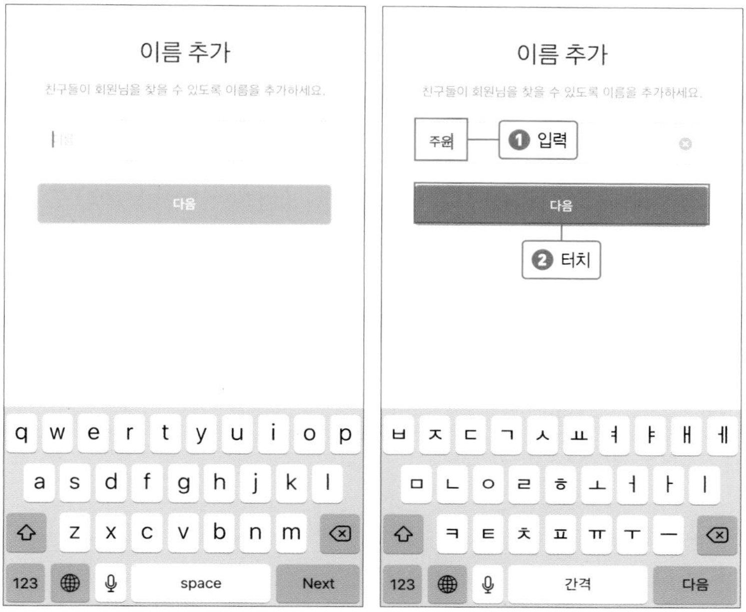

이름 입력하기

3 사용하고자 하는 이름(닉네임)을 입력하고 〈다음〉 버튼을 터치합니다.

TIP 이름은 추후 변경할 수 있으므로 오래 고민하지 않아도 됩니다.

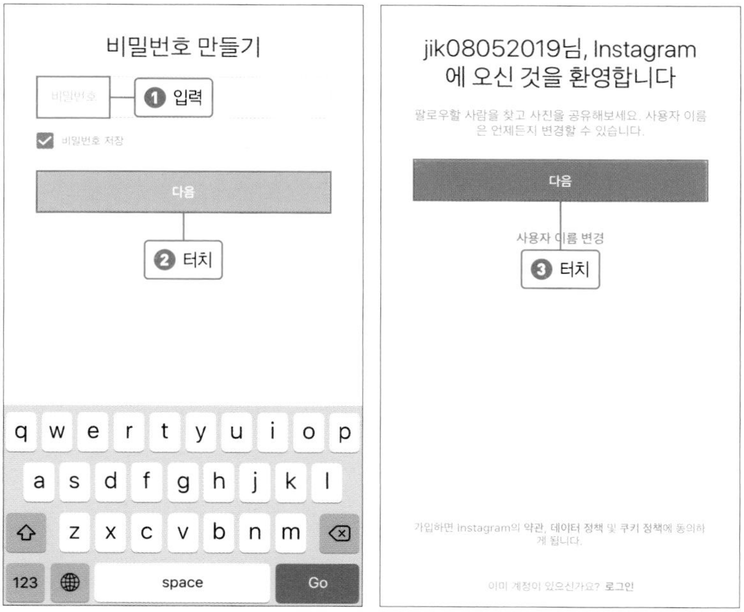

가입 완료하기

4 비밀번호를 입력하고 〈다음〉 버튼을 터치하면 인스타그램 가입이 완료됩니다. 이름을 확인하고 〈다음〉 버튼을 터치합니다.

TIP 사용자 이름은 로그인 후에도 언제든지 변경할 수 있습니다.

02 전화번호를 이용해 가입하기

전화번호 입력하기

1 인스타그램을 실행하고 내 계정 만들기 화면에서 '전화번호로 가입하기'를 선택합니다. 전화번호를 입력하고 〈다음〉 버튼을 터치합니다.

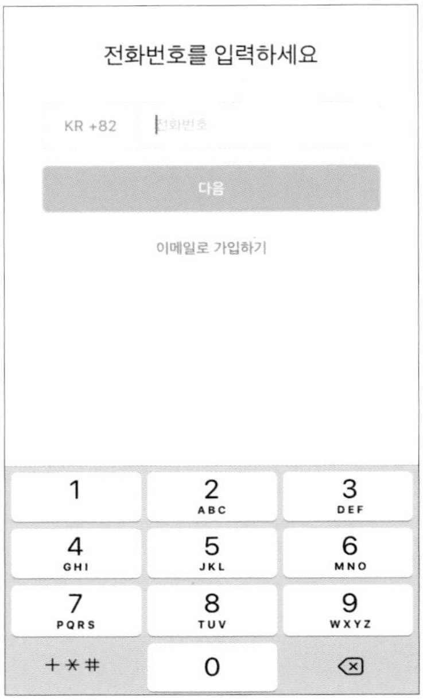

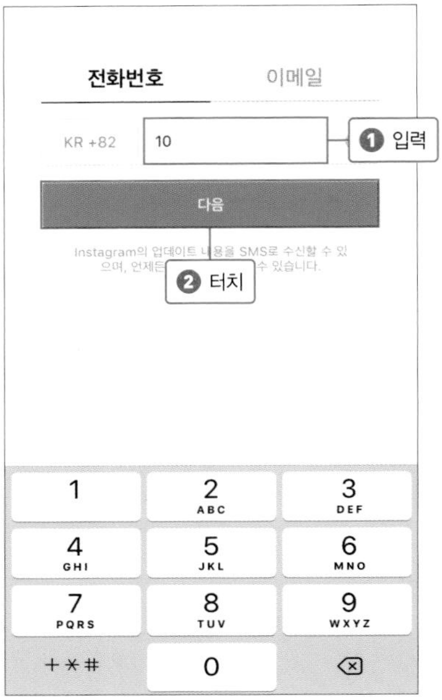

인증 코드 입력하기

2 입력한 전화번호로 인증 코드가 전송되면 입력합니다. 이후 과정은 이메일로 가입하기와 같으므로 가입을 완료한 다음 로그인합니다.

06 > 시선을 사로잡는 프로필 사진 꾸미기

인스타그램 가입을 마치면 계정을 대표하는 프로필 사진을 추가하는 것이 좋습니다. 개인 계정이라면 나와 계정을 잘 나타내는 사진이 좋고 브랜드 계정이라면 제품이나 로고 사진 등을 추가하는 것이 좋습니다.

01 프로필 사진 추가하기

프로필 사진 등록하기

1 〈사진 추가〉 버튼을 터치한 다음 '프로필 사진 바꾸기'를 선택합니다. 라이브러리에 저장된 사진을 등록하거나 〈사진 찍기〉 버튼을 터치하고 즉석에서 사진을 촬영하여 추가합니다. 여기서는 〈라이브러리에서 선택〉 버튼을 터치했습니다.

TIP 〈건너뛰기〉 버튼을 터치한 다음 이후에 추가해도 상관 없습니다.

알아두기

프로필 사진은 계정을 생성한 이후에도 상시로 변경할 수 있습니다. '좋아요'를 누르거나 팔로잉할 때 프로필 사진이 항상 다른 계정에 노출되므로 내 계정을 잘 나타내는 사진을 선택하는 것이 좋습니다.

프로필 사진 등록하기

2 사진을 선택하고 〈완료〉 버튼을 터치하면 프로필 사진이 추가됩니다.

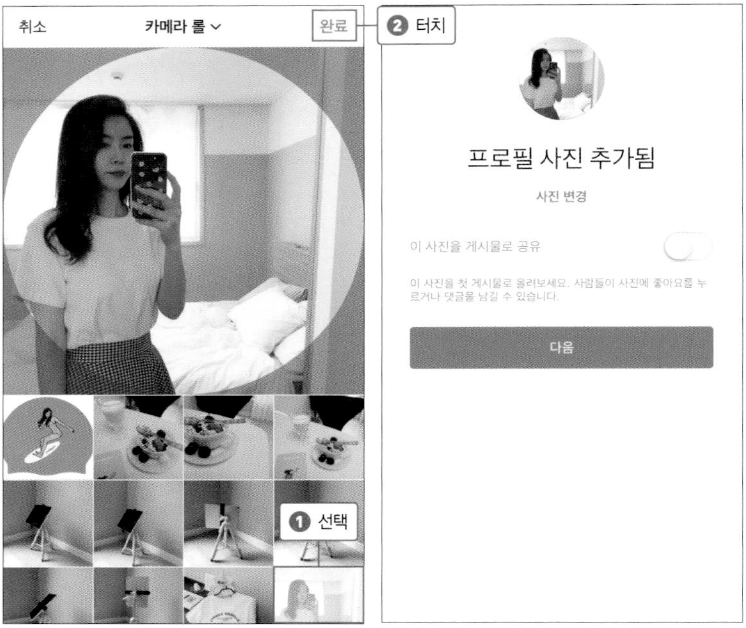

내 계정 화면에서 프로필 사진 등록하기

3 가입 과정에서 프로필 사진을 추가하지 않고 〈건너뛰기〉 버튼을 터치한 경우 먼저 내 계정 화면의 〈프로필 수정〉 버튼을 터치합니다. '프로필 사진 바꾸기'를 선택한 다음 사진 선택 방법을 선택하고 사진을 추가합니다.

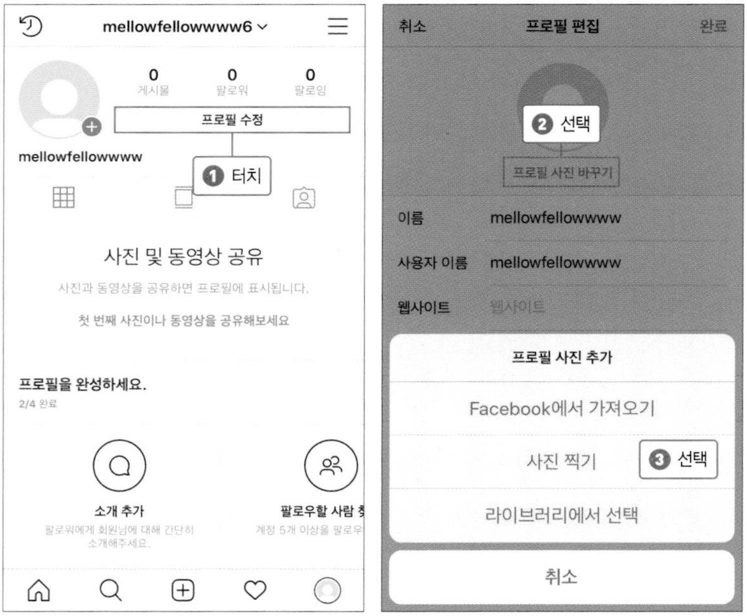

02 프로필 사진 변경하기

프로필 사진 바꾸기 1

1 프로필 사진을 변경하거나 삭제할 때에는 내 계정 화면에서 〈프로필 수정〉 버튼을 터치한 다음 '프로필 사진 바꾸기'를 선택합니다.

프로필 사진 바꾸기 2

2 원하는 사진을 선택하거나 사진을 촬영하여 프로필 사진을 변경합니다.

07 > 내 계정의 첫인상, 프로필 작성하기

프로필은 인스타그램에서 나에 대한 정보를 입력하여 홍보할 수 있는 유일한 공간이므로, 짧고 간단한 문장을 이용해 알릴 수 있다면 좋습니다. 인스타그램 가입 당시에 입력했던 이름, 사용자 이름을 변경할 수 있고, #(해시)태그, @태그, 링크 사용이 가능하므로 나를 알리는 홍보 수단으로 활용해 보세요.

01 프로필 작성하기

이름 수정하기

1 내 계정 화면에서 〈프로필 수정〉 버튼을 터치하여 프로필 편집 화면으로 이동한 다음 이름을 변경합니다.

TIP 이름은 인스타그램에서 불리는 닉네임과 같은 것으로 프로필 사진 아래에 표시됩니다.

사용자 이름 수정하기

2 사용자 이름을 입력합니다.

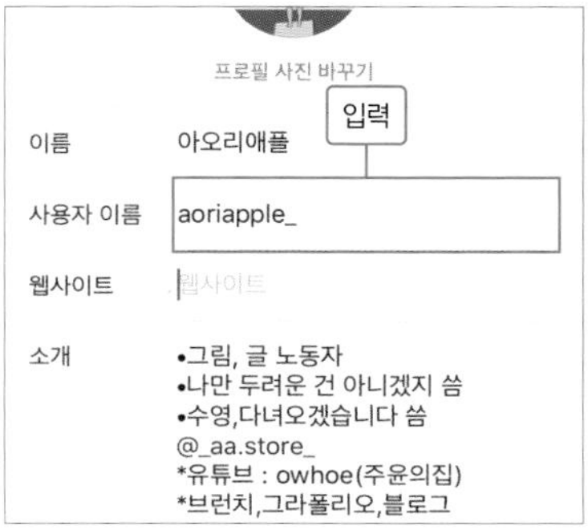

TIP 사용자 이름은 계정 주소와 같은 역할을 합니다. 내 인스타그램의 주소는 'https://www.instagram.com/aoriapple_'이고 계정 위쪽에 표시됩니다.

웹사이트 입력하기

3 웹사이트에 홍보하려는 웹 주소를 입력합니다.

TIP 링크 기능을 제공하므로 홍보에 효율적입니다.

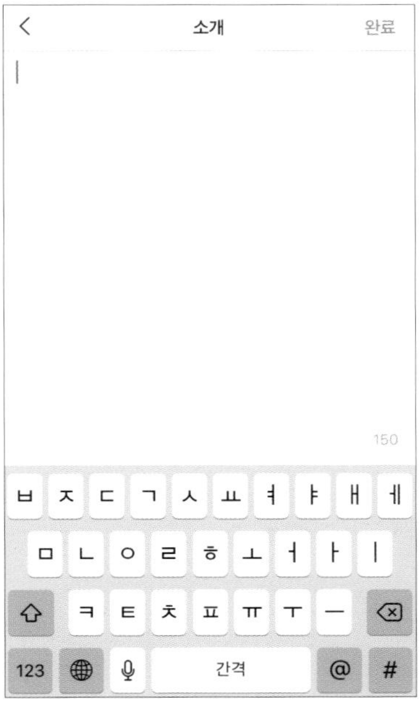

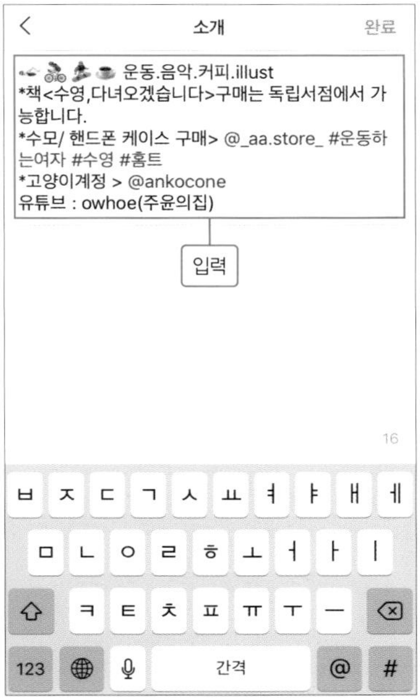

소개 작성하기

4 소개를 선택합니다. 주로 다룰 콘텐츠에 대한 키워드나 좋아하고 관심있는 분야에 대한 내용을 입력합니다.

#(해시)태그, @태그로 홍보하기

5 #(해시)태그와 @태그가 활성화되는 공간으로 태그를 입력하여 검색에 노출합니다. 특정 계정을 홍보할 수 있으니 적극적으로 활용합니다.

수정된 프로필 등록하기

6 프로필 편집을 마치면 오른쪽 위의 〈완료〉 버튼을 터치하여 등록합니다. 내 계정 화면에 프로필이 반영됩니다.

02 이메일 주소 변경하기

사용자 메일 변경하기

1 회원 가입 시 이메일로 가입했다면 등록된 메일 주소가 나타납니다. 'x' 아이콘을 터치한 다음 이메일 주소를 변경할 수 있습니다.
또는 전화번호로 가입했다면 메일 주소를 추가 입력합니다.

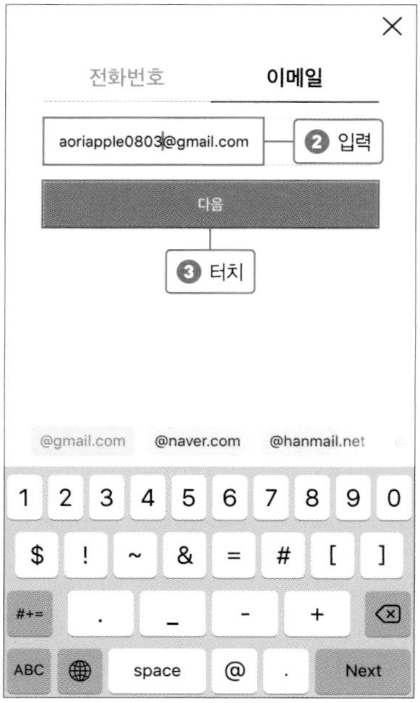

08 > 설레는 인스타그램 시작! 사진 업로드하기

인스타그램은 사진 및 동영상 중심인 SNS이므로 게시물은 사진과 동영상이 기본입니다. 사진과 동영상을 촬영하고 업로드하는 방법에 대해 알아보겠습니다.

01 인스타그램에서 사진 촬영하고 올리기

사진 촬영 준비하기

1 내 계정 화면 아래쪽 '촬영' 아이콘(⊞)을 터치합니다.

알아두기

사진 또는 동영상을 업로드하는 것은 인스타그램의 기본입니다. 처음부터 많은 게시물을 올리려 하기보다 단순히 사진 또는 동영상을 올리고 #(해시)태그를 사용하는 것으로 시작해 점차적으로 다양한 방법을 활용해 보세요.

사진 촬영하기

2 [사진] 탭을 선택하고 촬영하려는 피사체의 구도를 확인합니다. 촬영 버튼을 터치하여 촬영하고 〈다음〉 버튼을 터치합니다.

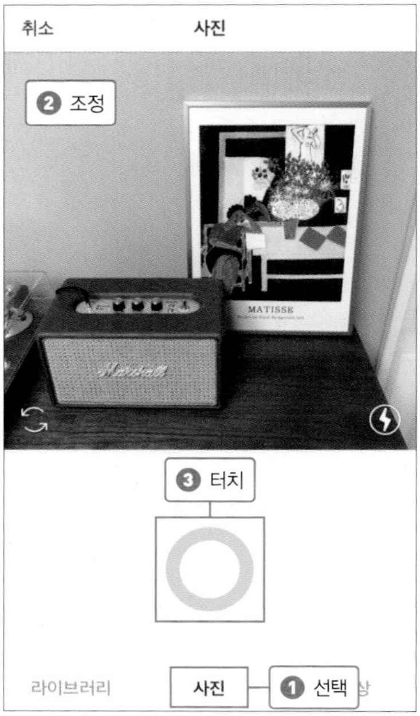

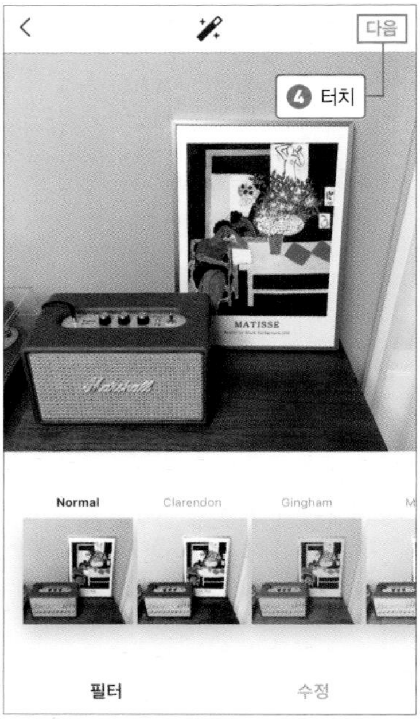

게시물 업로드하기

3 새 게시물 화면에서 문구를 입력한 다음 〈공유〉 버튼을 터치하면 게시물이 업로드됩니다.

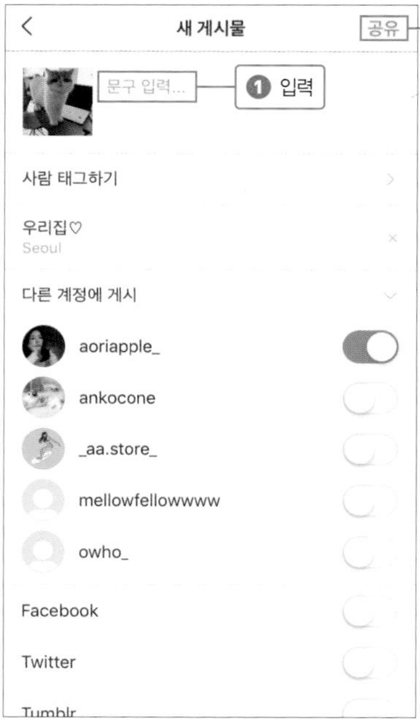

02 라이브러리에 저장된 사진 올리기

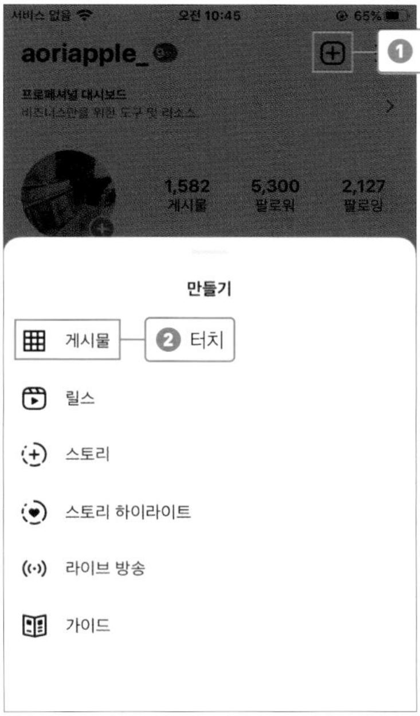

저장된 이미지 가져오기

1 내 계정에서 '새로 만들기' 아이콘(+)을 터치한 다음 **게시물**을 선택합니다. 원하는 사진을 선택하고 〈다음〉 버튼을 터치합니다.

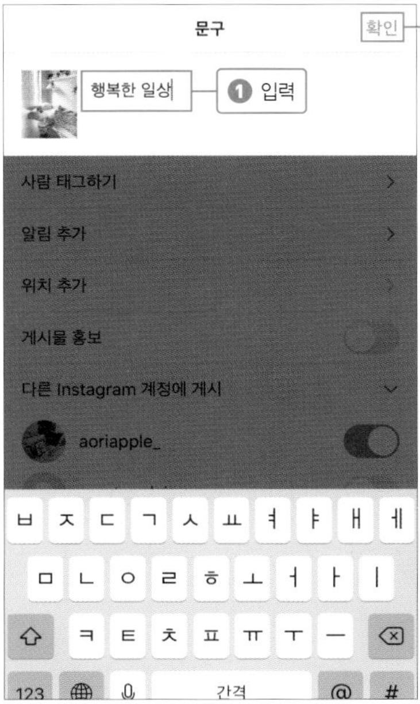

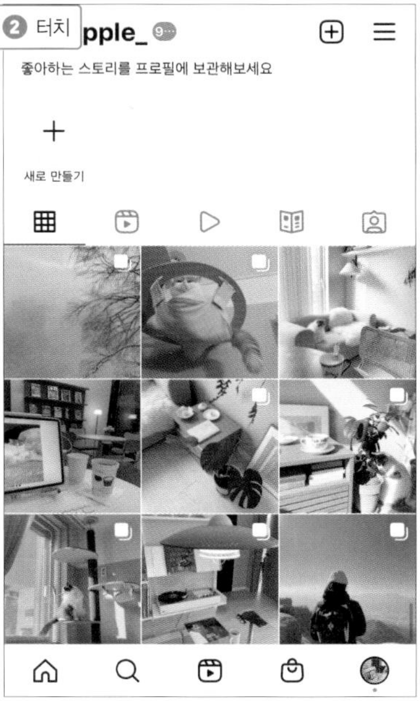

게시물 업로드 확인하기

2 문구를 입력하고 〈확인〉 버튼을 터치하여 게시물을 등록합니다.

09 > 내 맘대로 게시물 편집하기

게시물을 업로드한 다음 기본으로 텍스트를 수정 또는 삭제하는 기능에 대해 학습합니다. 또한 댓글 기능을 지정하고 게시물의 링크를 복사해서 친구에게 정보를 공유하는 방법 등에 대해서 알아보겠습니다.

01 게시물 수정 또는 삭제하기

게시물 수정하기 1

1 수정하고자 하는 게시물을 선택하고 '더 보기' 아이콘(…)을 터치한 다음 〈수정〉 버튼을 터치합니다.

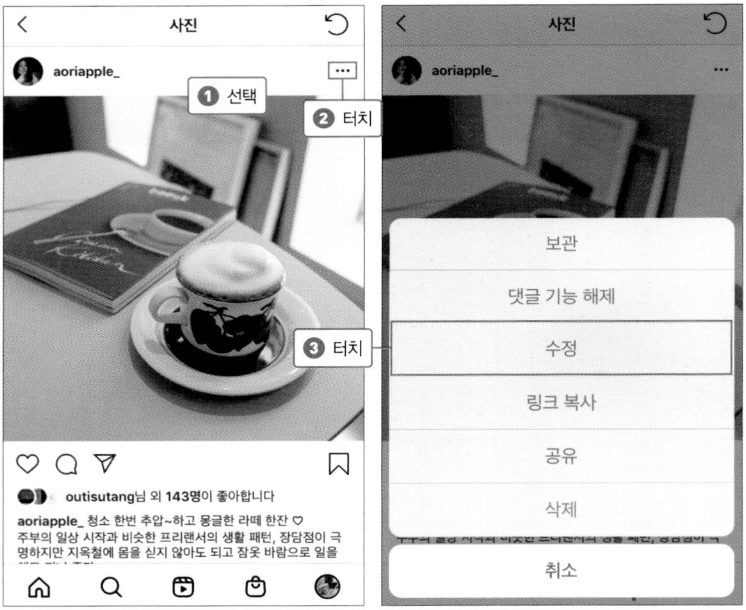

알아두기

게시물 편집은 이미지가 교체되지 않는 것을 제외하고는 게시물이 업로드된 이후에도 모든 것을 수시로 변경할 수 있습니다.

취소
정보 수정
완료
aoriapple_
위치 추가...
❷ 터치
❶ 수정
사람 태그하기
Aa 대체 텍스트 수정
청소 한번 추압~하고 몽글한 라떼 한잔 ♡
주부의 일상 시작과 비슷한 프리랜서의 생활 패턴, 장담점이 극
명하지만 지옥철에 몸을 싣지 않아도 되고 잠옷 바람으로 일을
해도 되니 좋다.
하지만 나른함으로 일을 미루게 되면 결국은 지옥철보다 더한
지옥을 맛보게 된다는 것,
몸은 나른한 듯보이지만 마음은 오히려 편치 않을 때가 많고 다
소 규칙적인 것을 좋아하는 나는 혼자 생활을 하면서도 비슷한
생활 패턴을 만들어 놓고 지낸다. 여름까지만 이렇게 지내자고
마음먹었는데, 내가 이 시간을 잘 써주길 바란

게시물 수정하기 2

2 입력된 문구나 사람 태그, 위치 등을 수정하고 〈완료〉 버튼을 터치합니다.

TIP 인스타그램에서는 이미지 수정 기능은 제공하지 않습니다.

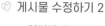

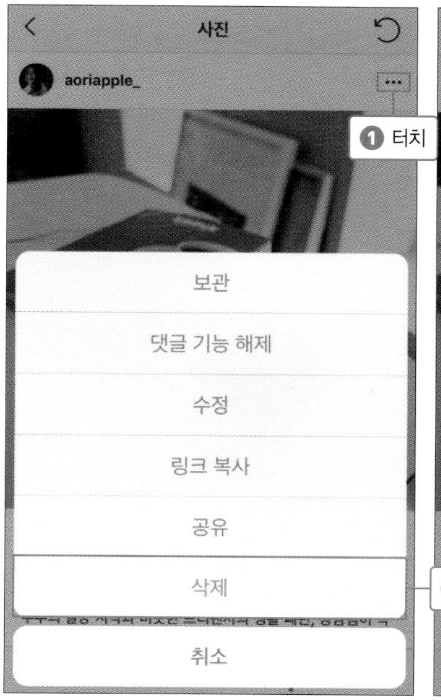

사진
aoriapple_
❶ 터치
보관
댓글 기능 해제
수정
링크 복사
공유
삭제
❷ 터치
취소

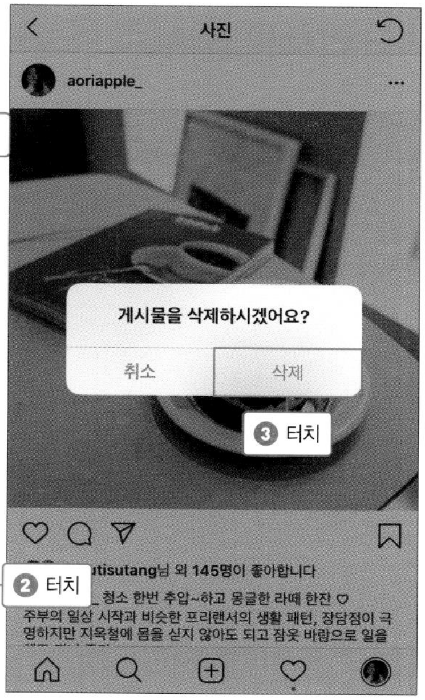

사진
aoriapple_
게시물을 삭제하시겠어요?
취소
삭제
❸ 터치

게시물 삭제하기

3 삭제하려는 게시물을 선택하고 '더 보기' 아이콘(···)을 터치한 다음 〈삭제〉 버튼을 터치합니다. 다시 〈삭제〉 버튼을 터치하여 삭제합니다.

02 댓글 기능 설정 및 해제하기

댓글 기능 해제하기

1 게시물의 '더 보기' 아이콘(⋯)을 터치하고 〈댓글 기능 해제〉 버튼을 터치하면 댓글을 입력할 수 없습니다.

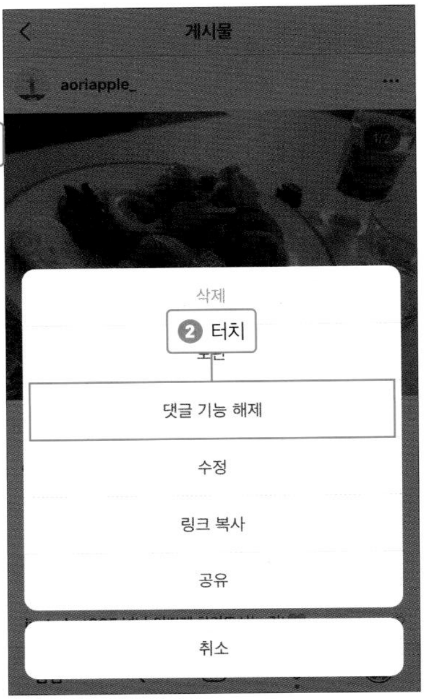

댓글 기능 설정하기

2 댓글 기능이 해제된 게시물에서 '더 보기' 아이콘(⋯)을 터치한 다음 〈댓글 기능 설정〉 버튼을 터치하면 댓글을 입력할 수 있습니다.

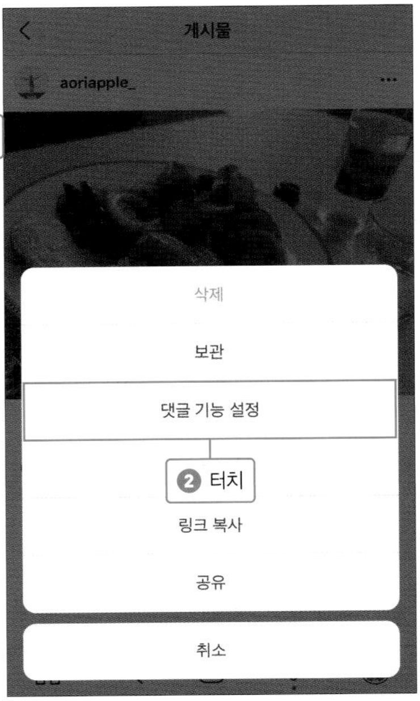

03 게시물 링크 복사하기

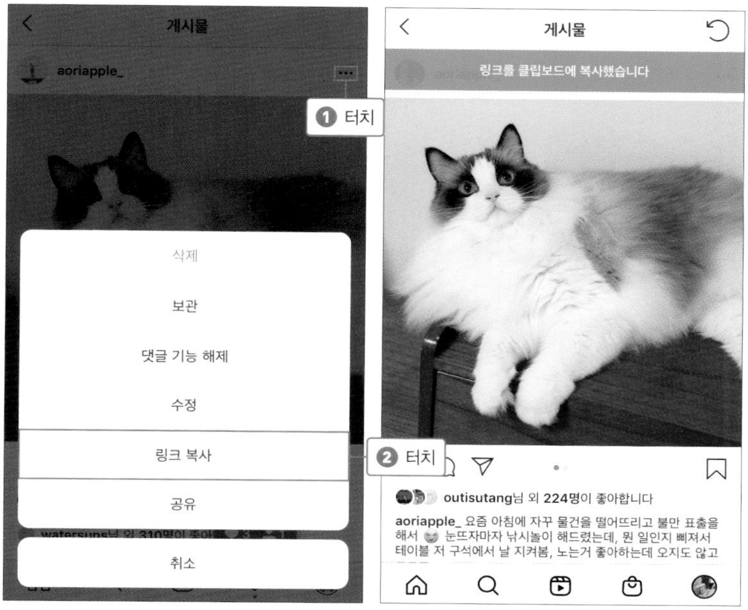

링크 복사하기

1 링크를 복사하려면 게시물에서 '더 보기' 아이콘(···)을 터치하고 〈링크 복사〉 버튼을 터치합니다.

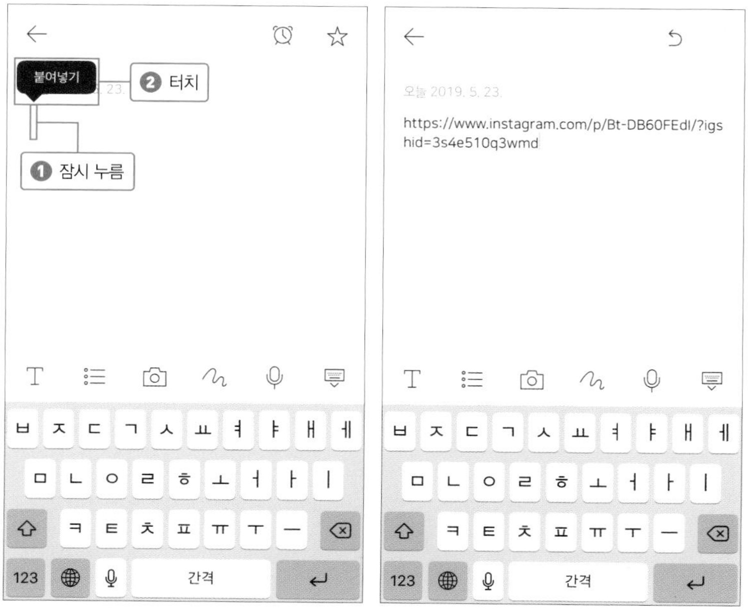

링크 붙여넣기

2 복사된 링크 주소를 붙여넣으려면 입력창을 잠시 누른 다음 〈붙여넣기〉 버튼을 터치해서 붙여넣습니다.

TIP 링크 주소가 클립보드에 복사되면 메신저나 메모장 등에 붙여넣어 원하는 곳에 링크를 공유할 수 있습니다.

10 > 좋은 건 나눠야 해! 게시물 공유하기

게시물을 다른 SNS나 이메일로 전송하고 링크를 복사하여 공유하는 기능에 관해 알아보겠습니다.

01 게시물 공유하기

다양한 채널로 게시물 공유하기

1 게시물에서 '더 보기' 아이콘(···)을 터치하고 〈공유 대상〉 버튼을 터치합니다.

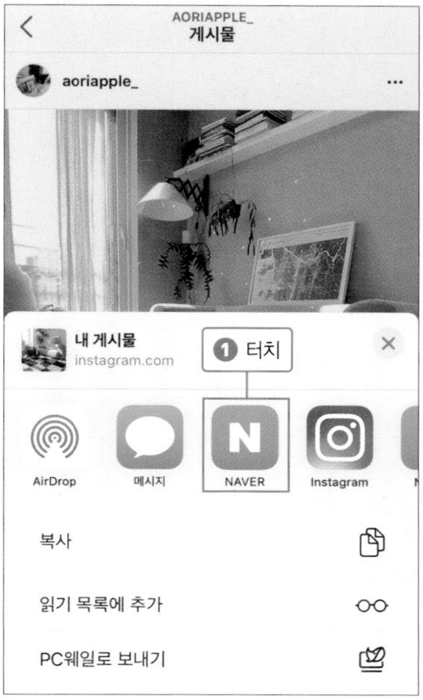

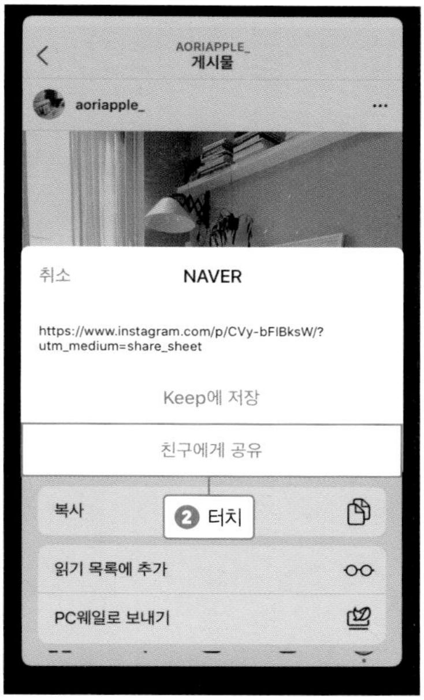

공유 채널 선택하기

2 AirDrop, 메시지, Mail, 앱 등의 공유할 수 있는 채널이 다양하게 표시됩니다. 예제에서는 'NAVER' 앱을 터치하고 〈친구에게 공유〉 버튼을 터치했습니다.

SNS에 게시물 공유하기

3 게시물에서 '더 보기' 아이콘(…)을 터치하고 〈공유〉 버튼을 터치합니다. 공유하고자 하는 SNS를 터치하여 활성화한 다음 〈공유〉 버튼을 터치합니다.

11 > 클릭을 유도하는 키워드, #(해시)태그 추가하기

게시물을 업로드할 때 방문객을 가장 쉽게 유도하는 방법은 #(해시)태그이며, 방문객 증가는 곧 팔로워 증가를 불러오기 때문에 적극적으로 활용하는 것을 추천합니다. 이때 #(해시)태그는 게시물과 관련된 키워드를 작성하며 4~5개 정도가 적당합니다.

01 게시물에 #(해시)태그 추가하기

태그 추가하기 1

1 게시물 등록 화면에서 이미지를 선택하고 〈다음〉 버튼을 터치하여 문구 화면에서 #(해시)태그를 입력합니다. #을 입력하고 키워드를 입력하면 많이 작성된 태그 순으로 비슷한 단어가 자동으로 검색됩니다. 검색된 #(해시)태그 중에 원하는 단어를 선택합니다. 예제에서는 '셀카'를 키워드로 #(해시)태그를 작성했습니다.

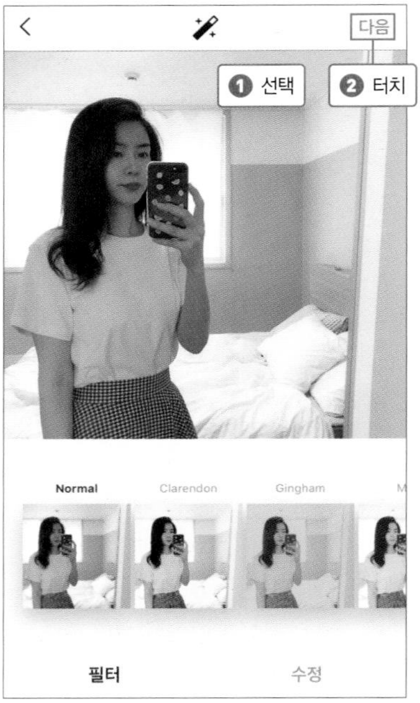

알아두기

인스타그램에서 #(해시)태그는 가장 중요한 포인트입니다. 주요한 검색 요소이므로 게시물이 노출되기 원한다면 게시물에 적합한 #(해시)태그를 선택하고 활용하는 방법을 꼭 알아두세요.

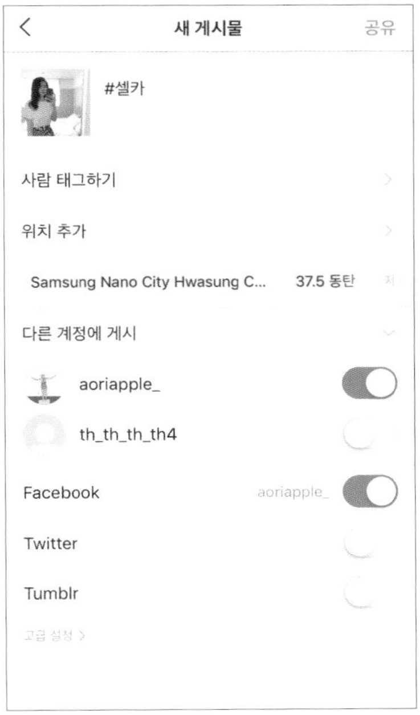

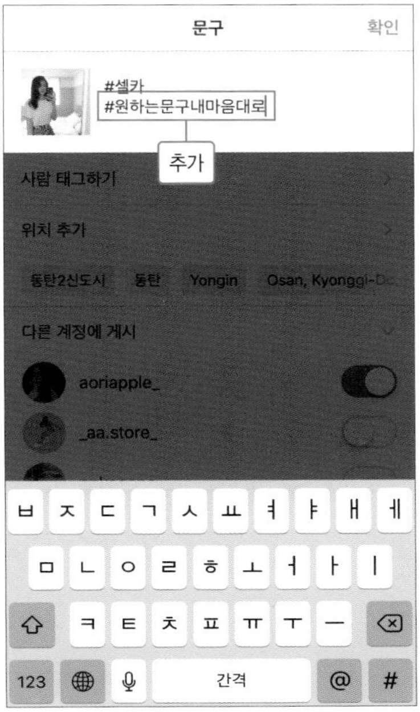

태그 추가하기 2

2 문구 입력창에 직접 #(해시)태그를 붙여쓰며 입력합니다.

TIP #(해시)태그는 띄어쓰기를 허용하지 않습니다. 한번도 사용하지 않은 단어는 검색되지 않고 그대로 적용할 수 있습니다.

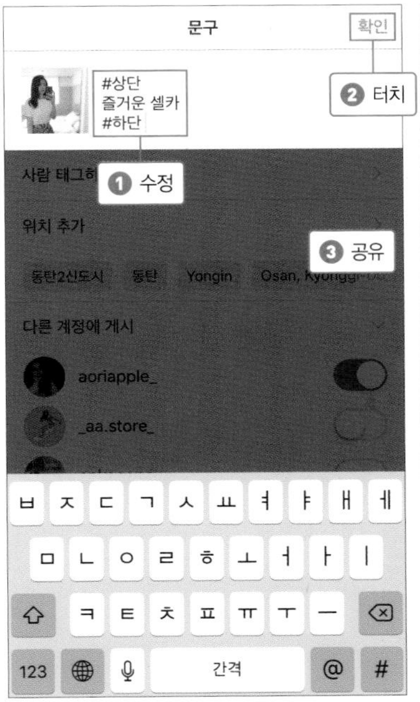

태그 입력하기

3 추가로 직접 태그를 입력한 다음 〈확인〉 버튼을 터치하고, 〈공유〉 버튼을 터치하여 공유합니다.

TIP 태그 위치는 문구 입력창 어디든 상관이 없으니 자유롭게 추가합니다.

12 > 클릭을 유도하는 이름, @태그 추가하기

인스타그램에서 @태그는 계정 이름이며, 주소와 같습니다. 게시물에 @태그를 입력할 수 있으며, 활성화된 텍스트를 터치하면 해당 계정으로 이동합니다. 특정 계정을 홍보하거나 추천할 때 유용합니다.

01 게시물에 @태그 추가하기

@태그 입력하기

1 게시물 등록 화면에서 이미지를 선택한 다음 문구 입력창을 터치합니다.

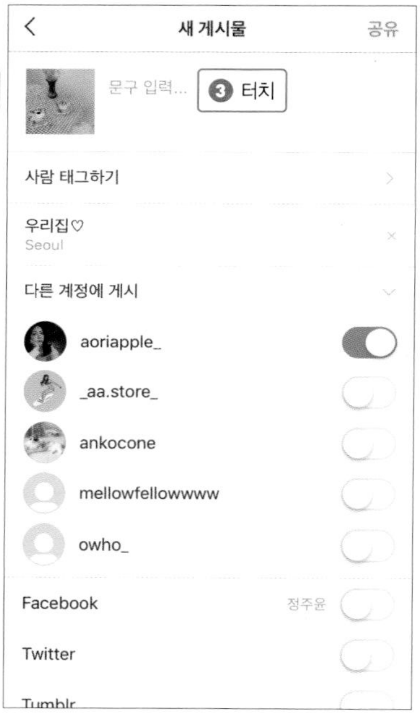

알아두기

인스타그램에서는 프로필의 웹사이트 링크를 제외하고는 #(해시)태그와 @태그만이 반응을 유도합니다. @태그는 직접적인 반응을 유도하는 유일한 기능이므로 홍보하고자 하는 계정을 태그하거나 게시물에 포함된 물품의 정보를 제공하는 도구로 적극 활용해 봅시다.

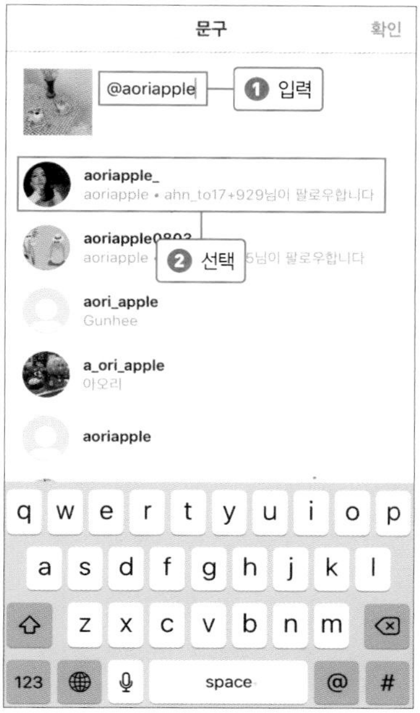

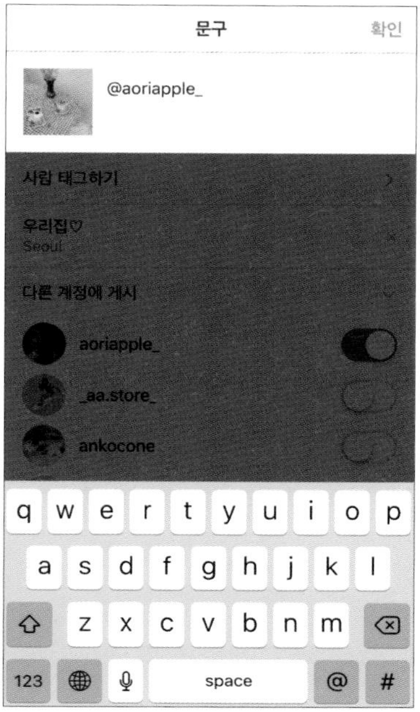

계정 선택하기

2 @를 입력하고 계정을 입력하면 자동으로 유사한 계정이 검색되며 원하는 계정을 선택하면 반영됩니다.

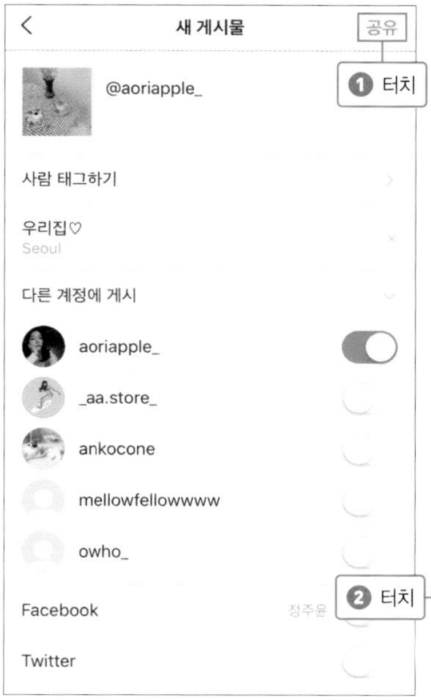

@태그 적용하기

3 〈공유〉 버튼을 터치하면 @태그가 파란색으로 활성화됩니다. 터치하면 해당 계정으로 이동합니다.

13 > 함께 해요! 사람 태그하기

사람 태그는 게시글이 아니라 게시물 위에 숨김 처리되며 게시물을 터치하면 표시됩니다. #(해시)태그, @태그와 마찬가지로 사람 태그하기는 특정 계정의 제품을 홍보하는 수단으로 유용하며 친구를 태그하여 소통의 장을 마련하므로 적극적으로 활용하면 좋습니다.

01 게시물에 사람 태그하기

사람 태그하기 1

1 사람 태그는 게시물을 업로드하면서 입력하며, 텍스트 입력창 위 '사람 태그하기'를 선택한 다음 이미지에서 태그를 적용할 부분을 터치합니다. 예제에서는 수모에 사람 태그를 추가하기 위해 수모를 터치했습니다.

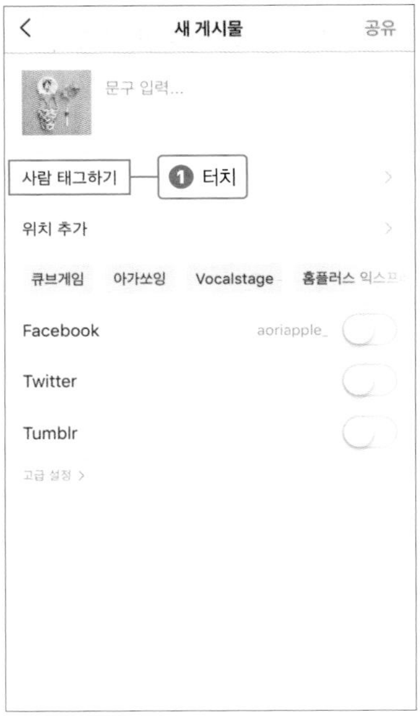

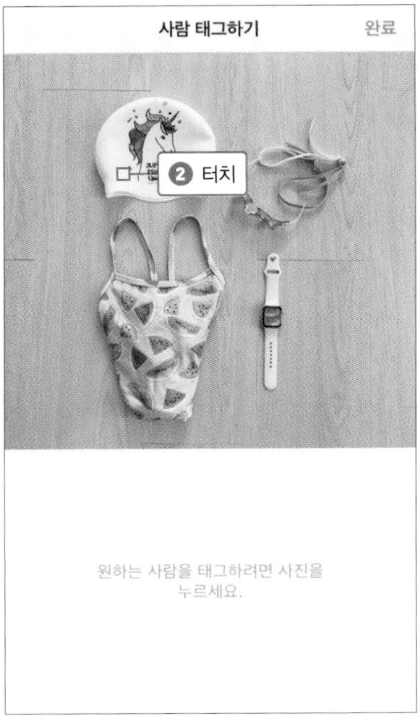

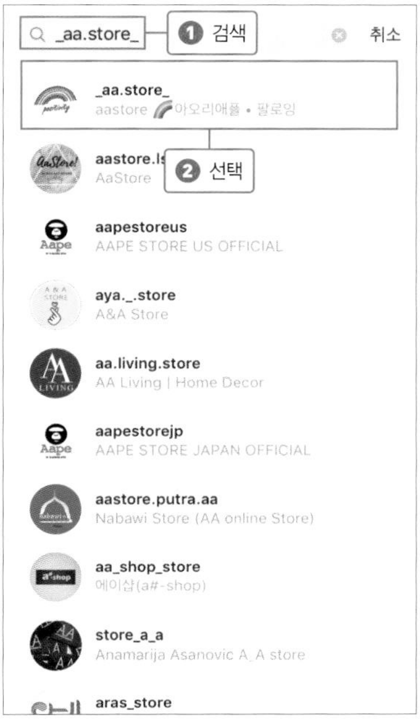

태그할 사람(계정) 검색하기

2 검색창에서 태그하고자 하는 사람이나 브랜드의 계정을 입력합니다. 해당 계정이 검색되면 선택합니다.

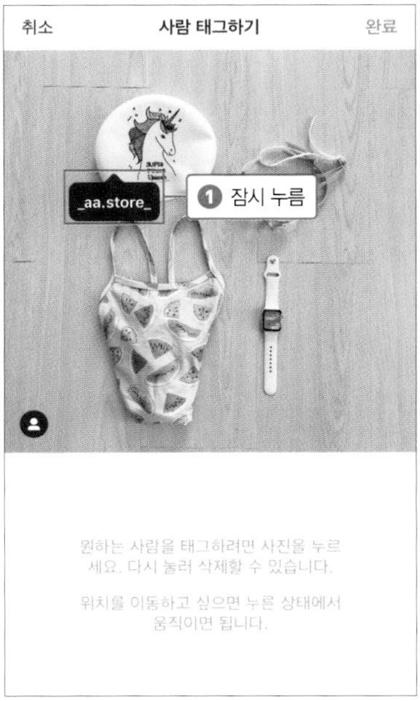

사람 태그 위치 변경하기

3 사람이 태그되면 해당 태그를 잠시 누른 다음 드래그하여 이동할 수 있습니다.

여러 사람 태그하기

4 '사람 태그하기'를 터치하고 사람 태그를 입력한 다음 이미지 왼쪽 아래의 '사람 태그하기' 아이콘을 터치하여 추가로 사람을 태그할 수 있습니다.

사람 태그 확인하기

5 게시물을 선택하면 사람 태그는 노출되지 않으므로 사람 태그를 확인하려면 이미지를 터치합니다.

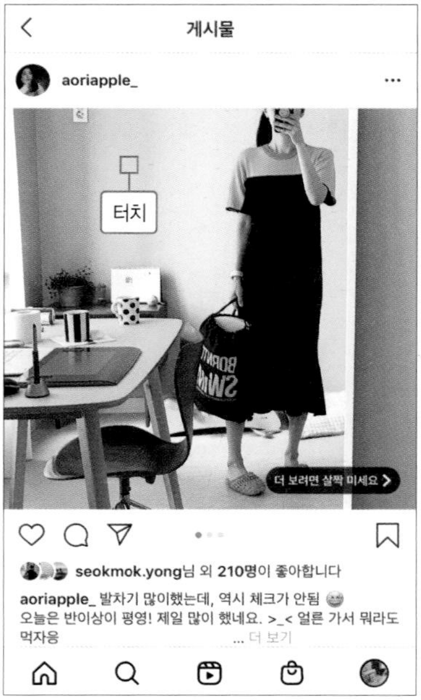

02 사람 태그 삭제하기

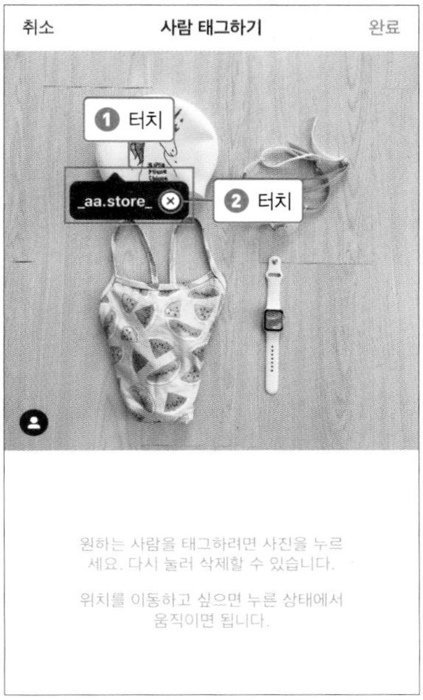
취소
사람 태그하기
완료
1 터치
aa.store
2 터치
원하는 사람을 태그하려면 사진을 누르세요. 다시 눌러 삭제할 수 있습니다.
위치를 이동하고 싶으면 누른 상태에서 움직이면 됩니다.

게시물의 사람 태그 삭제하기

1 게시물을 터치하고 사람 태그를 터치한 다음 오른쪽의 '×' 아이콘을 터치하여 삭제합니다.

취소
정보 수정
완료
aoriapple_
위치 추가...
2명
1 터치
Aa 대체 텍스트
여기 봐주세요:-D
찍기 힘든 투샷을 건졌다!
#형제들
#고양이는사랑

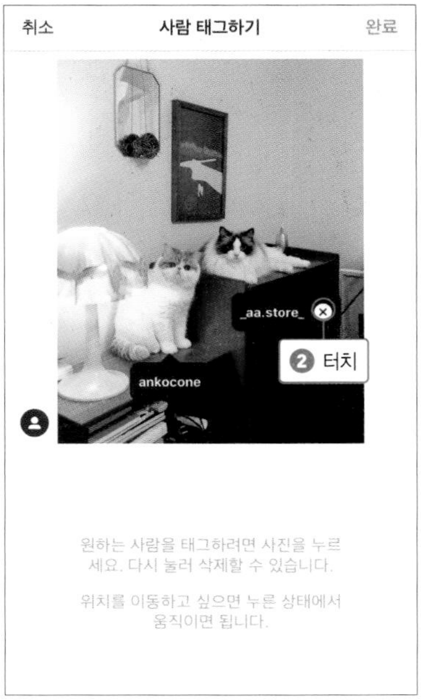
취소
사람 태그하기
완료
aa.store
2 터치
ankocone
원하는 사람을 태그하려면 사진을 누르세요. 다시 눌러 삭제할 수 있습니다.
위치를 이동하고 싶으면 누른 상태에서 움직이면 됩니다.

사람 태그 수정하면서 삭제하기

2 사람 태그 아이콘의 '2명'을 터치하면 사람 태그를 각각 선택할 수 있습니다. 원하는 태그를 터치하고 '×' 아이콘을 터치하여 삭제합니다.

14 > 여기 어때? 위치 정보 추가하기

위치 추가는 게시물을 업로드할 때 위치 정보를 노출하는 기능으로 친구에게 정보를 제공할 수 있습니다. 검색에 노출되므로 홍보를 위해서도 좋습니다.

01 위치 추가하기

위치 추가하기

1 게시물 등록 화면에서 이미지를 선택하고 〈다음〉 버튼을 터치한 다음 **위치 추가**를 선택합니다.

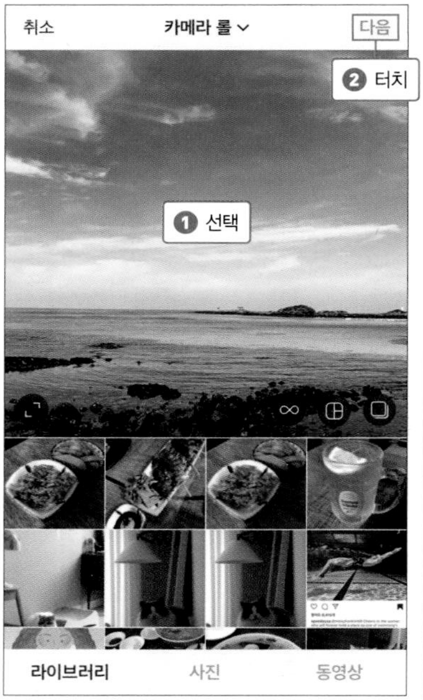

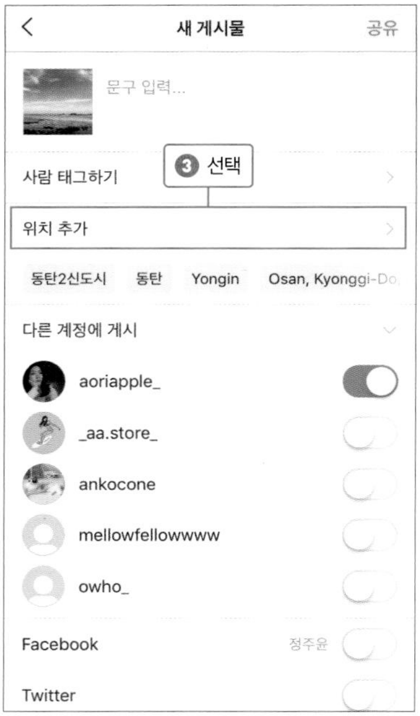

알아두기

위치 추가는 #(해시)태그처럼 장소를 검색할 때 노출되기 때문에 내 게시물이 좀 더 많은 사람에게 노출되기 원한다면 #(해시)태그와 더불어 위치 정보를 추가합니다.

위치 검색하기

2 원하는 위치를 검색하고 검색 결과 중에서 위치를 선택합니다.

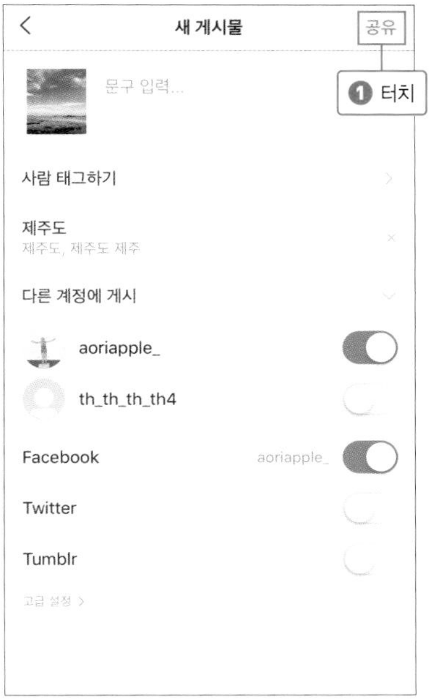

위치 적용하기

3 해당 위치가 지정된 것을 확인한 다음 〈공유〉 버튼을 터치합니다. 게시물 위쪽에 위치가 노출됩니다.

02 위치 수정하기

게시물 수정하기

1 위치를 삭제하거나 변경할 때는 '더 보기' 아이콘(···)을 터치한 다음 〈수정〉 버튼을 터치합니다.

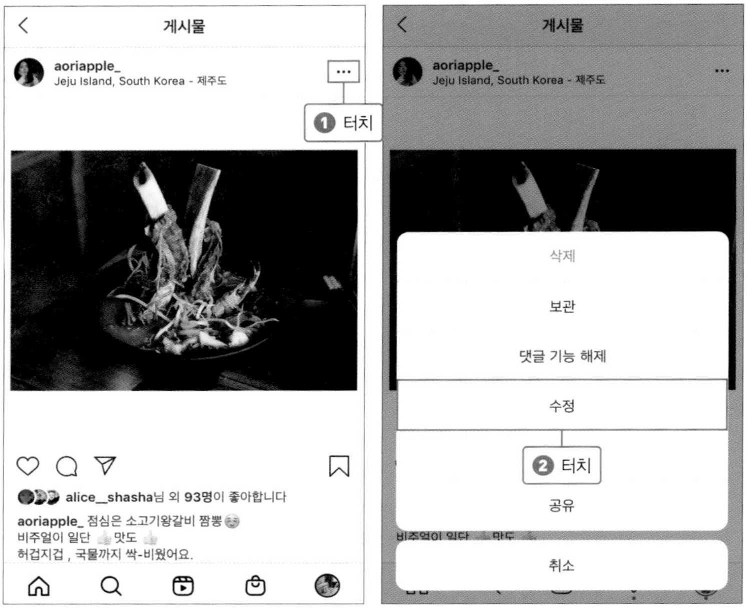

위치 변경하기

2 위치 정보를 터치하고 〈위치 변경〉 버튼을 터치합니다. 예제에서는 제주도를 서울로 변경하려고 합니다.

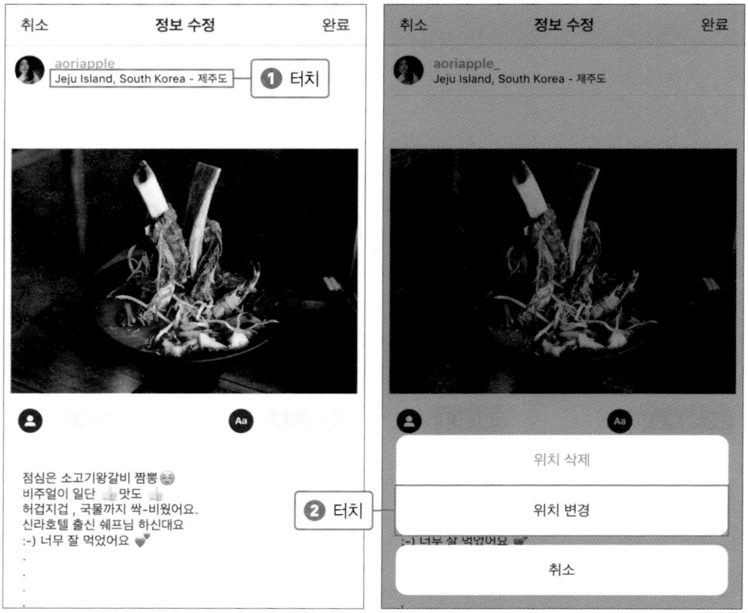

위치 재검색하여 추가하기

3 검색창에 위치를 'Seoul(서울)'로 검색한 다음 선택하고 〈완료〉 버튼을 터치합니다.

03 위치 삭제하기

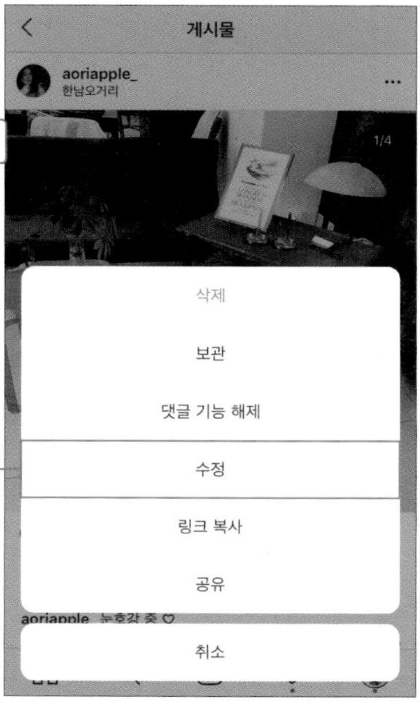

게시물 수정하기

1 게시물의 위치 정보를 삭제하려면 먼저 게시물의 '더보기' 아이콘(···)을 터치하고 〈수정〉 버튼을 터치합니다.

위치 삭제하기

2 위치 정보를 터치하고 〈위치 삭제〉 버튼을 터치합니다.

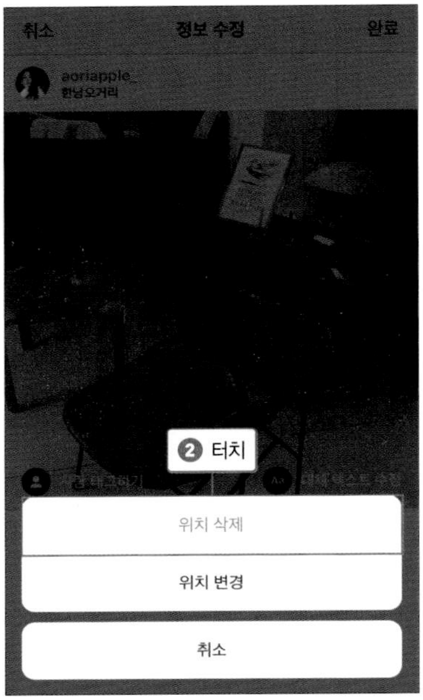

위치 삭제 완료하기

3 위치가 삭제되면 〈완료〉 버튼을 터치해 마무리합니다.

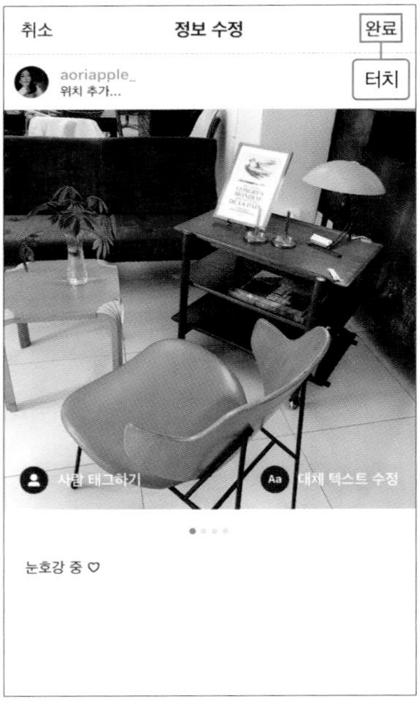

15 > 나만 볼래! 게시물 숨기기

업로드된 게시물을 숨기는 기능을 이용하면 게시물을 삭제하지 않고 계정에 노출된 게시물을 보관함으로 이동합니다. 다시 숨긴 게시물을 노출하고 싶을 때는 계정에 노출할 수 있습니다.

01 게시물 숨기기

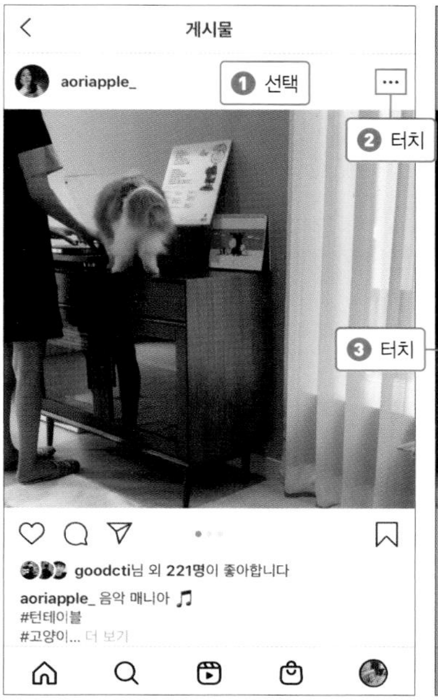

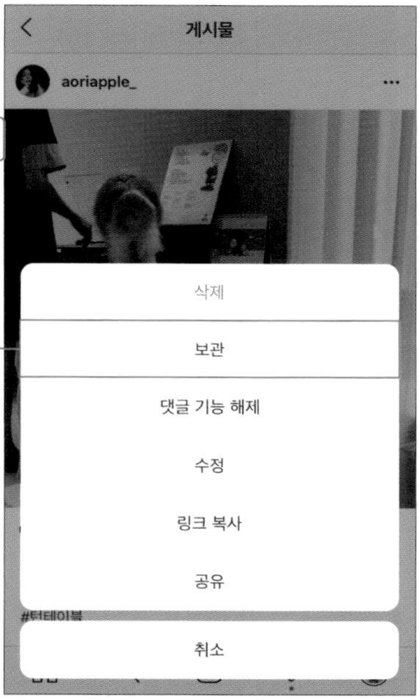

게시물 나만 보기

1 숨기려는 게시물을 선택하고 '더 보기' 아이콘(…)을 터치합니다. 〈보관〉 버튼을 터치하면 게시물이 보관함으로 이동되고 노출된 계정에서 사라집니다.

알아두기

업로드한 게시물을 더 이상 노출하고 싶지 않을 때는 단순히 삭제하기보다 게시물 숨기기를 통해 보관하면 좋습니다. 보관된 게시물은 이후에 다시 노출할 수 있습니다.

02 숨긴 게시물 확인하기

보관함에서 게시물 확인하기

1 스토리와 게시물이 보관된 것을 확인할 수 있습니다.

TIP 내 계정 화면에서 '더 보기' 아이콘(···)을 클릭한 다음 **보관**을 선택하고 **숨긴 게시물**을 선택하면 확인할 수 있습니다.

숨긴 게시물 재노출하기

2 보관함에 숨긴 게시물을 다시 노출하려면 숨긴 게시물을 선택하고 '더 보기' 아이콘(···)을 터치한 다음 〈프로필에 표시〉 버튼을 터치합니다. 다시 피드에서 게시물이 노출됩니다.

16 > 일상을 특별하게! 필터 적용하기

인스타그램에서는 사진이나 동영상 게시물을 업로드할 때 다양한 색감을 적용할 수 있는 필터 기능을 제공합니다. 필터를 적용하여 나만의 독특한 사진과 동영상을 만드는 방법에 관해 알아보겠습니다.

01 필터 적용하기

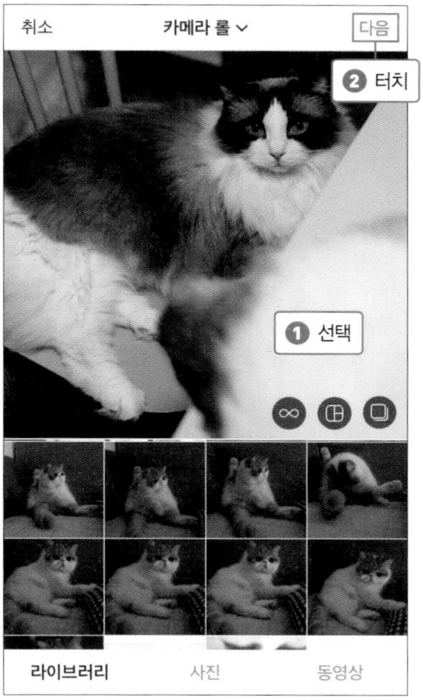

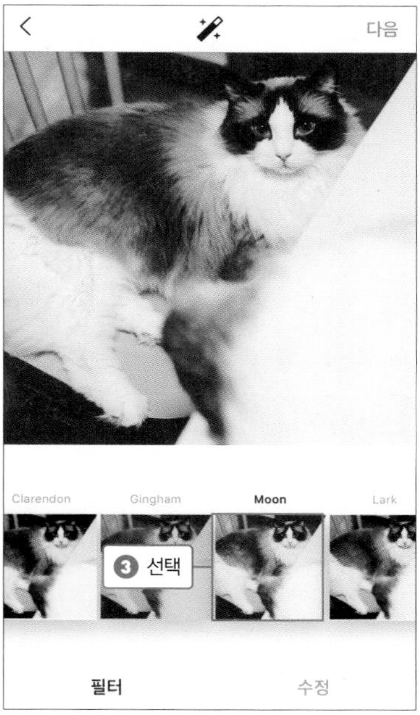

필터 선택하기

1 게시물 등록 화면에서 이미지를 선택하고 〈다음〉 버튼을 터치합니다. 필터 섬네일을 터치하면 필터가 적용됩니다. 예제에서는 'Moon'을 선택했습니다.

TIP 필터는 섬네일을 양쪽으로 드래그하여 확인할 수 있습니다.

알아두기

인스타그램은 이미지 위주의 SNS이므로 사용자들도 시각적인 것에 더 초점을 맞춥니다. 인스타그램의 다양한 필터를 이용하여 나만의 색을 가진 계정으로 만들어 보세요.

필터 값 조절하기

2 필터가 적용된 다음 필터 섬네일을 다시 한번 터치하면 필터 값을 조절하는 화면이 나타납니다. 슬라이더를 양쪽으로 드래그해 값을 조절합니다.

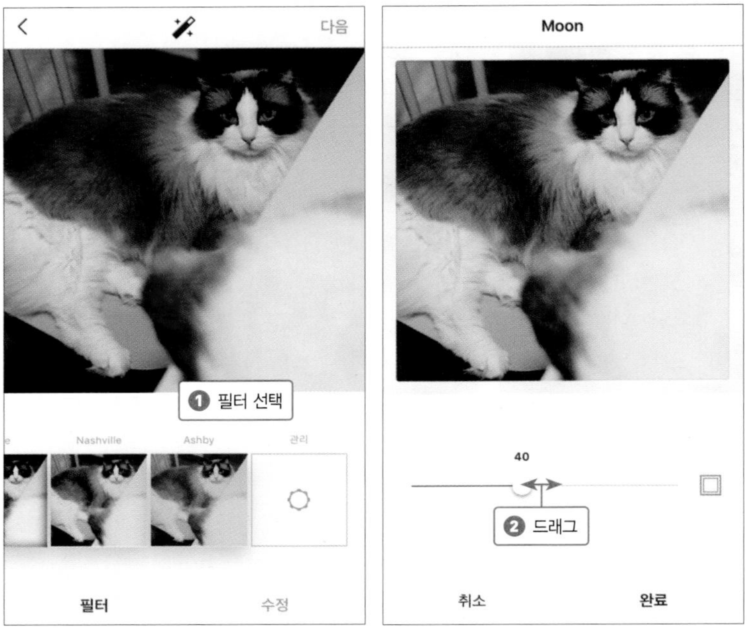

02 필터 관리하기

자주 사용하는 필터 관리하기

1 필터 목록을 맨 오른쪽으로 드래그하면 '관리' 기능이 나타납니다. 이를 이용하여 자주 사용하는 필터와 사용하지 않는 필터를 자유롭게 지정할 수 있습니다.

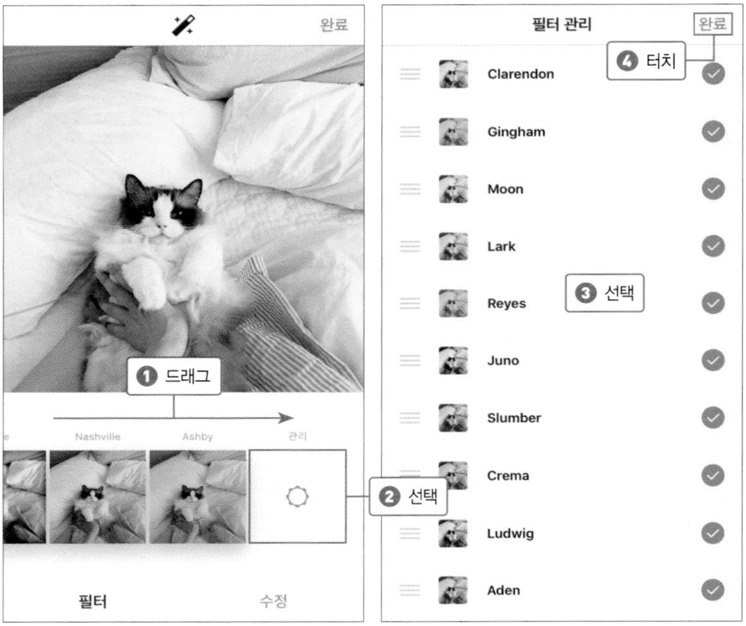

17 > 간단하게 이미지 기본 보정하기

촬영 환경이 항상 최적의 조건으로 갖추어질 수 없으므로 보통 촬영 후 이미지를 보정하고 업로드합니다. 촬영 후 업로드해도 상관없지만 너무 어둡거나 색상이 왜곡된 사진은 보정하는 것을 추천합니다.

01 이미지 기본 보정하기

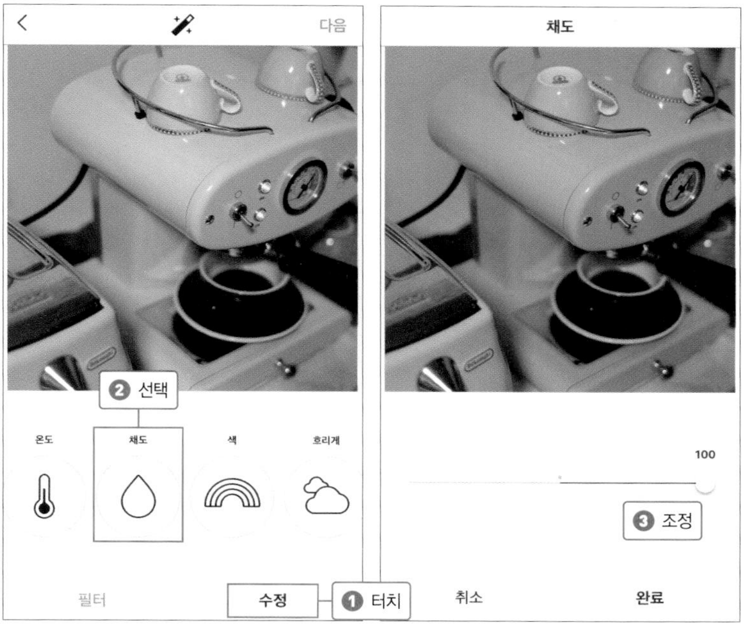

채도 조절하기

1 게시물 등록 화면에서 이미지를 선택한 다음 〈수정〉 버튼을 터치합니다. [채도]를 선택합니다. 슬라이더를 조정해 채도 값을 조정합니다. 수치가 클수록 채도가 높아지고 화사한 이미지가 만들어집니다.

TIP 〈취소〉 버튼을 터치하면 이전 화면으로 돌아갑니다.

알아두기

이미지를 수정할 때는 무조건 밝고 화사하게 보정하는 것보다 기준으로 하는 계정의 톤을 염두하며 수정하는 것이 좋습니다.

밝기 조절하기

2 이미지를 선택한 다음 수정 화면에서 [밝기]를 선택합니다. 슬라이더를 조정해 밝기를 조절합니다. 수치가 클수록 이미지가 밝아지고 수치가 작을수록 이미지는 어두워집니다.

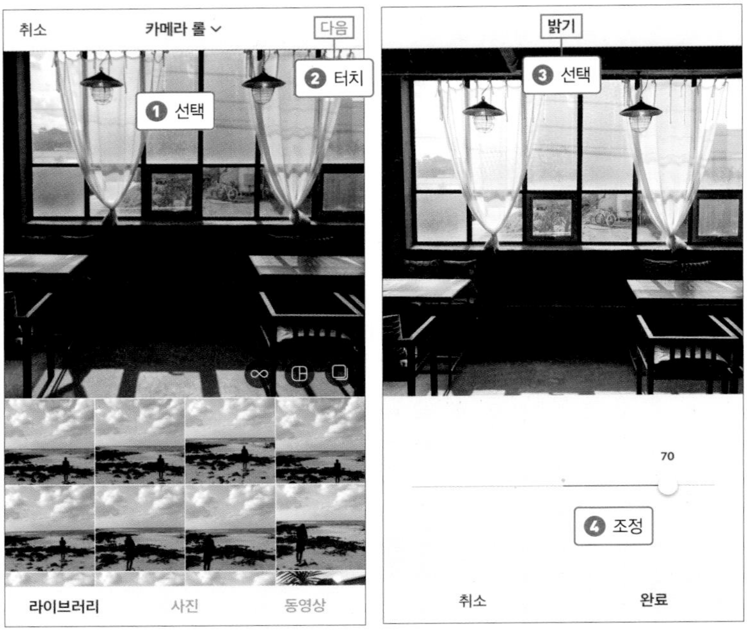

대비 조절하기

3 이미지를 선택한 다음 수정 화면에서 [대비]를 선택합니다. 슬라이더를 조정해 대비를 조절합니다. 수치가 클수록 색 대비가 강해지고 수치가 작을수록 색 대비가 줄어듭니다.

이미지 구조 조절하기

4 이미지를 선택한 다음 수정 화면에서 [구조]를 선택합니다. 슬라이더를 조정해 구조를 조절합니다. 수치가 클수록 이미지의 선명도가 올라가고 훨씬 뚜렷해집니다.

온도 조절하기

5 이미지를 선택한 다음 수정 화면에서 [온도]를 선택합니다. 슬라이더를 조정해 온도를 조절합니다. 수치가 클수록 따뜻한 이미지로 수정되고 수치가 작을수록 차가운 느낌의 이미지가 됩니다.

대비 조절하기

6 이미지를 선택한 다음 수정 화면에서 [대비]를 선택합니다. 슬라이더를 조정해 대비를 조절합니다. 수치가 클수록 색 대비가 강하게 나타납니다.

LUX로 조명도 조절하기

7 이미지를 선택한 다음 수정 화면에서 아이콘을 터치합니다. Lux 화면에서 슬라이더를 양쪽으로 드래그해 조명도를 조절합니다.

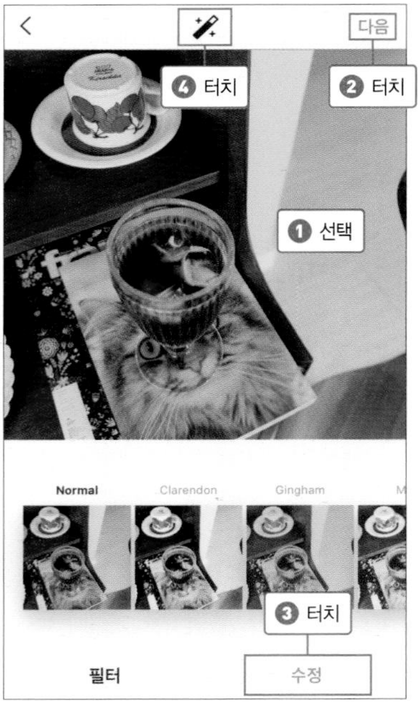

18 > 한번에 여러 장의 사진 편집 및 업로드하기

게시물은 한 장뿐만 아니라 여러 장의 사진과 동영상을 한번에 업로드할 수 있으며, 하나의 게시물에 최대 10개 이미지까지 업로드할 수 있습니다.

01 여러 장의 이미지 한번에 올리기

여러 장의 이미지 선택하기

1 게시물 등록 화면에서 이미지를 선택하고 오른쪽의 '멀티' 아이콘( )을 터치합니다.

TIP 〈다음〉 버튼을 터치하기 전에 멀티 아이콘을 터치하면 멀티 옵션이 비활성화됩니다.

알아두기

멀티 업로드는 사진뿐만 아니라 동영상을 함께 올릴 수 있습니다. 다양하게 활용하면 스토리를 만들기에 유용한 기능으로 다른 계정에서 어떤 방식으로 멀티 업로드를 사용하는지 미리 익혀두면 좋습니다.

이미지 순서대로 선택하기

2 이미지를 선택하는 순서에 따라 번호가 적용되므로 순서대로 선택하고 〈다음〉 버튼을 터치합니다.

TIP 선택한 이미지를 다시 터치하면 이미지 선택이 해제됩니다.

02 여러 장의 이미지 보정하기

필터 일괄 적용하기

1 아래쪽의 필터를 선택하면 여러 장의 이미지에 같은 필터가 적용됩니다.

TIP 'Normal' 필터를 선택하면 필터가 해제되어 원본 이미지로 돌아옵니다.

03 개별 이미지 수정하기

여러 장의 이미지 수정하기

1 게시물 등록 화면에서 여러 장의 이미지를 선택한 다음 〈다음〉 버튼을 터치합니다. 이미지를 드래그하여 확인합니다.

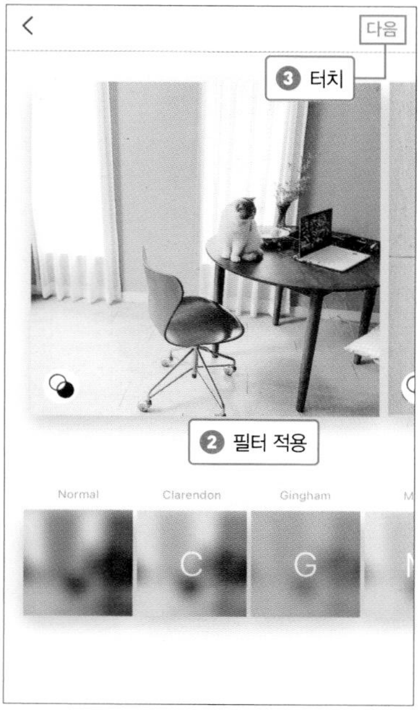

개별 필터 적용하기

2 이미지는 각각 수정할 수 있습니다. 수정할 이미지를 선택한 다음 필터를 선택해 적용하고 〈다음〉 버튼을 터치합니다.

개별 이미지 보정하기

3 다른 이미지를 선택한 다음 〈수정〉 버튼을 터치합니다. 밝기를 조절한 다음 〈완료〉 버튼을 터치합니다.

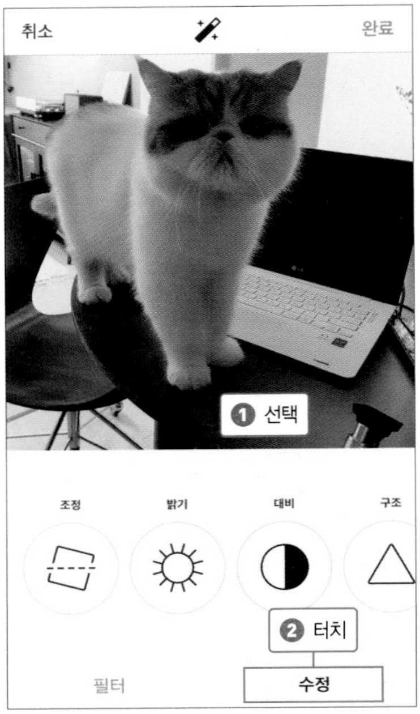

04 이미지 추가하기

또 다른 이미지 추가하기

1 이미지를 수정하는 과정에서 추가하려면 개별 이미지를 오른쪽으로 드래그해서 넘깁니다. '+' 아이콘을 터치한 다음 추가할 이미지를 선택하고 〈완료〉 버튼을 터치합니다.

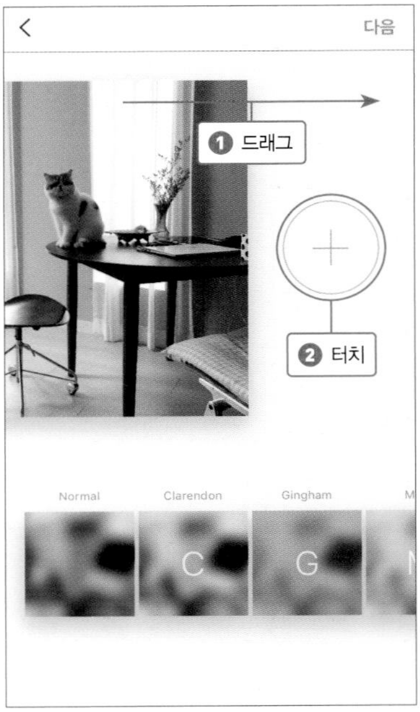

19 > 틈틈이 작성한 게시물 임시 저장하기

업로드할 게시물을 미리 작성 또는 수정하다가 잠시 멈추고 임시 저장할 수 있습니다. 이후에는 다시 임시 저장된 이미지를 불러와 수정한 다음 게시물을 업로드합니다.

01 게시물 임시 저장하기

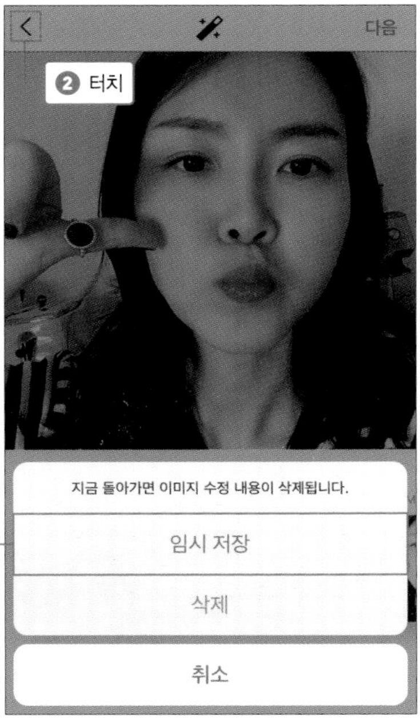

임시 저장하기

1 게시물 업로드 중에 텍스트를 입력했거나 이미지를 수정한 상태로 '뒤로 가기' 아이콘(<)을 연속해서 터치한 다음 〈임시 저장〉 버튼을 터치합니다.

TIP 〈삭제〉 버튼을 터치하면 모든 내용이 삭제됩니다.

알아두기

인스타그램을 틈틈이 업데이트할 때는 임시 저장한 다음 임시 저장된 게시물을 다시 불러와 수시로 문구를 변경하여 다시 저장할 수 있어 인스타그램에 투자하는 시간을 좀 더 효율적으로 만들어 줍니다.

임시 저장 확인하기

2 '임시 저장' 중 메시지가 표시되며 임시 저장이 완료됩니다.
임시 저장 폴더에 해당 이미지가 저장된 것을 확인할 수 있습니다.

02 임시 저장 게시물 업로드하기

임시 저장 게시물 등록하기

1 내 계정 화면에서 '새로 만들기' 아이콘(+)을 터치한 다음 **라이브러리**를 선택합니다. 임시 저장 폴더에서 사진을 선택하고 〈다음〉 버튼을 터치합니다.

2 이전에 수정 또는 입력한 텍스트를 함께 불러들입니다. 〈공유〉 버튼을 터치해 완료합니다.

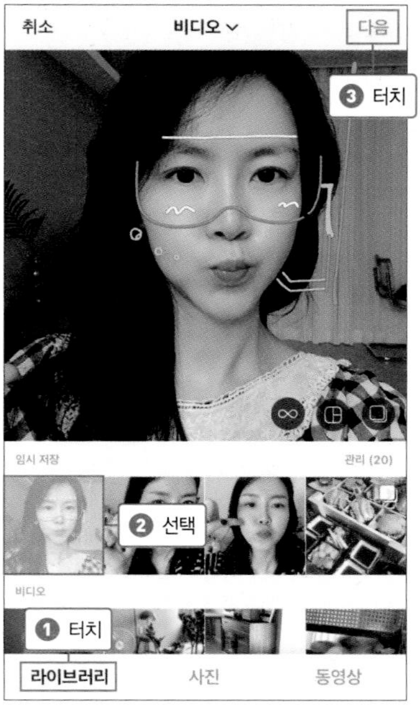

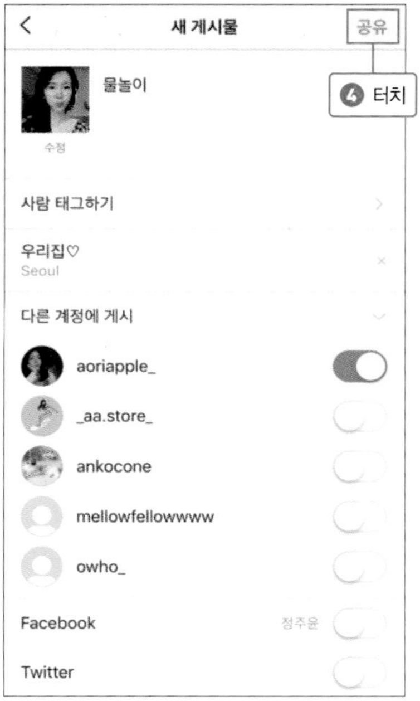

03 임시 저장 게시물 관리하기

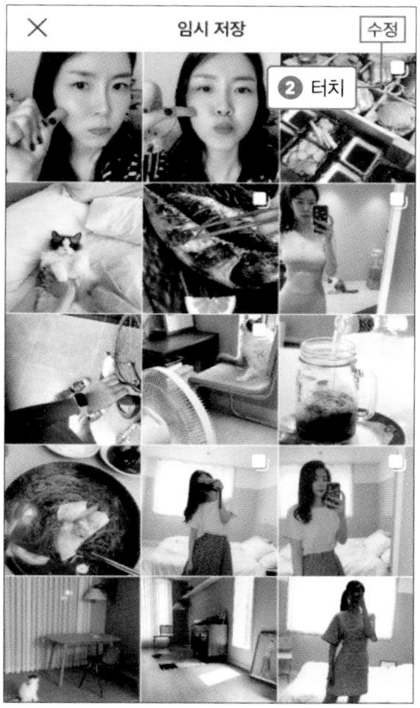

임시 저장 이미지 확인하기

1 임시 저장 폴더 오른쪽의 '관리'를 터치합니다.

2 임시 저장 화면으로 전환되면 임시 저장된 게시물을 확인합니다. 〈수정〉 버튼을 터치합니다.

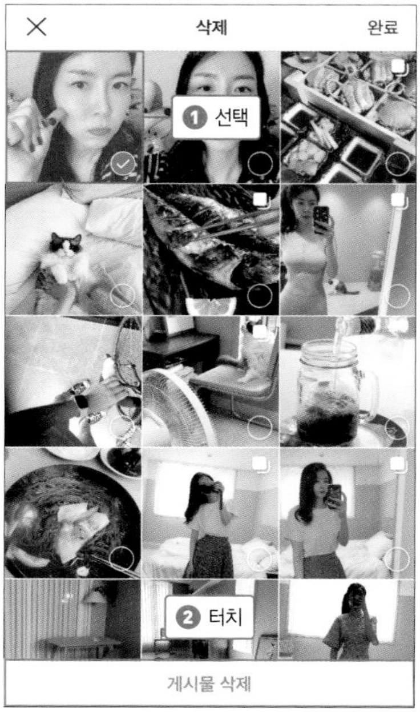

임시 저장 이미지 삭제하기

3 삭제할 이미지를 선택한 다음 〈게시물 삭제〉 버튼을 연이어 터치하면 임시 저장 이미지가 삭제됩니다. 〈완료〉 버튼을 터치하면 이전 화면으로 돌아갑니다.

20 > 스마트폰에 저장된 동영상 업로드하기

즉시 촬영하지 않더라도 미리 촬영된 동영상을 인스타그램에서 불러와 수정하고 업로드할 수 있습니다. 이번에는 미리 촬영된 동영상을 업로드하는 방법에 대해 알아보겠습니다.

01 동영상 업로드하기

동영상 불러오기

1 '새로 만들기' 아이콘(+)을 터치하고 **게시물**을 선택합니다. 비디오 폴더에서 미리 촬영한 동영상을 선택한 다음 〈다음〉 버튼을 터치합니다.

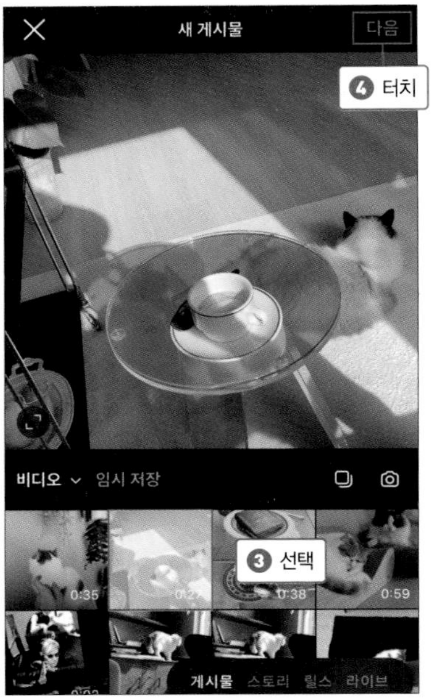

알아두기

인스타그램 동영상 촬영은 구간을 나누어 촬영할 수 있는 장점과 동시에 버튼을 길게 눌러야 하는 불편함이 있어 미리 촬영된 동영상을 불러오면 편리합니다.

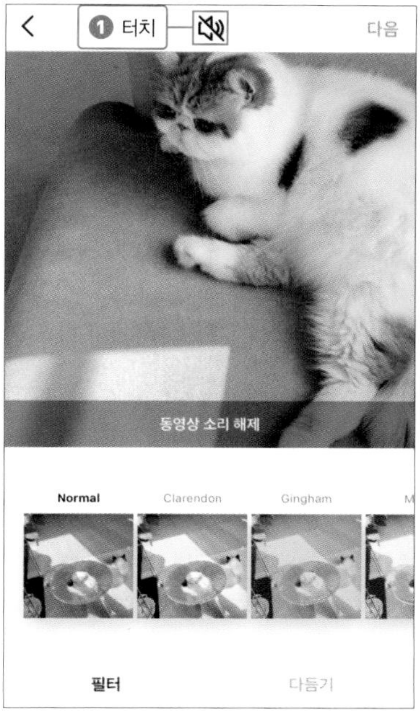

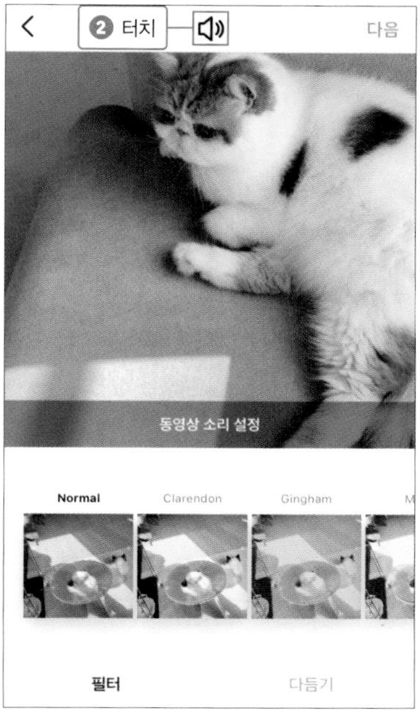

동영상 소리 제거하기

2 영상의 소리를 제거하려면 상단의 '소리' 아이콘()을 터치하여 동영상 소리를 해제합니다. 소리 아이콘을 다시 터치하면 동영상 소리가 재설정됩니다.

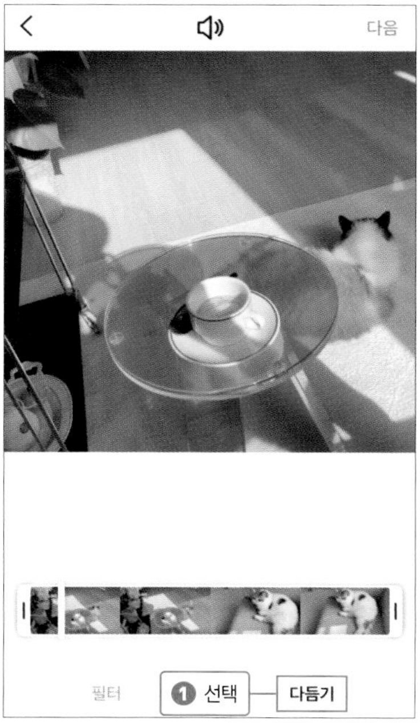

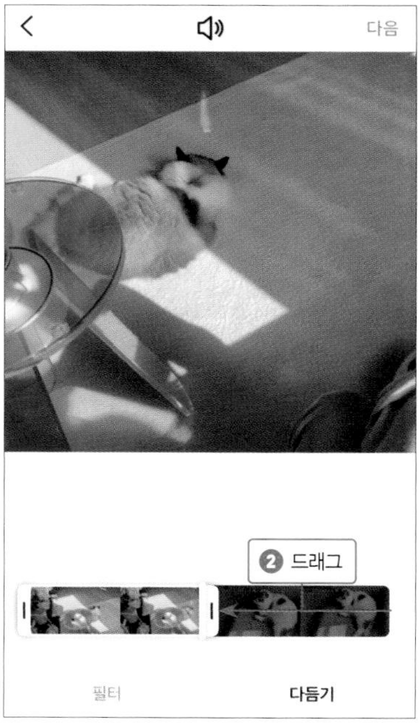

영상 다듬기

3 하단의 [다듬기] 탭을 선택한 다음 막대를 좌우로 드래그하여 영상의 길이를 조절합니다.

필터 적용하기

4 하단의 [필터] 탭을 선택한 다음 다양한 필터 중에서 마음에 드는 필터를 선택하여 영상에 적용합니다. 예제에서는 'Inkwell' 필터를 선택하여 흑백 효과를 적용하였습니다.

TIP 필터를 적용하지 않으려면 〈다음〉 버튼을 터치하여 이동합니다.

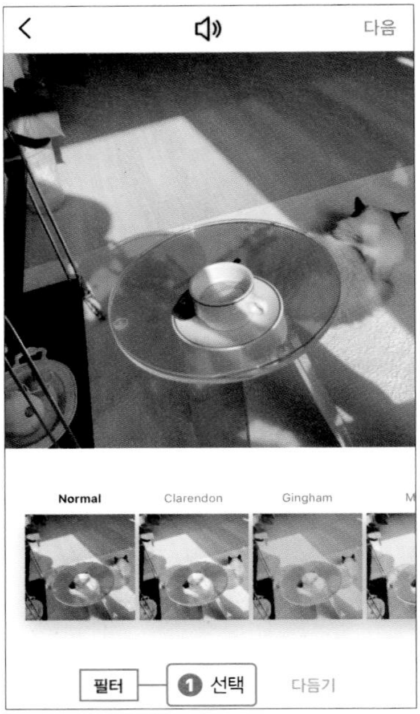

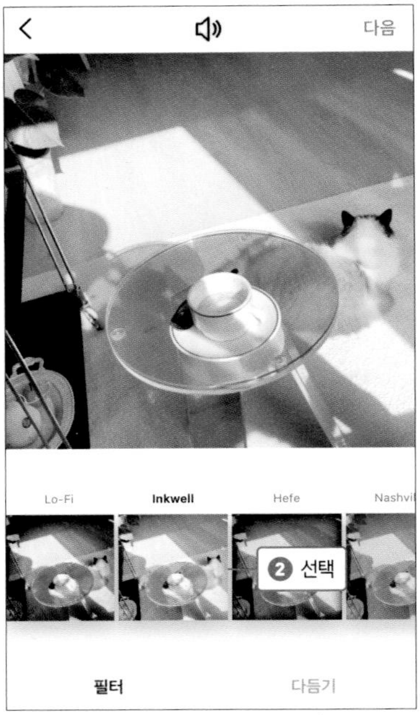

커버 사진 선택하기

5 '커버 사진'을 터치합니다. 하단 섬네일의 영역을 드래그하여 커버 이미지를 선택한 다음 〈완료〉 버튼을 터치합니다. 새 게시물 화면에서 〈공유〉 버튼을 터치하여 영상 공유를 마무리합니다.

TIP '카메라 롤에서 추가'를 터치하여 선택한 다음 영상 공유를 할 수도 있습니다.

인스타그램 관련 앱 활용하기

인스타그램은 하나의 플랫폼에서 여러 기능을 다양하게 사용할 수 있도록 업그레이드되고 있습니다. 이웃사촌 격인 대표 앱으로는 하이퍼랩스, 레이아웃 등이 있습니다. 인스타그램을 좀 더 편리하게 사용할 수 있도록 도와주는 앱을 필요에 따라 다운로드해 활용합니다.

01 인스타그램 관련 앱 이용하기

인스타그램을 위한 앱은 앱스토어에서 'instagram'을 검색하면 연관 앱이 많이 노출됩니다. 유사한 앱도 무수히 많기 때문에 필요에 맞는 몇 가지 앱을 다운로드하여 활용하면 좋습니다.

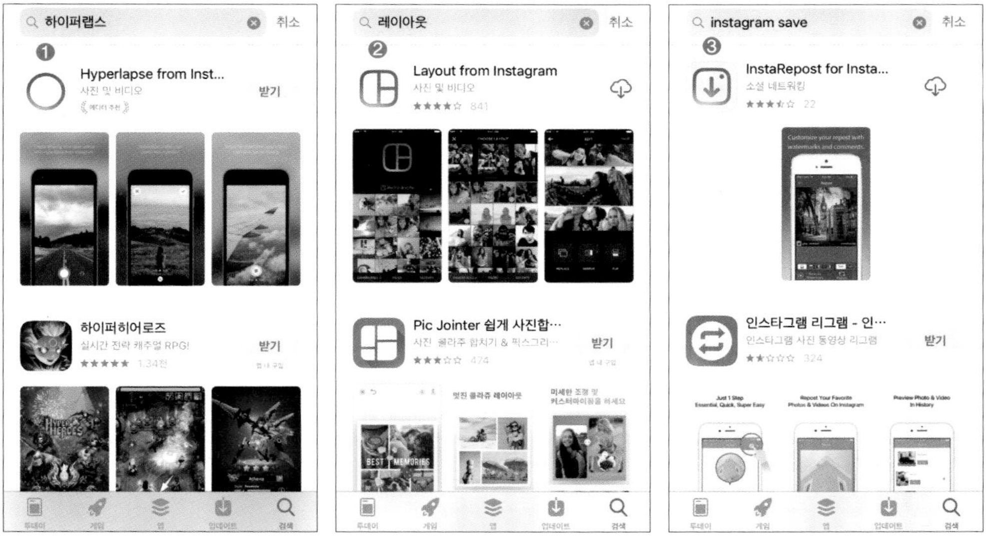

❶ **하이퍼랩스** : 스마트폰에서 빠른 속도로 영상을 보여 주는 특수 영상 기법인 '타임랩스' 촬영을 편리하게 합니다.
❷ **레이아웃** : 사진 콜라주 앱으로써 최대 9장의 사진을 1장에 담아 편집할 수 있습니다.
❸ **리포스트** : 다른 사람의 게시물을 내 피드로 리포스트할 수 있습니다.

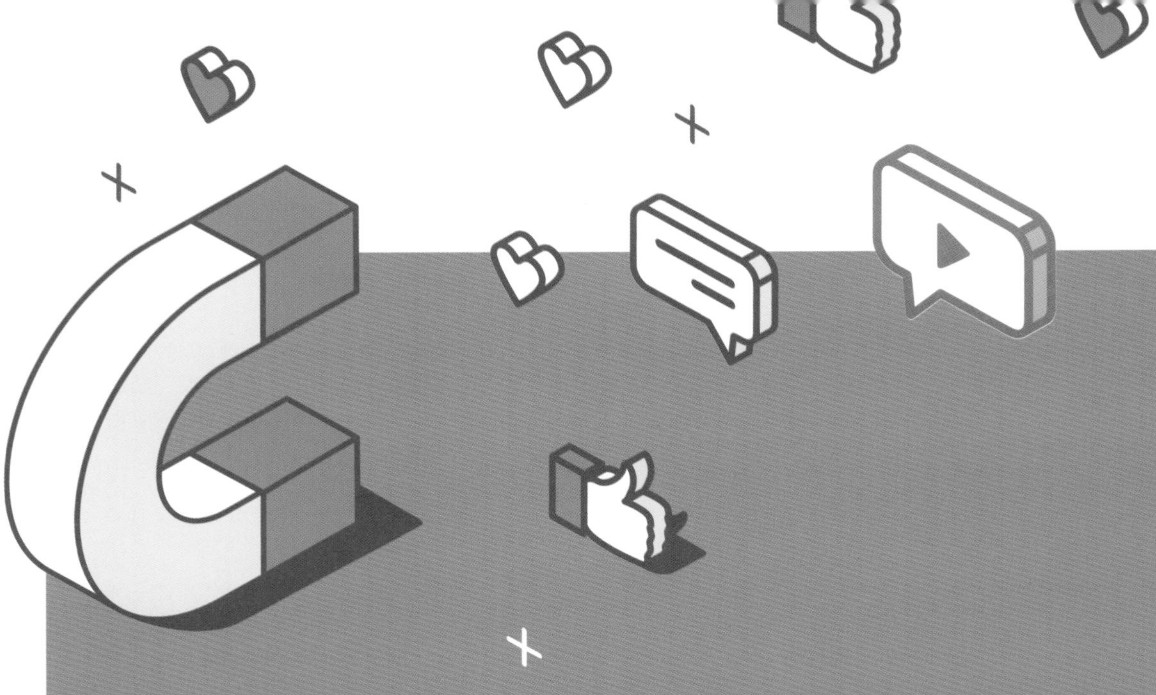

Instagram

PART 03

이것만 알면, 나도 인싸, 인플루언서!

인스타그램 채널을 만들면 소통하기 위해 친구를 찾아 팔로잉하고 팔로워가 늘어나도록 계정을 관리해야 합니다. 더불어 채널을 효율적으로 관리하는 방법을 익혀 인스타그램 스타에 한 발짝 다가가세요.

01 > 친해지고 싶어! 관심 있는 계정 팔로잉(구독)하기

인스타그램에서 '팔로잉'은 내가 관심을 가지고 팔로우하는 사람이고, '팔로워'는 나에게 관심을 가지고 나를 팔로우하는 사람입니다. 팔로잉과 팔로워에 대해서 살펴보겠습니다.

01 관심 있는 계정 팔로잉하기

선팔(먼저 팔로잉)하기

1 먼저 상대방을 팔로우하려면 해당 계정을 검색하여 이동합니다. 〈팔로우〉 버튼을 터치하여 팔로잉합니다.

TIP 선팔이란 다른 사람을 먼저 팔로우하는 것을 말합니다.

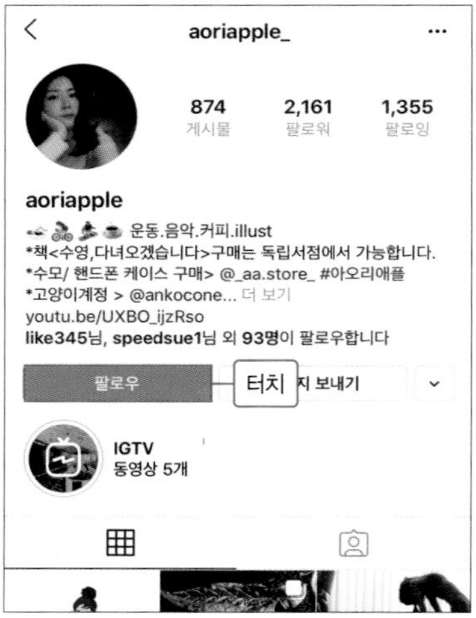

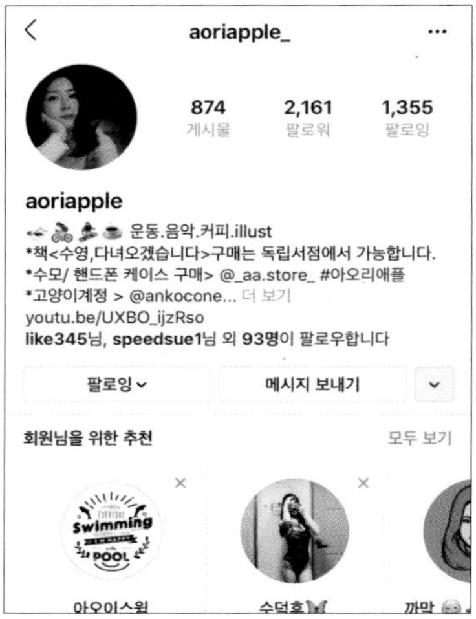

알아두기

인스타그램 용어 알아두기

❶ **팔로잉** : 내가 친구로 추가하고 관심을 갖는 사람을 말합니다.
❷ **팔로워** : 나를 친구로 추가하고 나에게 관심을 갖는 사람을 말합니다.
❸ **선팔** : 먼저 상대를 팔로우하는 것을 말합니다.
❹ **맞팔** : 나를 팔로우한 상대방을 함께 팔로잉하는 것을 말합니다.
❺ **언팔** : 팔로우했던 계정을 취소하여 언팔로우하는 것을 말합니다.
❻ **피드** : 인스타그램에서 내 게시물 혹은 상대방 게시물의 미리 보기를 말합니다.

02 #(해시)태그를 이용해 팔로우하기

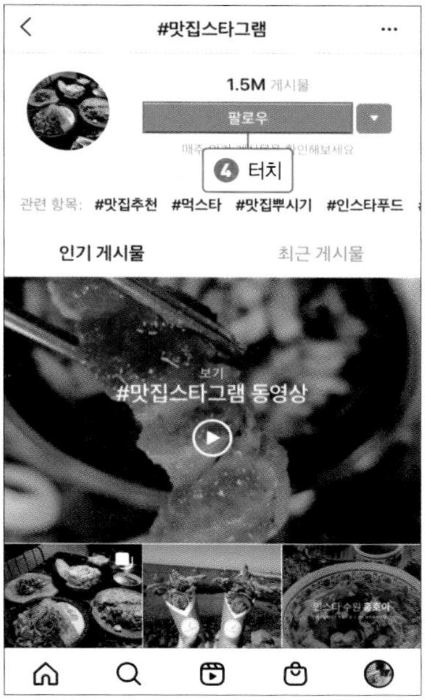

#(해시)태그 검색하기

1 '검색' 아이콘을 터치한 다음 검색창에서 원하는 단어를 입력하고 [태그] 탭을 선택하여 #(해시)태그를 찾습니다. 검색 결과 중에서 마음에 드는 #(해시)태그를 선택한 다음 〈팔로우〉 버튼을 터치합니다.

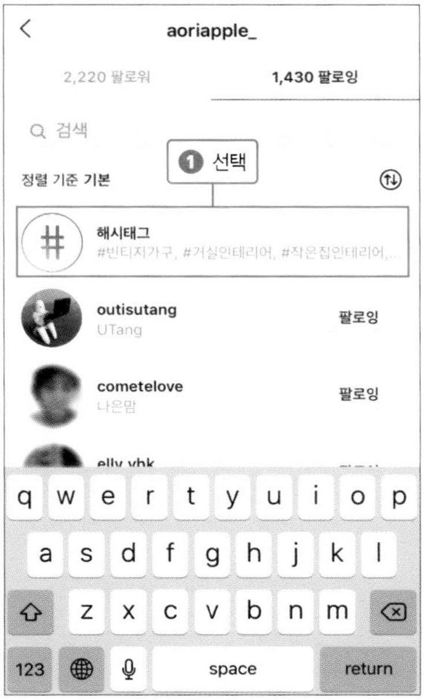

#(해시)태그 확인하기

2 팔로우한 #(해시)태그는 내 계정 화면에서 '팔로잉'을 선택하여 확인합니다. 위쪽의 '#(해시)태그'를 선택하면 팔로잉하는 태그를 확인할 수 있습니다.

03 팔로잉 취소하기

언팔하기 1

1 상대방 계정으로 이동한 다음 〈팔로잉〉 버튼을 터치합니다.

TIP 언팔이란 팔로우 해제를 말합니다.

TIP 새로운 버전에서는 〈팔로잉〉 버튼을 터치한 다음 **팔로우 취소**를 선택합니다.

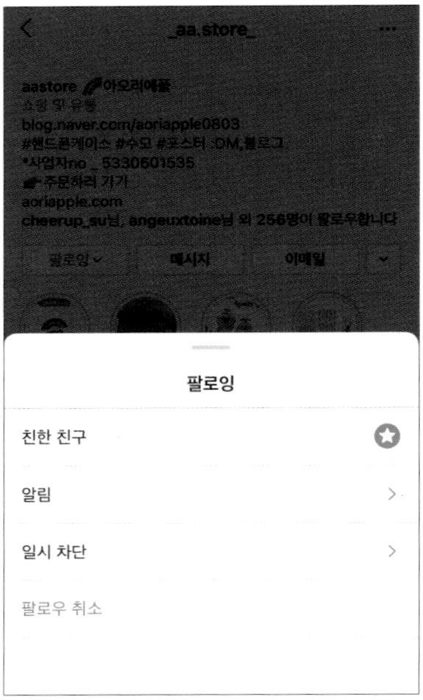

언팔하기 2

2 또는 내 계정 화면에서 '팔로잉'을 선택하고 팔로잉을 취소하려는 상대방 계정을 검색한 다음 〈팔로잉〉 버튼을 터치합니다.

02 > 나를 팔로우한 사람 계정 맞팔하기

맞팔이란 먼저 나를 팔로잉한 사람을 따라서 팔로잉하는 것을 말하며, 결국 서로 팔로잉하는 관계입니다. 먼저 팔로잉하는 경우에는 나와 연결 고리가 있는 사람의 계정을 선택하는 것이 맞팔 확률을 높입니다.

01 나를 팔로우한 사람 맞팔하기

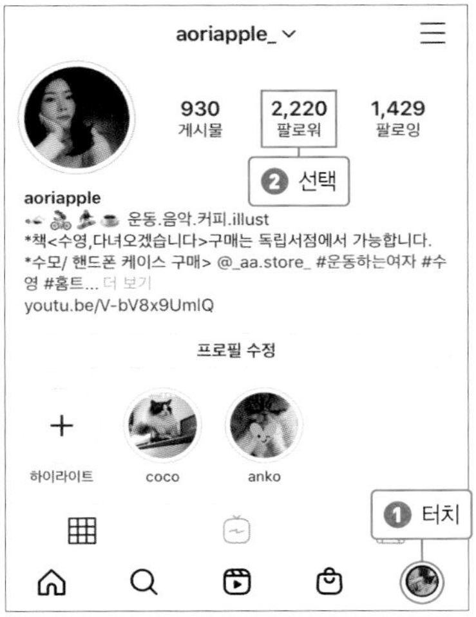

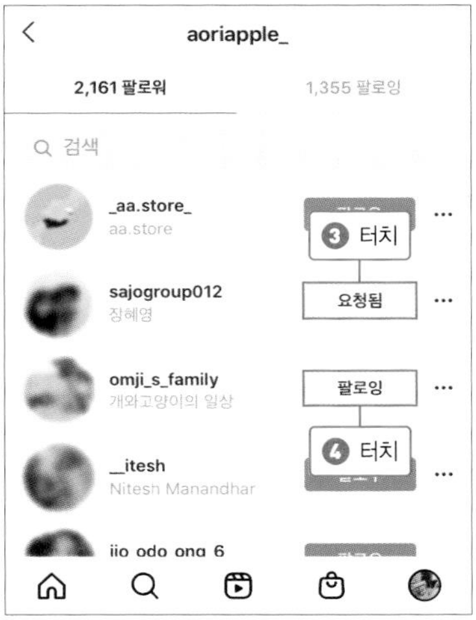

맞팔하기 1

1 나를 팔로우한 사람을 팔로잉하려면 내 계정 화면에서 '팔로워'를 선택합니다. 맞팔하고자 하는 계정의 〈팔로잉〉 버튼을 터치하면 팔로잉됩니다.

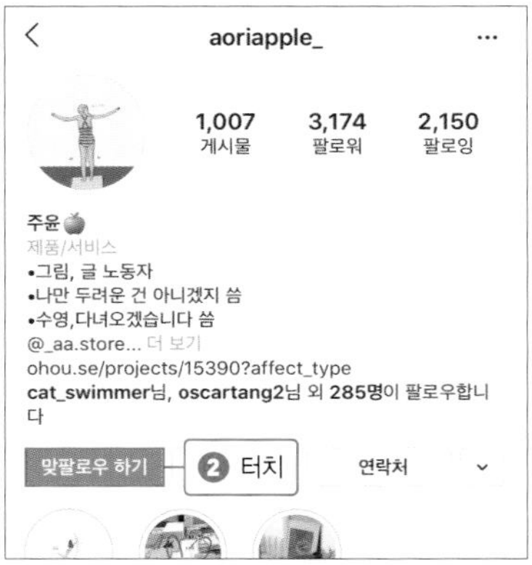

맞팔하기 2

2 또는 '활동' 아이콘(♡)을 터치한 다음 나를 팔로잉한 사람을 확인하고 〈맞팔로우 하기〉 버튼을 터치해 맞팔할 수 있습니다.
어떤 계정인지 알고 싶다면 계정 이름을 터치하여 해당 계정으로 이동한 다음 〈팔로우〉 버튼을 터치해도 됩니다.

03 > 나를 추가해줘! 친구 추가하기

인스타그램에 팔로워가 없는 상태에서 새 게시물을 업로드하면 많은 게시물 중에서 주목받기란 쉽지 않습니다. 팔로워가 저절로 생기기를 기다려서는 안 되며 인스타그램 친구 만들기에 적극적으로 나서 봅시다.

01 #(해시)태그로 팔로워 유입하기

#(해시)태그 입력 및 선택하기

1 이제 막 인스타를 시작했거나 팔로워가 부족하다면 적절한 태그를 활용하여 비슷한 성향의 인스타그램 친구를 만들 수 있습니다.

2 게시물 등록 화면에서 #를 터치하고 단어를 입력하면 자동으로 태그가 검색됩니다. 원하는 태그를 터치하거나 원하는 단어로 태그를 입력하여 팔로잉을 유도합니다.

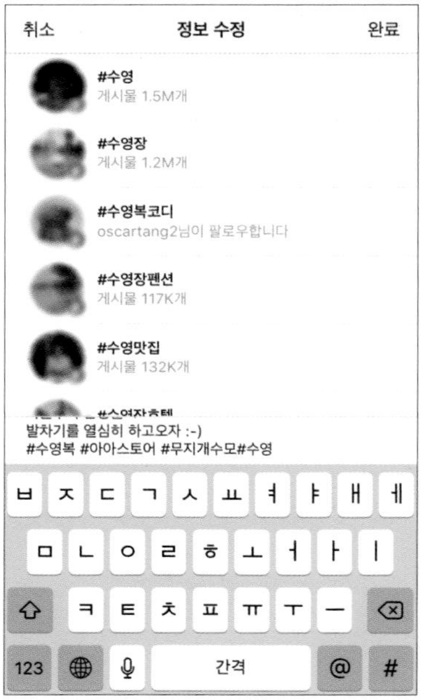

알아두기

일관된 콘텐츠 관리하기

특정 주제를 가지고 꾸준히 게시물을 업로드하며 계정을 운영한다면 팔로워는 점점 늘어날 수 있습니다.
일관된 콘텐츠는 언팔로워를 줄이는 데 도움을 줍니다. 예를 들어 '운동, 일러스트, 일상' 키워드로 운영하면 해당 주제에 관한 게시물을 확인할 수 있습니다.

02 친구 검색하고 팔로잉하기

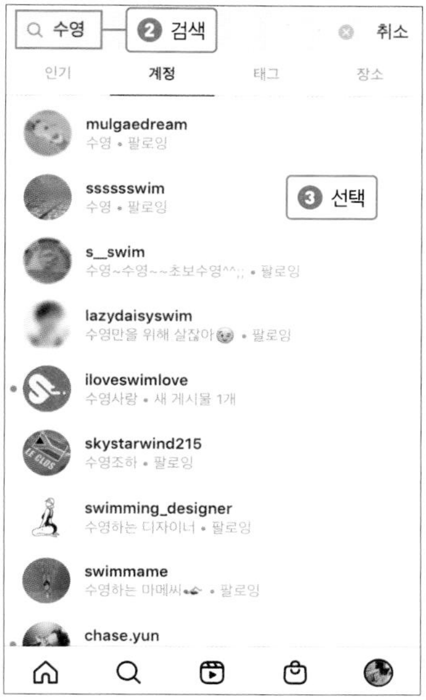

키워드 검색하기

1 '검색' 아이콘을 터치한 다음 검색창에 내 계정 화면에서 주요 키워드로 사용하는 단어를 입력합니다.

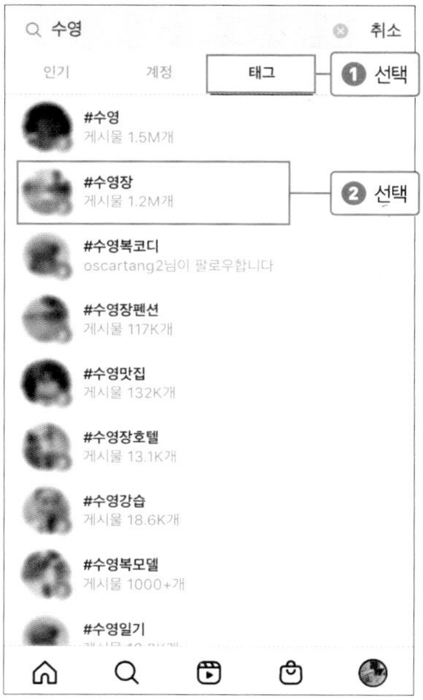

태그와 계정 확인하기

2 [태그] 탭에서 #(해시)태그를 선택한 다음 게시물을 확인합니다. 관심 있는 계정을 터치한 다음 방문합니다.

선팔하기

3 해당 계정 콘텐츠에 관심이 있다면 〈팔로우〉 버튼을 터치하여 선팔합니다.

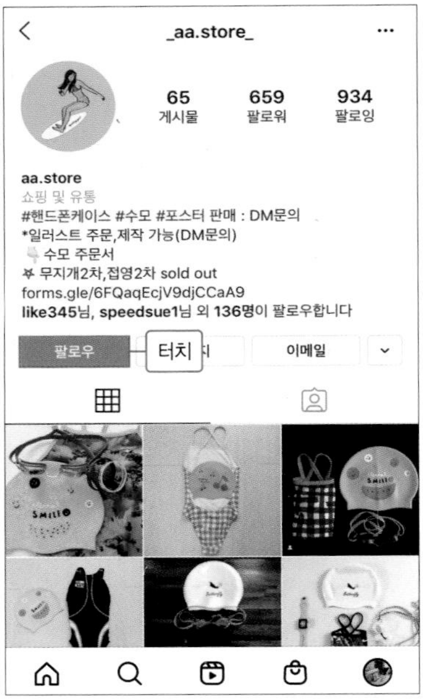

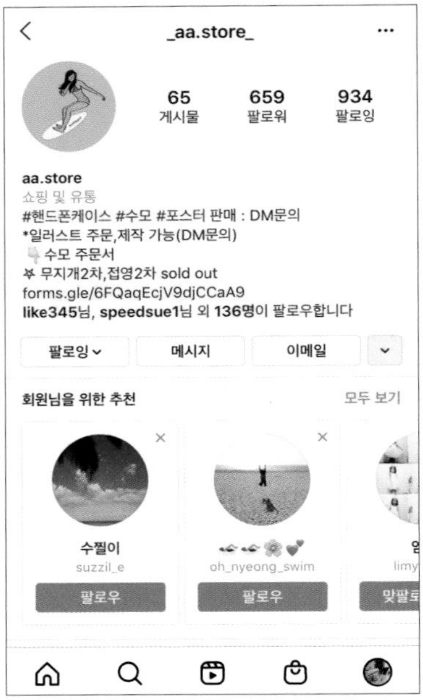

03 친구 초대하기

사람 찾아보기

1 페이스북이나 내 연락처에 있는 친구를 인스타그램으로 초대할 수 있습니다. 내 계정 화면의 '더 보기' 아이콘(≡)을 터치한 다음 **사람 찾아보기**를 선택합니다.

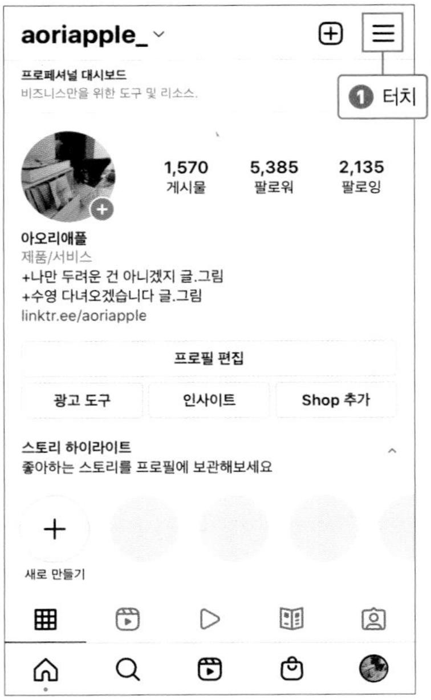

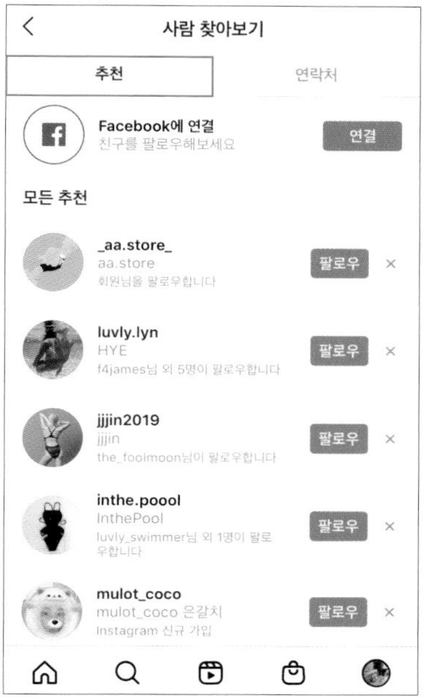

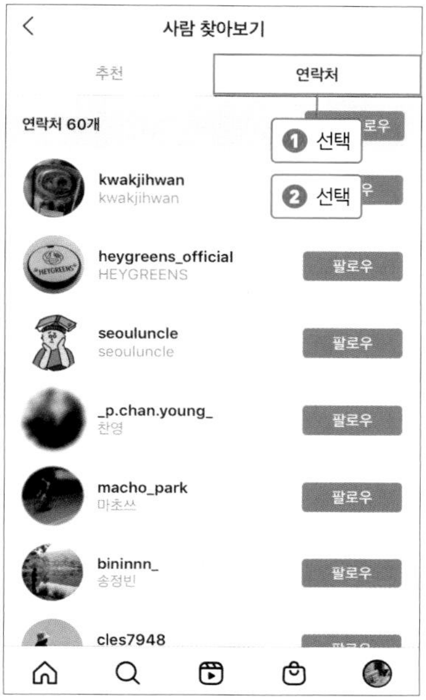

친구 팔로잉하기

2 [추천] 탭에는 관심사를 기준으로 추천 친구가 나타납니다.
[연락처] 탭을 선택하면 내 연락처에 등록된 사람들 계정이 나타납니다. 팔로잉하려는 사람의 〈팔로우〉 버튼을 터치합니다.

04 친구 추천 확인하기

자동 추천 친구 팔로잉하기

1 '활동' 아이콘(♡)을 터치한 다음 아래로 드래그하면 자동으로 추천된 친구 목록이 나타납니다. 관심 있는 계정의 〈팔로우〉 버튼을 터치하여 팔로잉합니다.

TIP 계정 이름을 터치하면 해당 계정으로 이동합니다.

04 > 자주 사용하는 SNS 연결하기

인스타그램과 페이스북 등 다른 SNS와 연결하는 방법을 알아보겠습니다. 연결 후에는 친구들을 초대하거나 게시물을 쉽게 공유할 수 있습니다.

01 페이스북 연결하기

페이스북 연결하기

1 내 계정의 '더 보기' 아이콘(≡)을 터치한 다음 **사람 찾아보기**를 선택합니다. Facebook에 연결의 〈연결〉 버튼을 터치합니다.

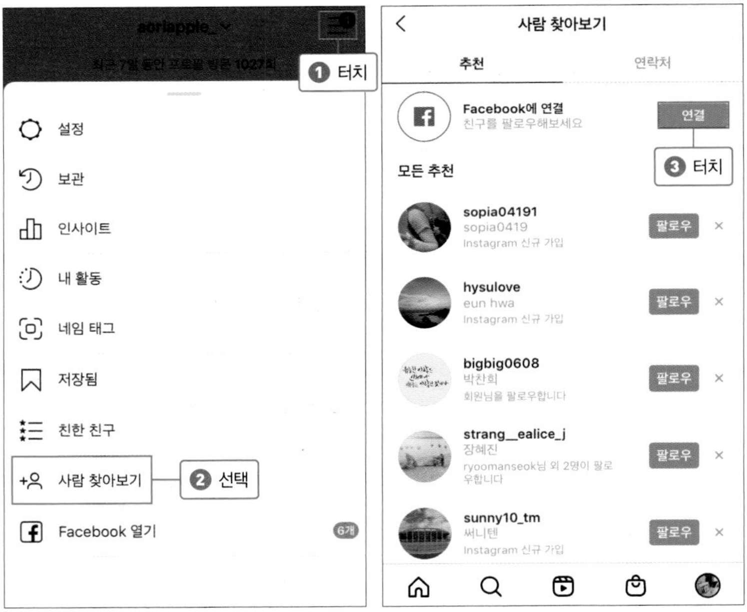

알아두기

추후 비즈니스 계정으로 전환할 때 페이스북 연결은 필수이며, 연결 시 같은 게시물을 공유하기에도 편리합니다.

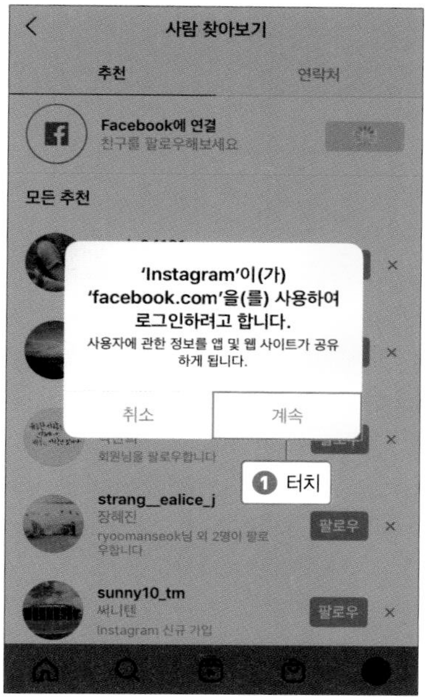

2 팝업창에서 〈계속〉 버튼을 터치한 다음 페이스북 계정을 확인하고 〈**님으로 계속〉 버튼을 터치합니다.

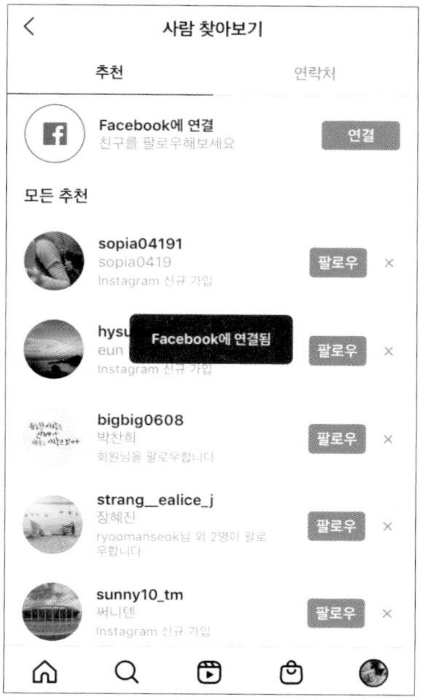

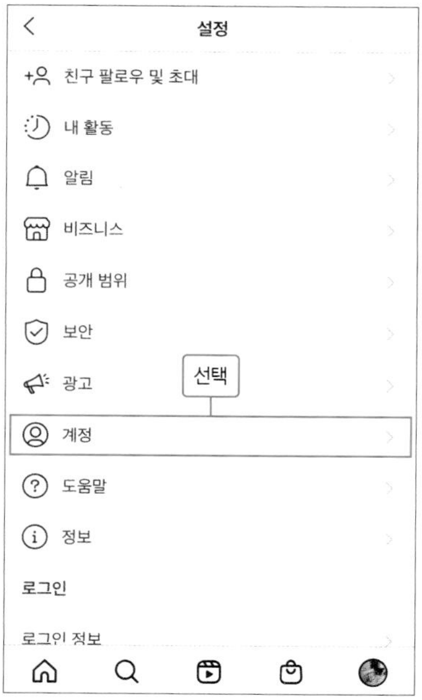

연결된 SNS 확인하기

3 내 계정 화면의 '더 보기' 아이콘(≡)을 터치하고 **설정** → **계정**을 선택합니다.

4 **연결된 계정**을 선택하면 연결된 페이스북 계정을 확인할 수 있습니다.

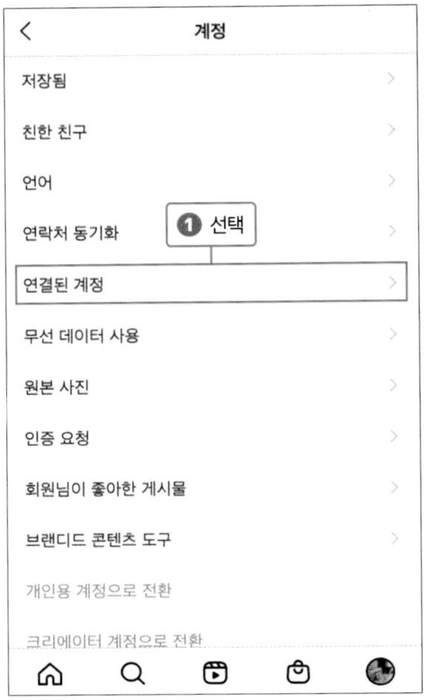

02 SNS 연결 해제하기

연결된 SNS 확인하기

1 내 계정 화면에서 '더 보기' 아이콘(≡)을 터치한 다음 **설정 → 계정 → 연결된 계정**을 선택합니다. 예제에서는 페이스북 연결을 해제하기 위해 **Facebook**을 선택했습니다.

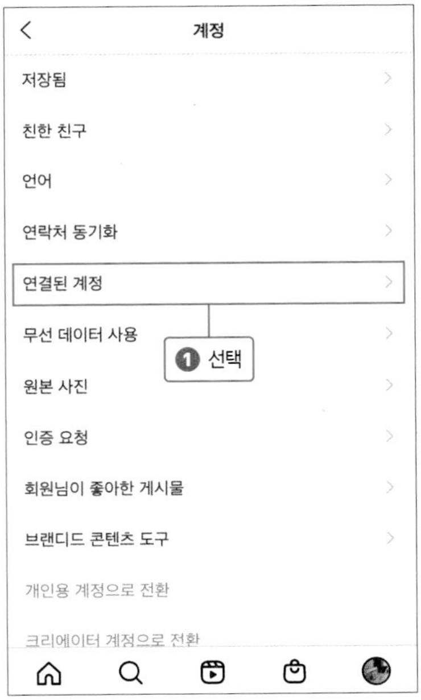

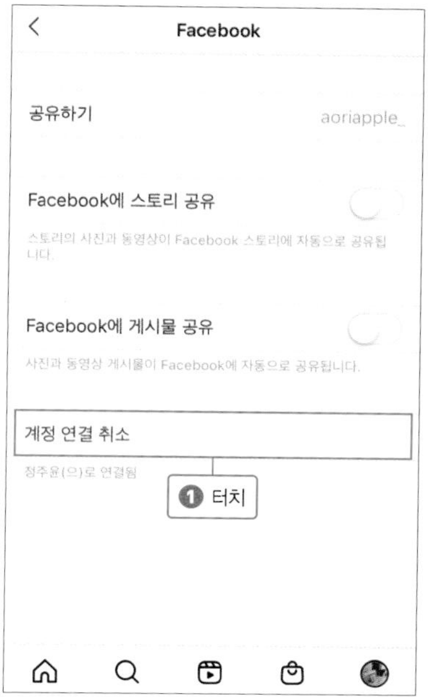

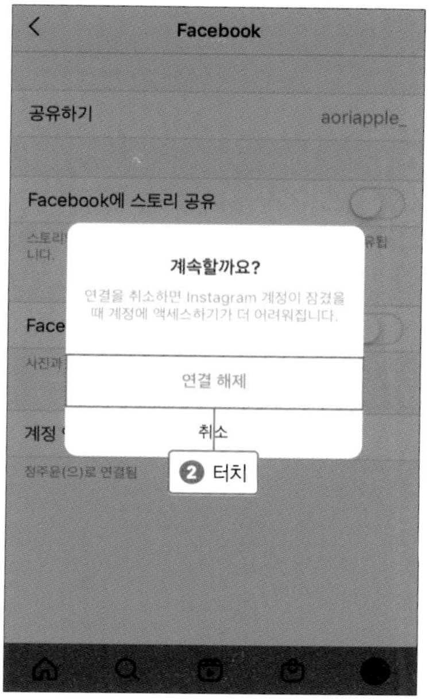

SNS 연결 해제하기

2 Facebook 화면에서 '계정 연결 취소'를 터치합니다. 팝업창에서 〈연결 해제〉 버튼을 터치합니다.

TIP 같은 방법으로 다시 SNS를 연결할 수 있습니다.

SNS 연결 해제 확인하기

3 페이스북 연결이 해제된 모습을 확인할 수 있습니다.

05 > 자주 소통하는 친한 친구 지정하기

자주 소통하는 계정을 친한 친구로 지정하면 게시물을 공유할 때나 메시지를 보낼 때도 유용하므로 함께 알아보겠습니다.

01 친한 친구 지정하기

친한 친구 추가하기

1 내 계정 화면에서 '더 보기' 아이콘(≡)을 터치한 다음 **친한 친구**를 선택합니다. 친한 친구로 추가하고자 하는 계정을 검색하고 〈추가〉 버튼을 터치합니다.

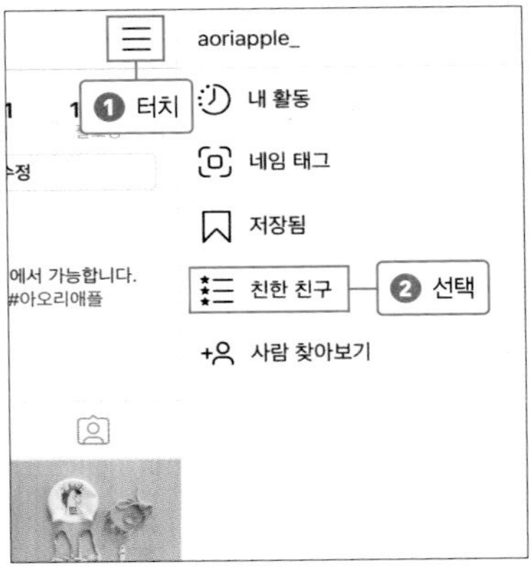

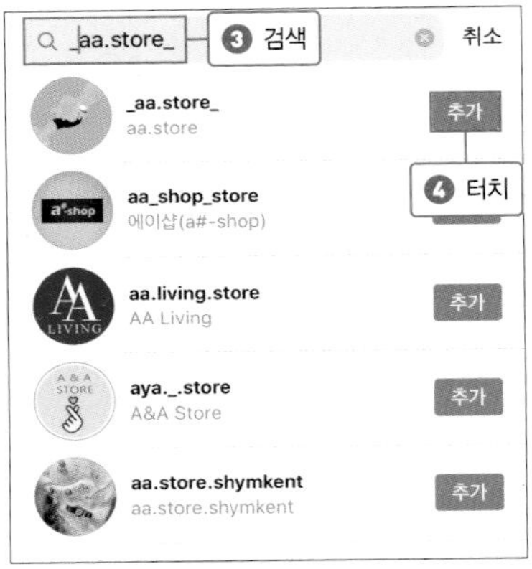

친한 친구 리스트 삭제하기

2 친한 친구 리스트에 친구가 추가됩니다.
친한 친구 리스트에서 삭제하려면 해당 페이지에서 〈삭제〉 버튼을 터치합니다.

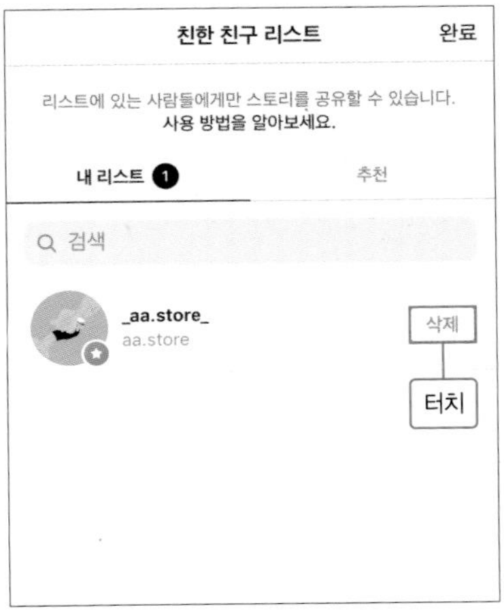

06 > 관심 있는 팔로잉(구독) 관리하기

내가 관심을 가지고 팔로우하는 사람들은 [팔로잉] 탭에서 확인할 수 있습니다. [팔로잉] 탭에는 팔로잉하는 사람뿐만 아니라 팔로잉하는 #(해시)태그를 관리할 수도 있습니다. 그 외에 또 어떤 기능이 숨어있는지 알아보겠습니다.

01 팔로잉하는 사람 관리하기

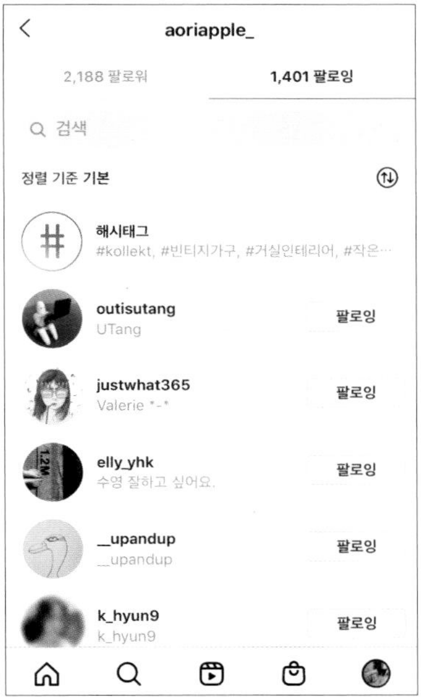

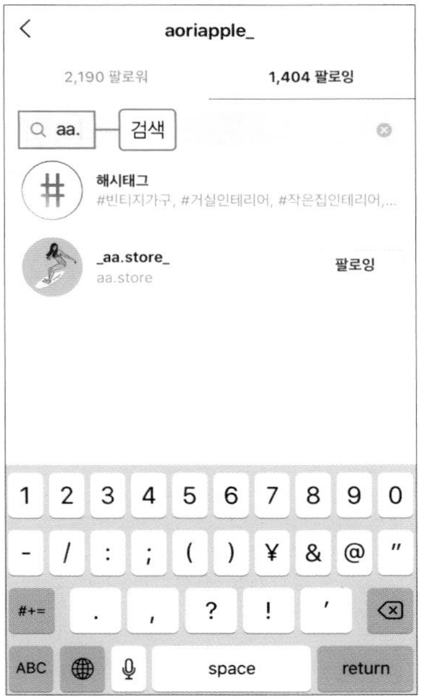

팔로잉 검색하기

1 내 계정 화면에서 '팔로잉'을 선택하면 위쪽에 검색창이 나타납니다. 팔로잉하려는 계정을 입력하면 쉽게 찾을 수 있습니다.

알아두기

인스타그램 친구가 많아지면 이후에 친한 친구로 분류한 다음 그룹을 나누어 관리하면 편리합니다.

팔로잉 정렬하기

2 '정렬 기준 기본' 아이콘( )을 터치하면 팔로우한 날짜순으로 정렬을 선택하여 변경할 수 있습니다.

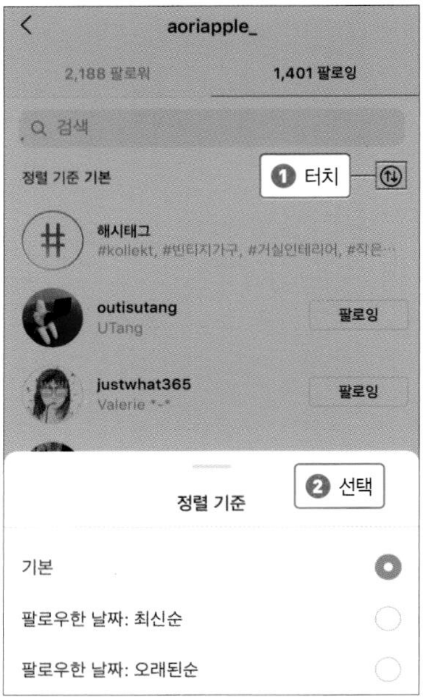

02 팔로잉하는 #(해시)태그 관리하기

팔로잉 #(해시)태그 확인하기

1 팔로잉 화면 아래의 #(해시)태그를 터치하면 팔로잉하는 #(해시)태그들이 나타납니다. 〈팔로잉〉 버튼을 터치하여 팔로잉할 수 있고, 〈팔로우 취소〉 버튼을 터치하여 팔로우를 취소할 수도 있습니다.

07 > 날 떠나지마~ 팔로워 관리하기

인스타그램은 소통을 중요하게 생각하는 SNS입니다. 팔로워를 확보한 뒤라도 일방적인 업데이트만으로 소통에 소홀하면 팔로워들이 내 계정을 쉽게 이탈할 수 있다는 점을 잊지 않아야 합니다.

01 팔로워와 소통하기

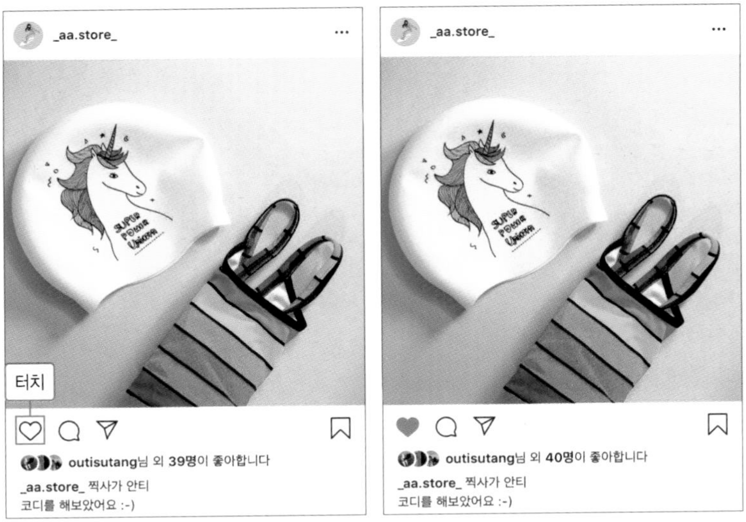

좋아요 누르기

1 나에게 좋아요나 댓글을 달아주는 계정으로 이동해 관심 있는 게시물에 '좋아요' 아이콘(♡)을 터치해서 관심을 표현합니다.

댓글, 답글로 소통하기

2 댓글과 답글을 이용해 적극적으로 소통하여 팔로워 이탈을 방지합니다.

08 > 좋아요와 댓글 관리하기

하트 모양의 '내 소식' 아이콘(♡)은 나와 관련된 소식을 알려주는 메뉴입니다. 내 게시물에 '좋아요'를 누른 사용자와 이미지 섬네일을 보여 주며, 댓글과 답글도 확인할 수 있습니다.

01 좋아요, 댓글 확인하기

좋아요, 댓글 수 확인하기

1 인스타그램 메인 화면에서 새로운 좋아요 수와 팔로워를 알림으로 미리 확인합니다. '활동' 아이콘(♡)을 터치하고 활동 화면으로 이동하면 상세 내용을 확인할 수 있습니다.

TIP 알림창은 한 번만 나타납니다.

알아두기

빨간색으로 표시되는 알림은 최초 1회만 표시되며, 내 소식은 더 보기 공간이 없으므로 팔로워와 댓글 수가 늘어날수록 좀 더 자주 관리해야만 모든 소식을 놓치지 않고 확인할 수 있습니다.

02 내 소식 관리하기

댓글 좋아요하기

1 댓글 아래에 '좋아요' 아이콘(♡)을 터치하면 아이콘이 활성화가 되며 '좋아요'가 됩니다.

TIP 게시물 또는 계정 이름을 터치하면 해당 계정으로 이동합니다.

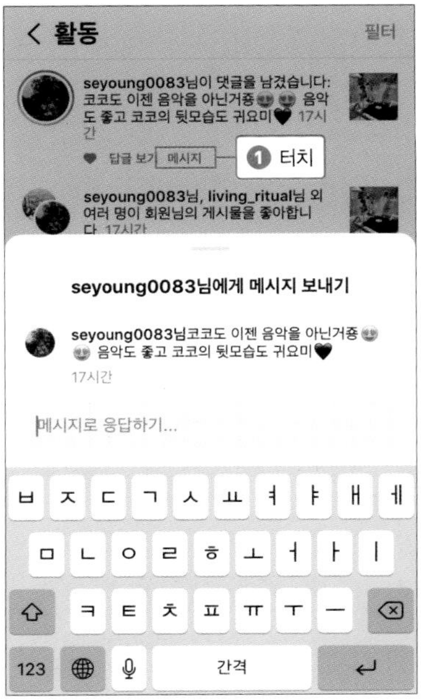

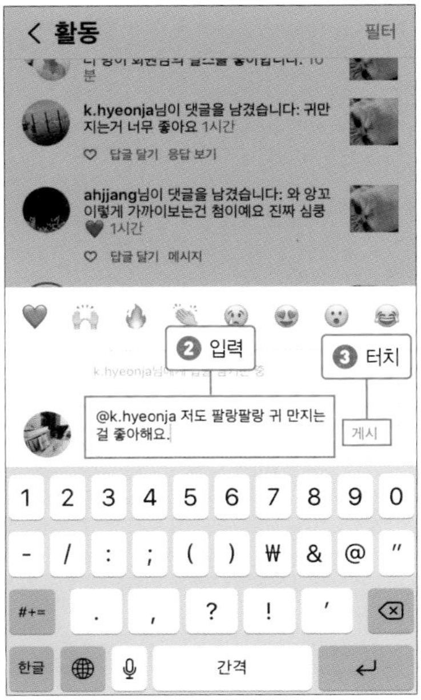

댓글에 답글 달기

2 내 댓글 아래에 '답글 달기'를 터치하고 텍스트를 입력한 다음 〈게시〉 버튼을 터치하여 게시하거나, '메시지'를 터치하고 1:1로 메시지를 전송할 수 있습니다.

게시물에서 답글 달기

3 여러 개의 댓글이 있는 게시물에서는 해당 게시물로 이동해서 답글을 각각 입력하는 것이 편리합니다. 내 소식 화면에서 게시물을 터치한 다음 '답글 달기'를 터치하고 답글을 입력합니다.

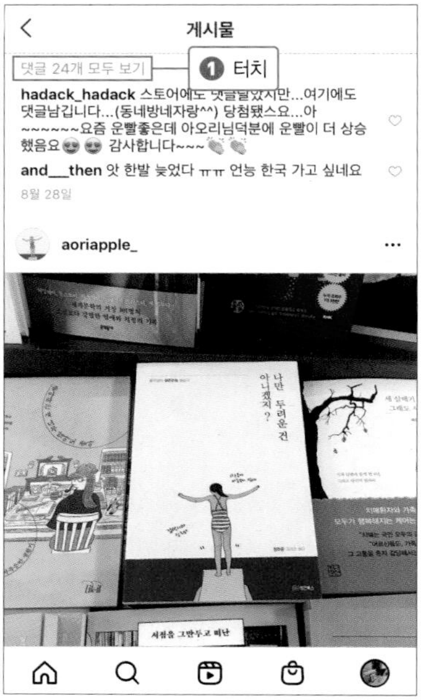

숨은 답글 보기

4 여러 개의 답글이 있으면 '답글 더 보기'가 나타납니다. '답글 더 보기'를 터치하여 숨은 답글을 확인할 수 있습니다.

09 > 메시지 보내고 관리하기

개인이나 단체에 별도의 메시지를 보내고 싶을 때 메시지 외에도 사진, 음성 파일 등을 전송할 수 있습니다. 인스타그램에서 제공하는 별도의 이모지(이모티콘)를 이용할 수 있고 피드를 둘러보다가 궁금한 점이 생기면 해당 계정에 바로 메시지를 보낼 수도 있습니다.

01 일대일 메시지 보내기

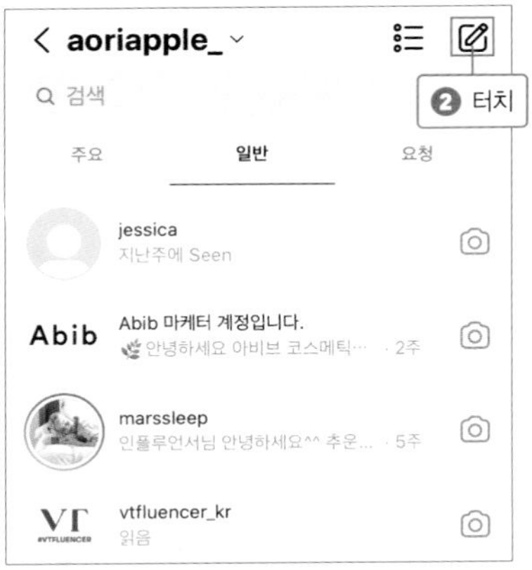

계정 검색하기

1 홈 화면에서 오른쪽 상단의 '메시지' 아이콘(▽)을 터치한 다음 '글쓰기' 아이콘(✎)을 터치합니다.

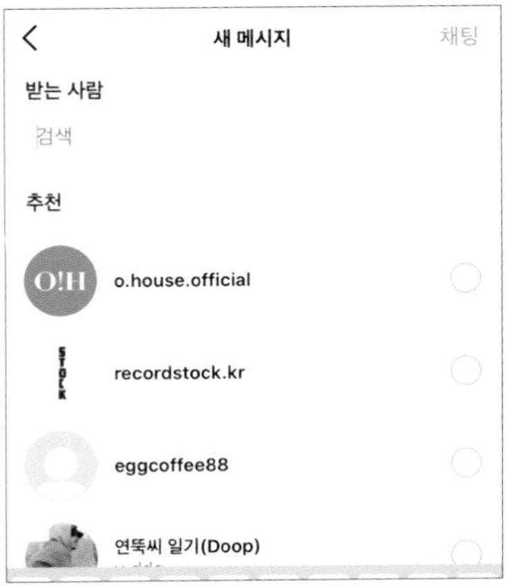

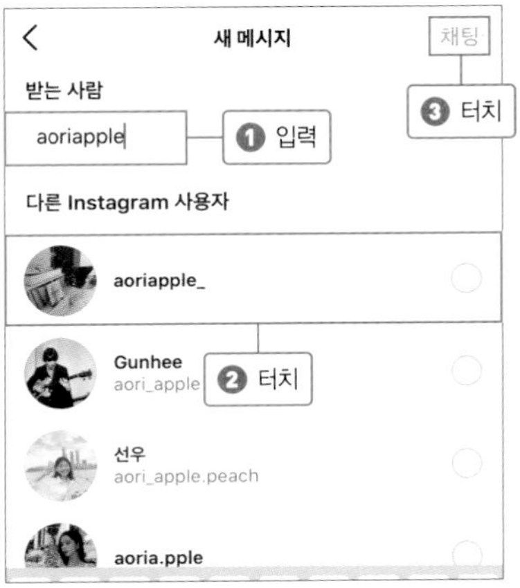

받는 사람 설정하기

2 상단의 받는 사람 창에 메시지를 보낼 상대방의 계정을 입력하거나 하단에 검색된 계정을 터치합니다. 〈채팅〉 버튼을 터치하면 메시지를 보낼 수 있습니다.

메시지 보내기

3 메시지 입력 창에 텍스트를 입력하고 〈보내기〉 버튼을 터치하여 메시지를 전송합니다.

받는 사람 변경하기

4 기존에 설정된 받는 사람을 변경하고 싶다면 예제와 같이 활성화된 계정 이름을 터치하면 계정 컬러가 빨간색으로 변경됩니다. 다시 터치하면 해당 계정은 삭제됩니다.

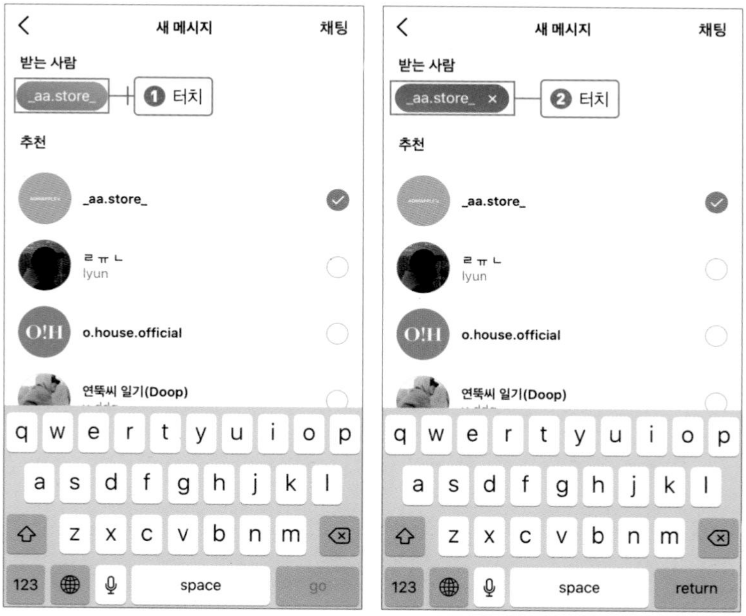

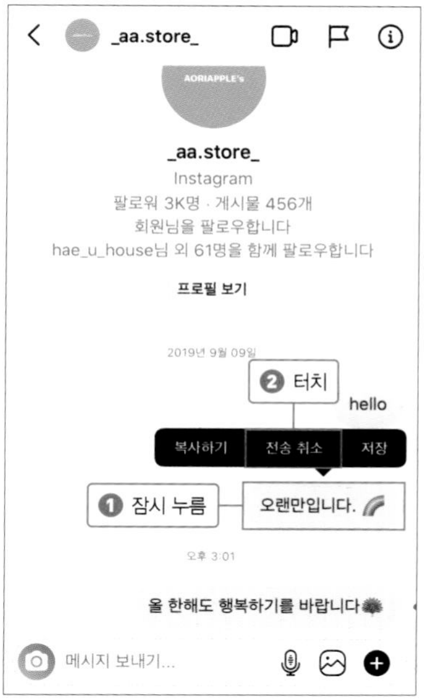

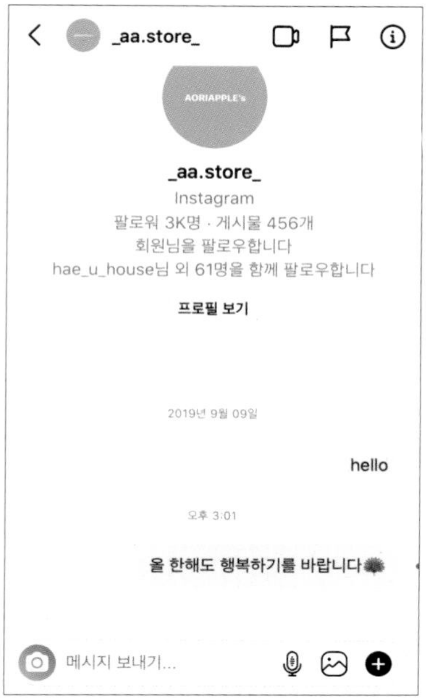

보낸 메시지 취소하기

5 메시지 전송을 취소하려면 보낸 메시지를 길게 터치한 다음 〈전송 취소〉 버튼을 터치합니다.

02 그룹 메시지 보내기

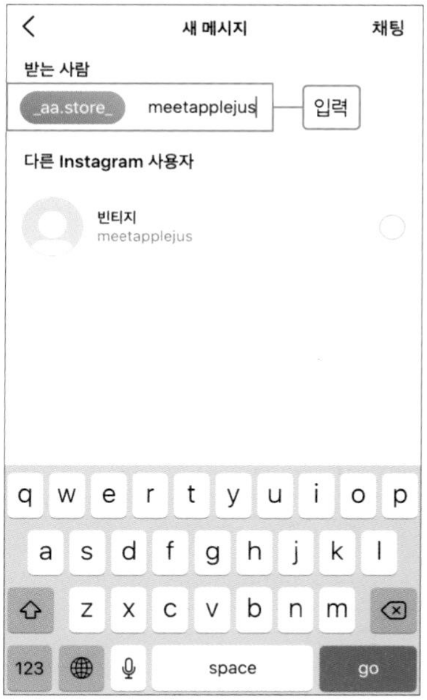

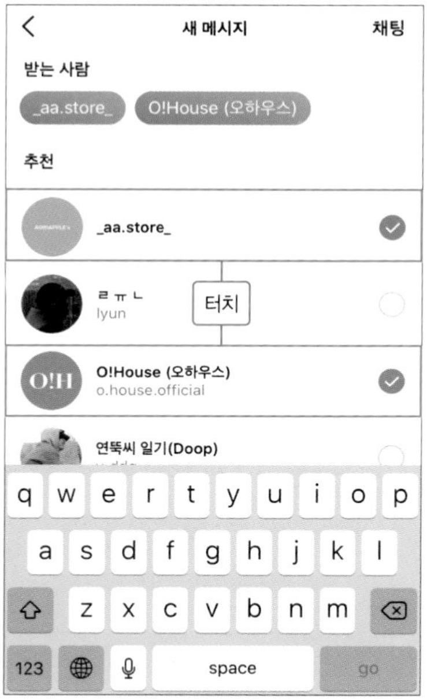

받는 사람 설정하기

1 상단의 받는 사람 창에 메시지를 보낼 상대방의 계정을 입력하거나 하단에 검색된 계정을 터치합니다. 받는 사람은 다중 선택이 가능하고, 받는 사람 창에 연속해서 계정을 입력할 수 있습니다.

메시지 그룹 만들기

2 2명 이상의 받는 사람이 설정되면 그룹 채팅이 가능하며, 채팅방 상단에는 그룹명을 입력할 수 있습니다. 그룹명은 이후에 설정이 가능하며 메시지를 먼저 보내도 상관없습니다.

그룹 설정하기

3 그룹명 설정, 그룹 채팅방 설정 변경, 옵션 지정을 위해서는 그룹 채팅방 오른쪽 상단에 '상세 정보' 아이콘(ⓘ)을 터치합니다. 원하는 설정으로 변경합니다.

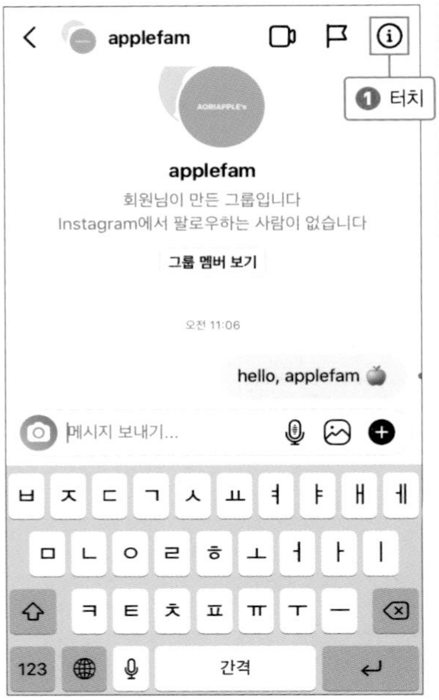

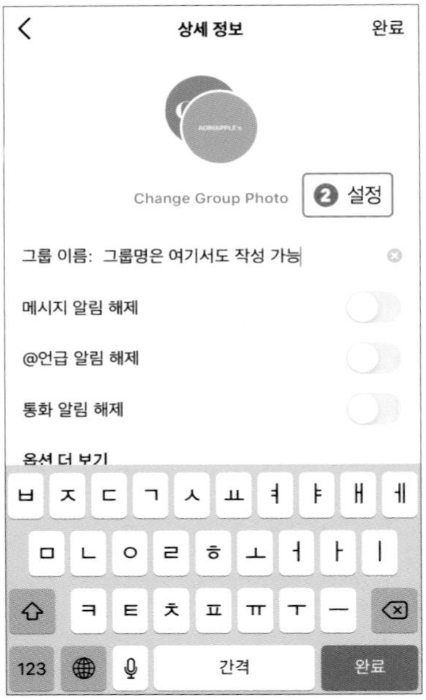

10 > 이미지와 함께 메시지 보내기

메시지를 보낼 때 이미지를 첨부하거나 게시물 이미지에 메시지를 첨부하는 방법에 대해서 알아봅니다. 전자는 이미지가 첨부되는 것이고, 후자는 사진이나 동영상 게시물에 관한 문의 사항을 메시지로 전송할 때 유용합니다.

01 메시지로 이미지 전송하기

이미지 첨부하기

1 사진과 동영상 모두 메시지로 전송할 수 있습니다. 메시지 화면에서 아래쪽 '이미지' 아이콘()을 터치합니다. 카메라 롤에서 전송하려는 이미지를 확인합니다.

알아두기

나를 팔로잉하지 않는 사람에게 메시지를 보내는 경우에는 확인이 좀 더 늦을 수 있으며, 내 메시지가 상대방 의사에 따라 수락되지 않을 수도 있습니다.

이미지 전송하기

2 이미지를 선택한 다음 〈보내기〉 버튼을 터치하면 전송이 완료됩니다.

이미지 전송 취소하기

3 메시지에 삽입된 이미지를 잠시 누른 다음 〈보내기 취소〉 버튼을 터치하면 이미지가 삭제됩니다.

02 게시물과 함께 메시지 보내기

받는 사람 선택하기

1 계정에서 게시물을 선택하고 '메시지 보내기' 아이콘을 터치합니다.

2 검색창에 받는 사람 계정을 입력하여 검색한 다음 선택합니다.

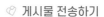

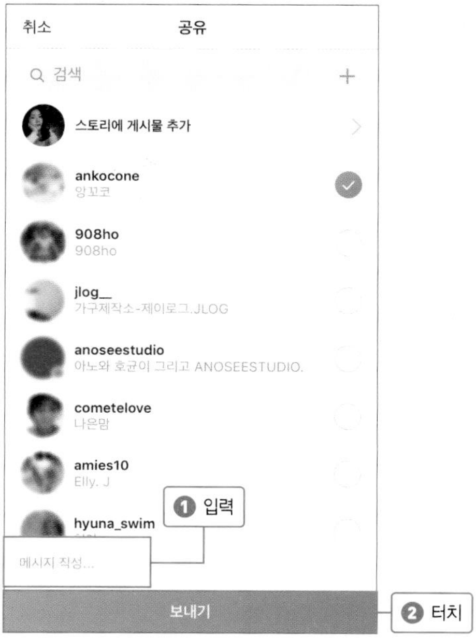

게시물 전송하기

3 메시지를 받는 사람은 여러 명 선택할 수 있습니다. 메시지 작성에 내용을 입력한 다음 <보내기> 버튼을 터치하면 전송됩니다.

전송 메시지 확인하기

4 메시지함에는 내가 상대방에게 보낸 메시지 리스트가 나타나고 터치하면 전송된 게시물 내용이 나타납니다.

메시지 전송 취소하기

5 메시지를 잠시 누르면 나타나는 〈보내기 취소〉 버튼을 터치하면 메시지 전송이 취소됩니다.

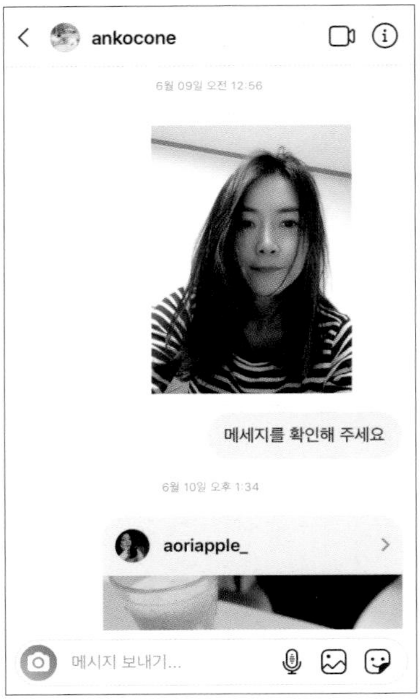

11 > 음성 메시지, 이모지 보내기

문자뿐만 아니라 음성으로도 메시지를 전달할 수 있습니다. 또한 재미있는 이모지로도 메시지 전달이 가능합니다.

01 음성 메시지 전송하기

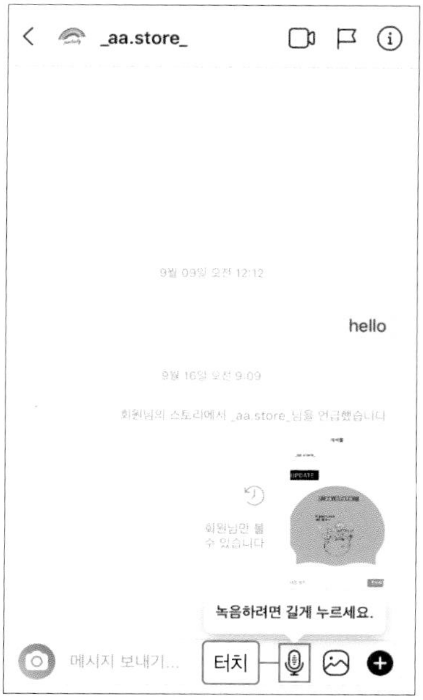

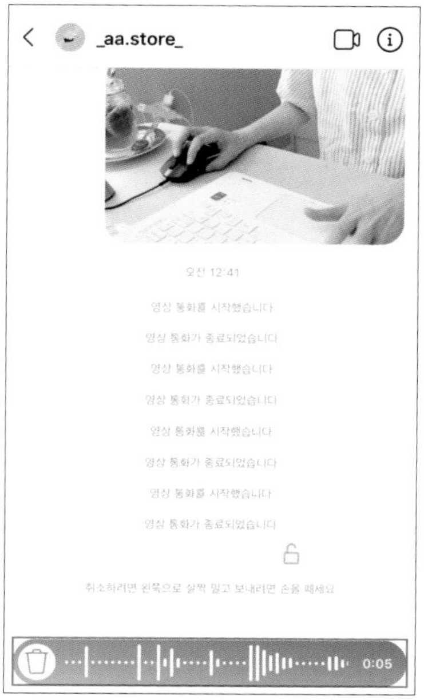

음성 녹음하기

1 메시지 화면 아래쪽 '마이크' 아이콘(🎙)을 계속 누르면 음성 메시지가 녹음됩니다.

TIP 녹음하는 동안 아이콘에서 손을 떼지 않고 터치해야 합니다.

알아두기

인스타그램에서 소통하는 경우에 '좋아요'를 호감의 표시로 많이 사용합니다. 메시지에서도 전송받은 이미지와 글에 대한 호감 표시로 하트 이모지를 많이 사용합니다. 최근에는 해당 이미지와 글을 더블(두 번) 터치하여 '좋아요'를 표시하는 기능이 추가되었습니다.

음성 메시지 보내기

2 마이크 아이콘에서 손을 떼는 동시에 음성 파일이 전송됩니다.

음성 메시지 삭제하기

3 보낸 메시지를 취소할 때는 메시지를 터치한 다음 〈보내기 취소〉 버튼을 터치합니다.

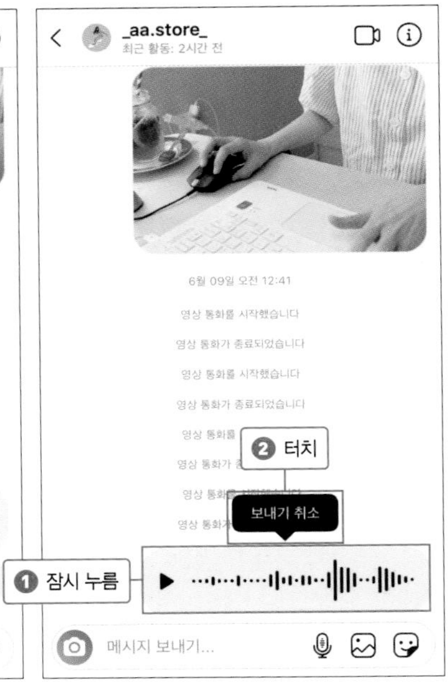

02 이모지(이모티콘) 보내기

인스타그램 이모지 보내기

1 메시지 화면에서 '이모지' 아이콘을 터치합니다. 원하는 이모지를 터치하면 보내기가 완료됩니다.

12 > 사이를 더 가깝게! 영상 통화하기

인스타그램 메시지 보내기에서는 영상 채팅 기능을 제공하여 가까운 사이인 경우 영상으로 안부를 전할 수 있습니다. 인스타그램에서 할 수 있는 영상 채팅 방법에 대해 알아보겠습니다.

01 영상 채팅 및 옵션 설정하기

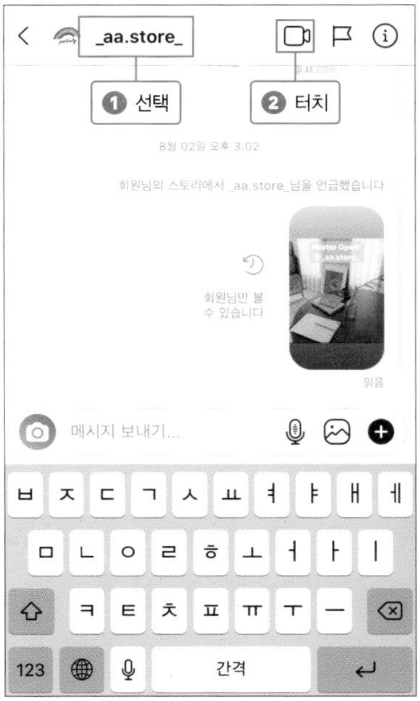

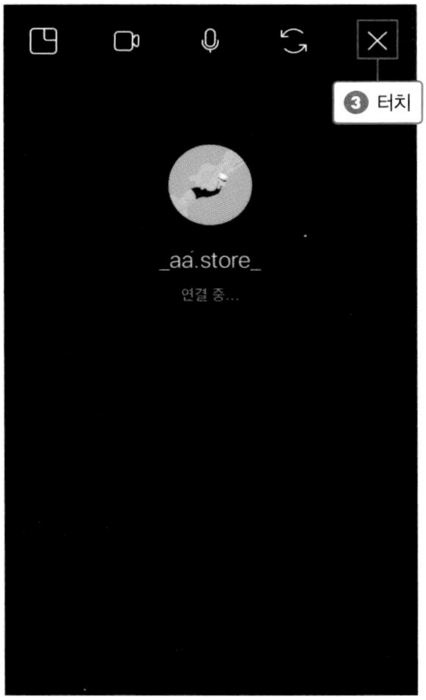

영상 채팅 시작하기

1 문자 메시지를 보내는 것처럼 메시지를 보낼 친구를 선택합니다. 메시지 화면에서 오른쪽 위 '카메라' 아이콘(□)을 터치하면 영상 채팅이 시작됩니다.

2 영상 채팅이 연결됩니다. 영상 채팅을 종료하려면 '×' 아이콘을 터치합니다.

영상 화면 축소하기

3 화면 위 아이콘을 차례대로 살펴보겠습니다.

영상 채팅이 연결되면 스마트폰 전체 화면으로 볼 수 있습니다. 화면을 축소하려면 '레이아웃' 아이콘( )을 터치합니다.

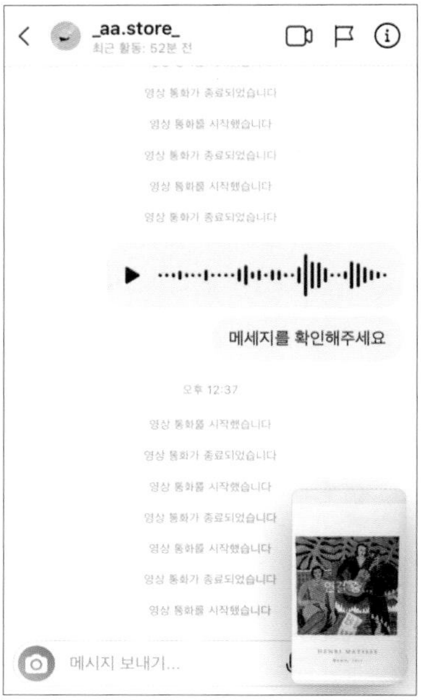

영상 화면 확대하기

4 오른쪽 아래에 축소된 화면을 다시 확대하려면 화면을 터치합니다. 전체 화면으로 돌아가려면 화면을 다시 한 번 터치합니다.

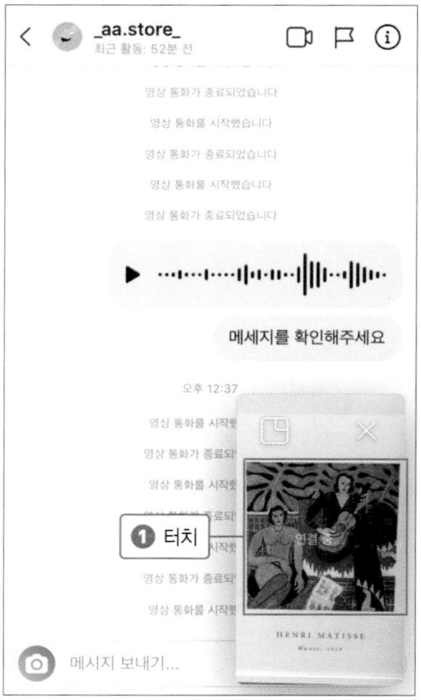

영상 화면, 소리 제거하기

5 '카메라' 아이콘(■)을 터치하면 화면 영상이 제거되며 음성만으로 통화합니다. '마이크' 아이콘(■)을 터치하면 음성도 제거됩니다.

촬영 모드 전환하기

6 영상 채팅의 기본 화면은 셀카 모드입니다. '화면 전환' 아이콘(■)을 터치하면 전면을 촬영할 수 있습니다.

TIP '×' 아이콘을 클릭하면 영상 통화를 종료합니다.

13 > 자주 쓰는 기능은 설정해 두기

메시지를 자주 사용한다면 채팅방은 점점 늘어나게 되고, 상품 판매자라면 꽤 많은 사람과 메시지를 주고받게 됩니다. 이를 좀 더 쉽고 편하게 관리하도록 도와 주는 기능을 알아보도록 하겠습니다.

01 플래그 설정하기

플래그 지정하기

1 채팅방 오른쪽 상단의 '플래그' 아이콘(⚐)을 터치하면 아이콘이 활성화되어 플래그로 지정됩니다. 플래그 지정 메시지는 별도로 분리되기 때문에 이후에 검색하기에 용이합니다.

알아두기

플래그 기능은 프로페셔널 계정에만 제공됩니다. 해당 기능을 사용하고 싶다면 프로페셔널 계정으로 전환해야 합니다.

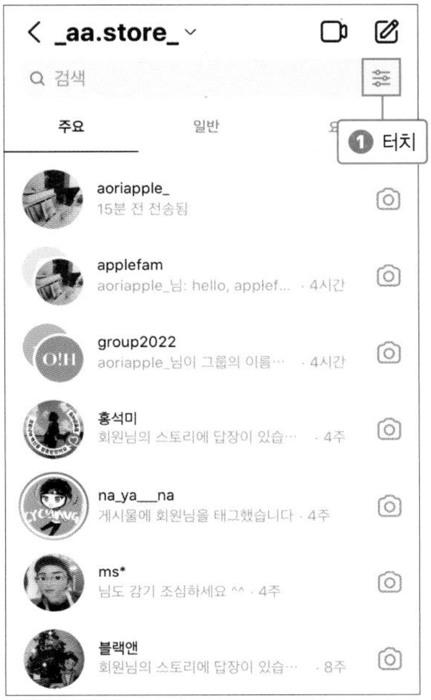

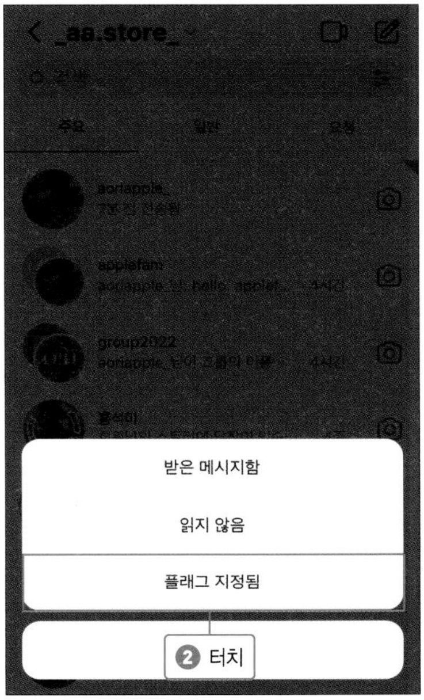

플래그 지정 채팅방 찾기

2 플래그로 지정된 채팅방을 필터링하고 싶을 때는 검색창 오른쪽의 '필터' 아이콘(≡)을 터치한 다음 〈플래그 지정됨〉 버튼을 터치합니다.

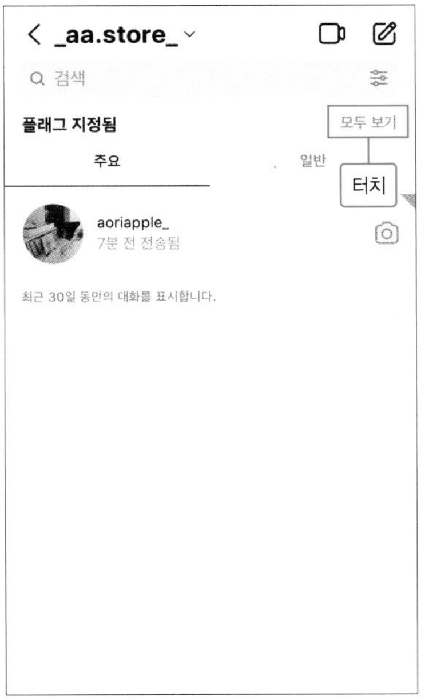

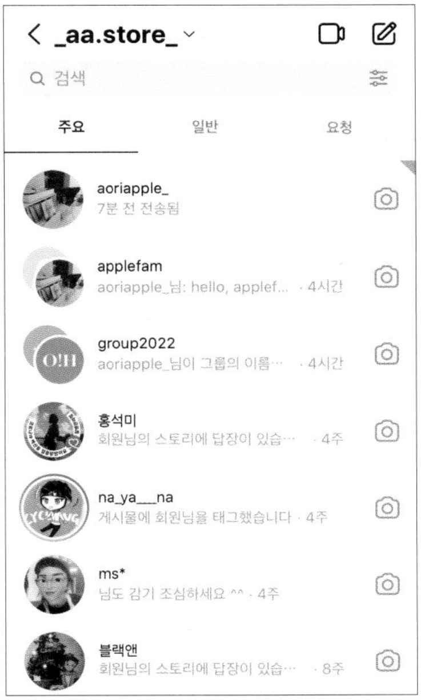

플래그 지정 채팅방 확인하기

3 플래그가 지정된 메시지만 필터링되어 확인되며 〈모두 보기〉 버튼을 터치하면 메시지 리스트로 돌아가고 리스트 모서리에 플래그 지정 표시가 되어 있는 것을 확인할 수 있습니다.

02 메시지 저장하기

자주 쓰는 메시지 저장하기

1 메시지 입력 창 오른쪽의 '⊕' 아이콘을 터치한 다음 '⊡' 아이콘을 터치합니다. 자주 쓰는 메시지를 저장하고 불러올 수 있습니다.

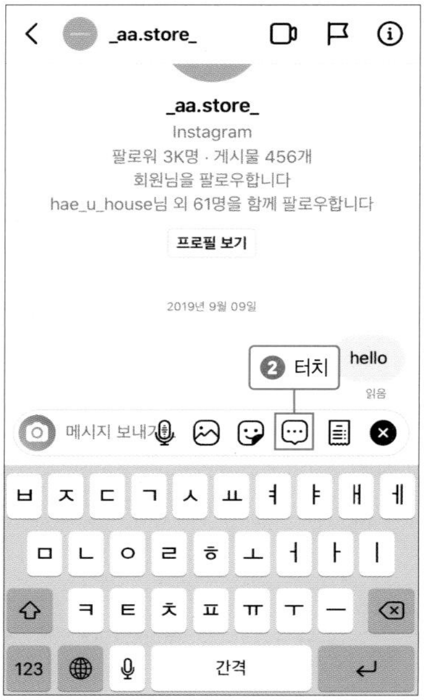

바로가기 만들기

2 '⊡' 아이콘을 터치한 다음 오른쪽 상단의 '+' 아이콘이나 〈새 저장된 답장〉 버튼을 터치합니다.
메시지에 저장하고자 하는 문구를 입력한 다음 바로가기에 나만의 단축키를 입력하고 〈저장〉 버튼을 터치합니다.

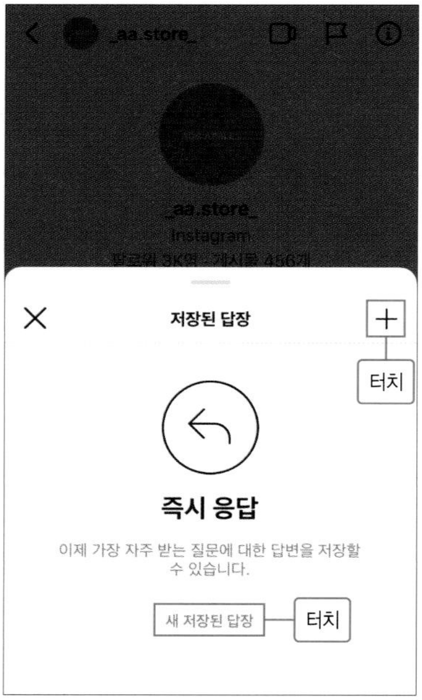

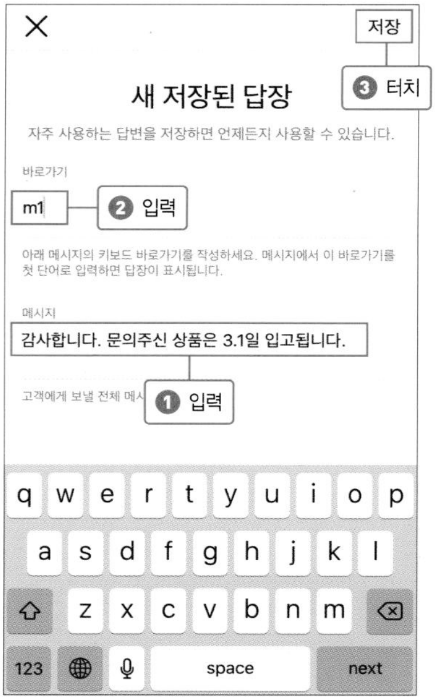

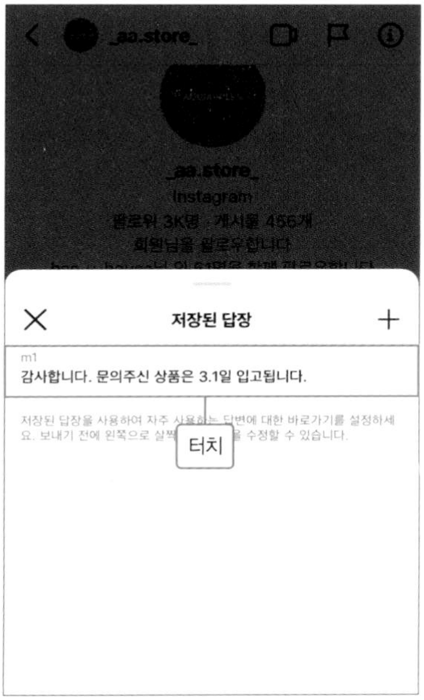

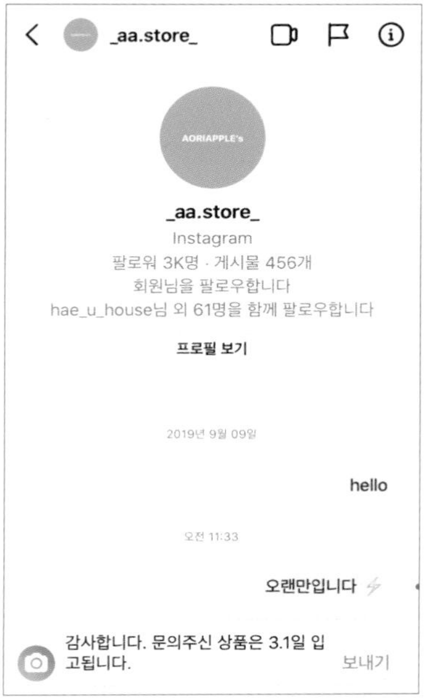

저장된 답장 확인하기

3 저장된 메시지는 '저장된 답장'으로 보관되며, 해당 문구를 터치하면 메시지 입력 창에 바로 입력됩니다.

메시지 저장하기

4 채팅방에 보낸 메시지나 받은 메시지를 잠시 누르면 나타나는 〈저장〉 버튼을 터치합니다. 메시지는 자동 입력되며, 바로가기에 단축키를 입력한 다음 저장합니다.

저장된 답장 불러오기 1

5 위의 과정에서 학습한 대로 메시지에 '행복한 하루', 바로가기에 'm2'를 입력하여 저장합니다.

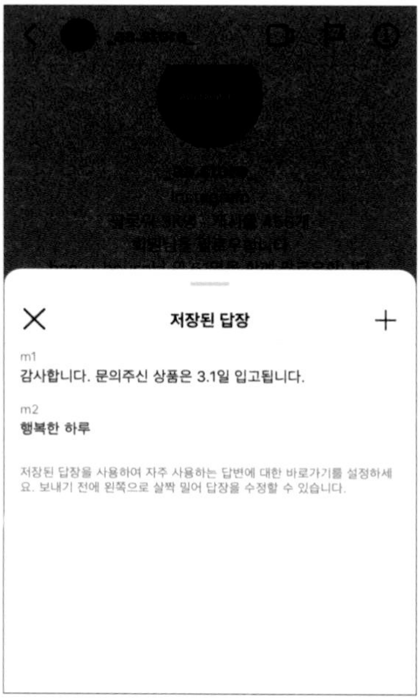

저장된 답장 불러오기 2

6 메시지 입력 창에 저장된 바로가기 문자 'm2'를 입력하면 ' ' 아이콘이 생성됩니다. 아이콘을 터치하면 저장된 메시지가 입력 창에 표시되며 〈보내기〉 버튼을 터치하면 전송됩니다.

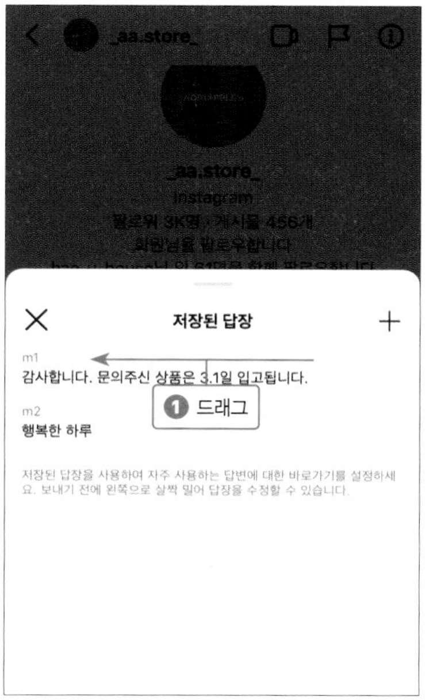

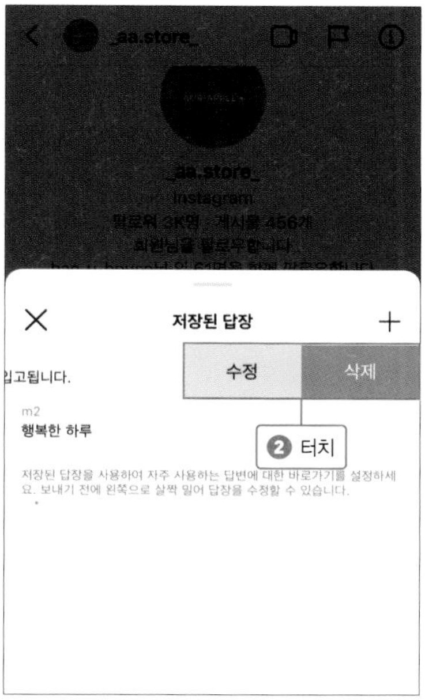

저장된 메시지 삭제하기

7 저장된 답장 화면에서 삭제하고 싶은 저장된 메시지를 왼쪽으로 드래그하여 수정이나 삭제를 할 수 있습니다.

03 채팅방 설정하기

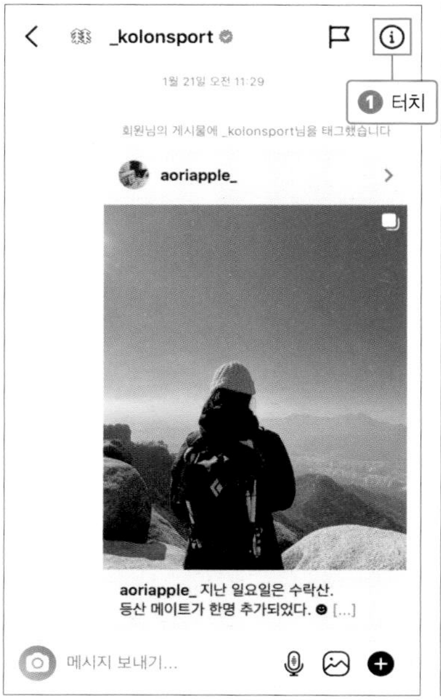

채팅방 옵션 설정하기

1 채팅방의 옵션을 설정하려면 해당 채팅방 오른쪽 상단의 '상세 정보' 아이콘(ⓘ)을 터치하여 설정을 변경합니다.

14 > 메시지 왔어요~ 메시지 확인하기

인스타그램 메시지는 단순히 친구와 대화하는 창구에서 벗어나 제품을 판매하거나 인스타 마케팅 도구로도 자주 사용되고 있습니다. 받은 메시지를 잘 분류하고 쉽게 관리하는 방법을 알아보도록 하겠습니다.

01 받은 메시지 확인하기

메시지 분류별로 확인하기

1 메시지는 [주요], [일반], [요청] 탭으로 분류되며, 내가 팔로잉하지 않는 계정의 메시지는 [요청] 탭에서 확인할 수 있습니다.

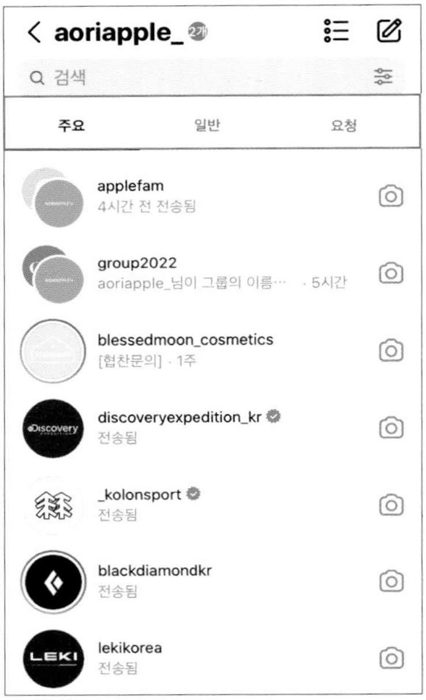

알아두기

나를 팔로잉하지 않는 사람이 메시지를 보내면 메시지 화면 오른쪽에 '요청'이라고 표기되어 알림 메시지가 표시되지 않아도 수시로 메시지 화면을 확인하는 것이 좋습니다.

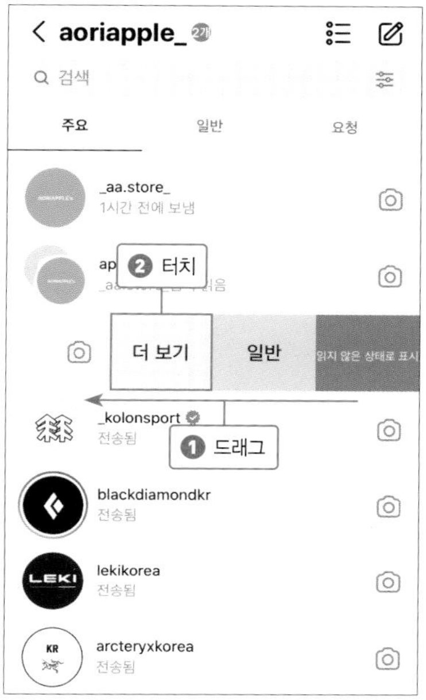

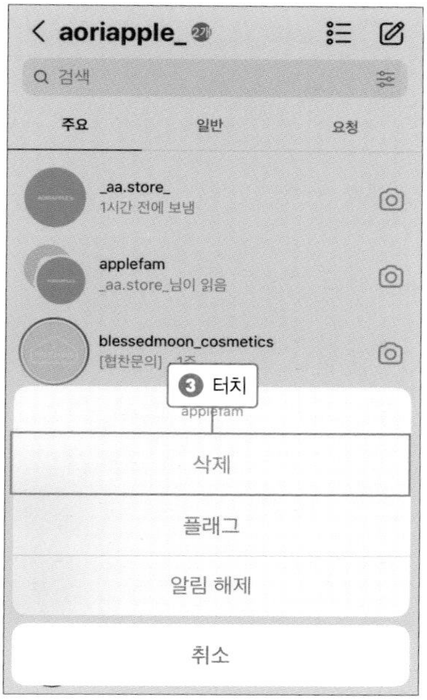

메시지 삭제하기

2 메시지를 왼쪽으로 드래그하여 〈더 보기〉 버튼을 터치한 다음 〈삭제〉를 터치하면 해당 메시지는 삭제됩니다.

02 플래그 지정하기, 알림 해제하기

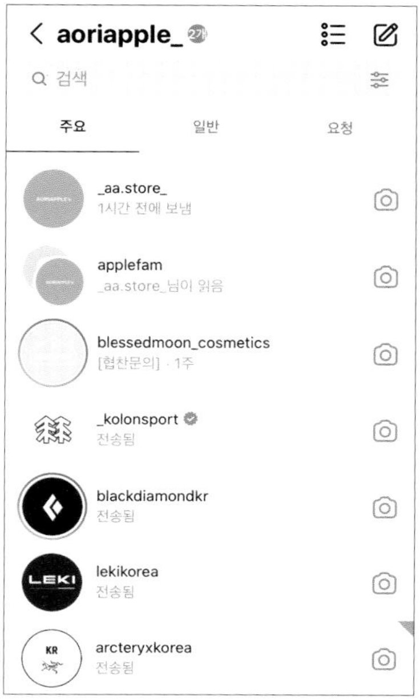

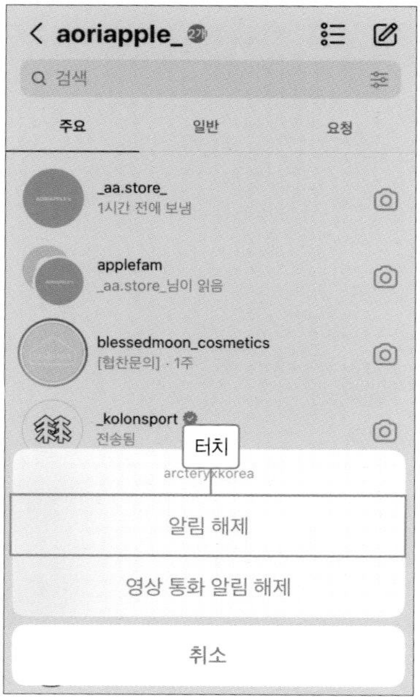

채팅방 옵션 설정하기

1 메시지를 왼쪽으로 밀어서 〈더 보기〉 버튼을 터치한 다음 플래그를 지정하거나( ) 해제하고, 〈알림 해제〉 버튼을 터치하여 해당 메시지의 알림을 받지 않을 수 있습니다.

메시지 읽지 않은 상태로 표시하기

2 읽은 메시지를 읽지 않은 상태로 두려면 해당 메시지를 왼쪽으로 드래그하여 〈읽지 않은 상태로 표시〉 버튼을 터치합니다.

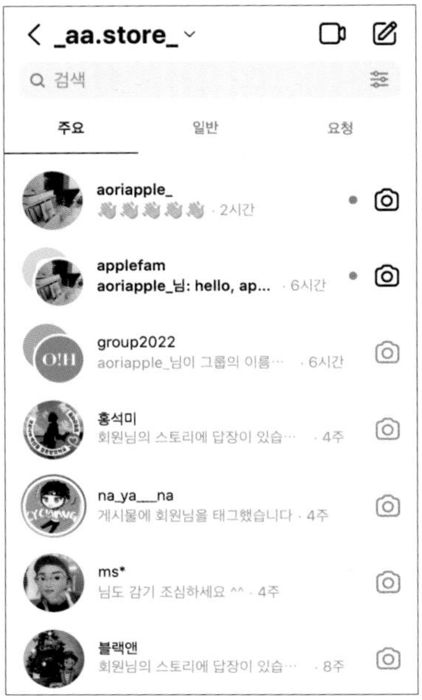

메시지 폴더 이동하기

3 예제에서는 [주요] 탭에 있던 '_aa.store_' 계정과의 메시지를 왼쪽으로 드래그하여 〈일반〉 버튼을 터치합니다. 해당 메시지가 [일반] 탭으로 이동된 것을 확인할 수 있습니다.

TIP 같은 방법으로 [일반] 탭에 있는 메시지를 [주요] 탭으로 이동할 수 있습니다.

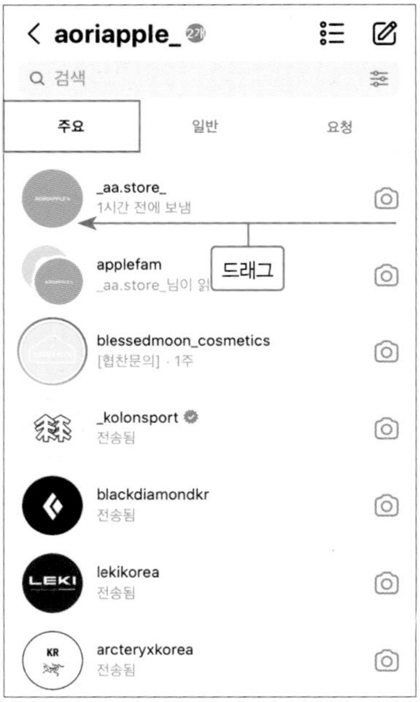

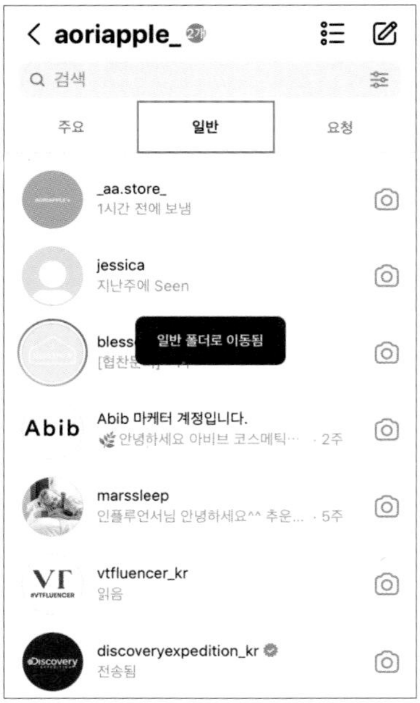

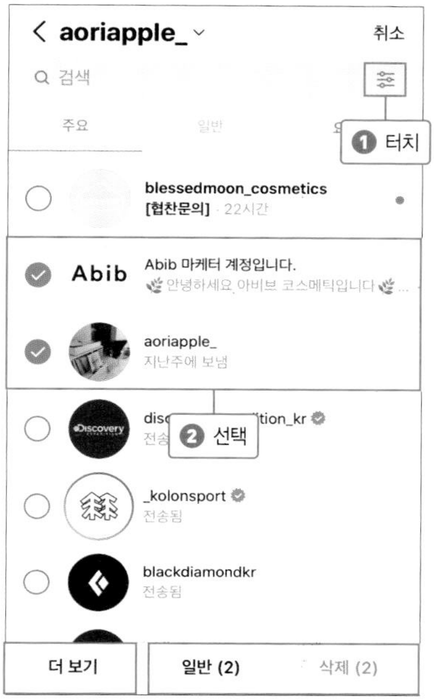

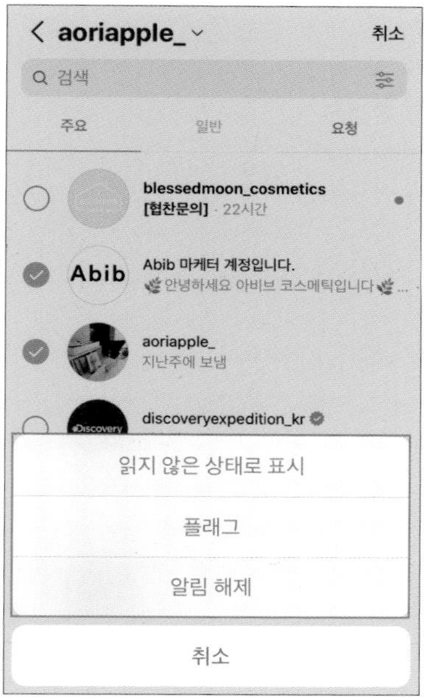

메시지 한꺼번에 설정하기

4 메시지 상단의 '선택' 아이콘(☰)을 터치하면 선택한 메시지를 한꺼번에 이동(주요, 일반)하거나 삭제할 수 있으며, 〈더 보기〉 버튼을 터치하여 플래그 지정, 알림 해제, 읽지 않은 상태로 표시할 수 있습니다.

TIP 메시지를 1개만 선택해도 모든 상태 변경이 가능합니다.

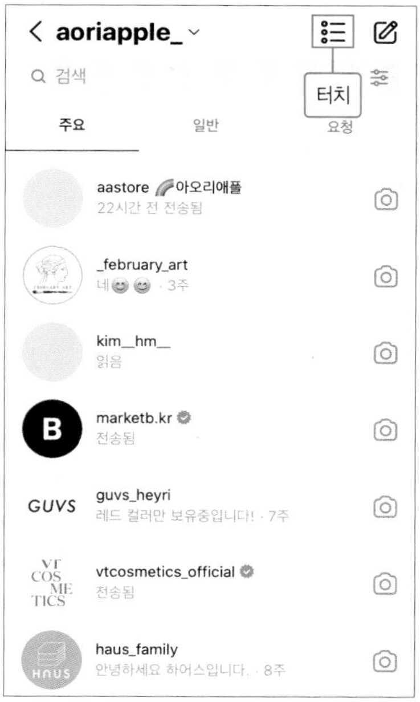

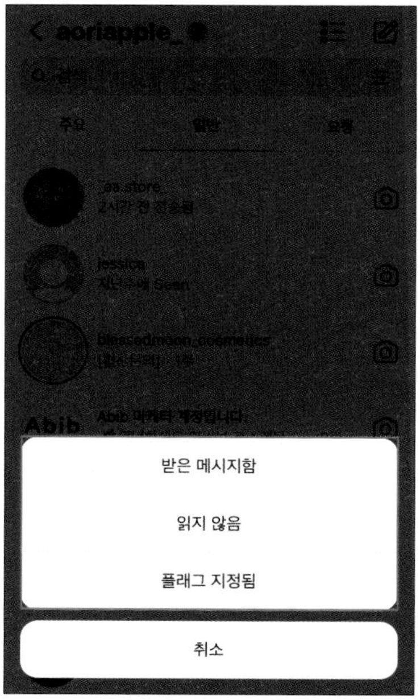

검색 필터 사용하기

5 검색창 오른쪽에 '필터' 아이콘(☰)을 터치하면 받은 메시지를 필터링할 수 있는 옵션이 표시됩니다. 〈읽지 않음〉 버튼을 터치하여 읽지 않은 메시지만 필터링해서 볼 수 있으며, 〈플래그 지정됨〉 버튼을 터치하여 플래그 지정된 메시지만 확인이 가능합니다.

03 요청 메시지 보기

요청 메시지 확인하기

1 팔로잉하지 않는 계정의 메시지를 받거나 이전에 대화 이력이 없는 계정의 메시지는 [요청] 탭으로 분리됩니다. 메시지를 왼쪽으로 드래그하여 수락, 차단, 삭제할 수 있습니다.

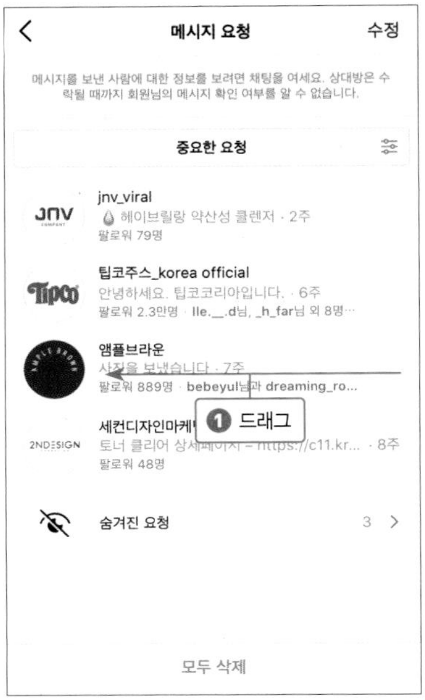

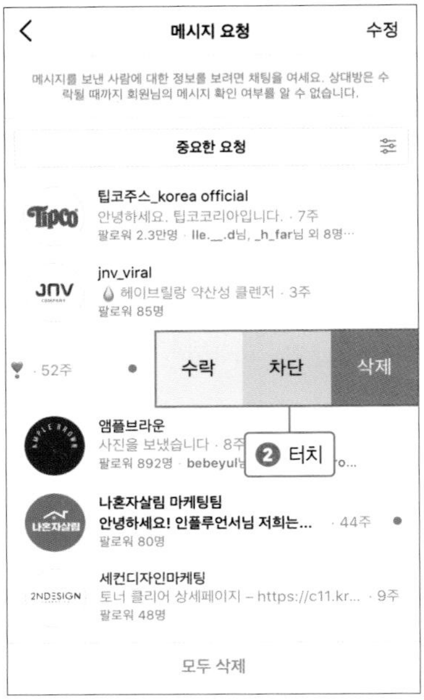

TIP 메시지 요청 화면 상단의 〈수정〉 버튼을 터치하면 메시지를 선택해서 삭제할 수 있고, 하단의 〈모두 삭제〉 버튼을 터치하면 요청 메시지는 모두 삭제됩니다.

숨겨진 요청 설정하기

2 메시지 요청 화면의 하단에는 '숨겨진 요청' 메시지 폴더가 있으며, 내가 받고 싶지 않은 메시지를 해당 폴더로 보낼 수 있습니다. 특정 메시지 혹은 불쾌한 메시지를 읽고 싶지 않다면 〈숨겨진 단어 기본 설정 관리〉 버튼을 터치하고 설정합니다.

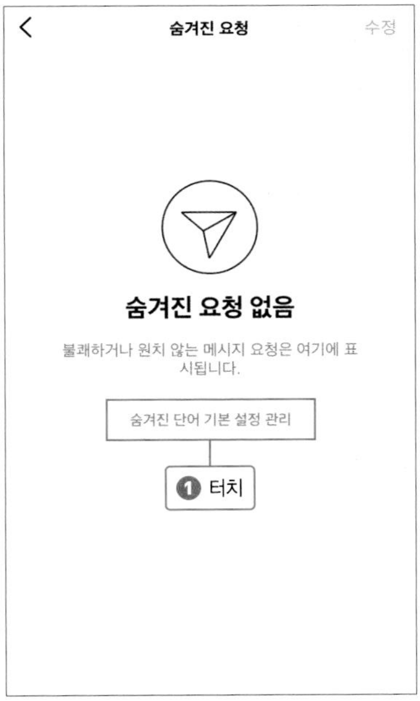

15 > 내 게시물 속에 저장! 컬렉션 관리하기

특정 게시물을 저장하는 기능으로, 내 게시물을 비롯해 다른 사람의 게시물을 별도로 저장하고 컬렉션별로도 저장하는 방법을 알아보겠습니다.

01 컬렉션에 저장하기

게시물
aoriapple_
outisutang님 외 186명이 좋아합니다
aoriapple_ 월요일 파이팅!
이사 전에 먹을 것을 싹 정리했더니
먹을게 없어요 ㅎㅁㅎ 장을 좀 봐야겠어요!! 바쁘다고 이사한다
터치

게시물
aoriapple_
1/3
tommy_watanaka8242님 외 186명이 좋아합니다
aoriapple_ 월요일 파이팅!
이사 전에 먹을 것을 싹 정리했더니

사진, 동영상 저장하기

1 특정 사진이나 동영상을 저장하고 싶다면 해당 게시물 오른쪽 아래의 '컬렉션에 저장' 아이콘(🔲)을 터치합니다.

알아두기

팔로잉하지 않더라도 특정 게시물을 스크랩하며 정보를 보관할 수 있어 유용합니다.

컬렉션별로 저장하기

2 게시물을 저장하면 몇 초간 〈컬렉션에 저장〉 버튼이 나타나며, 터치하면 게시물을 카테고리별로 저장할 수 있습니다. 컬렉션을 만들기 위해 '+' 아이콘을 터치합니다.

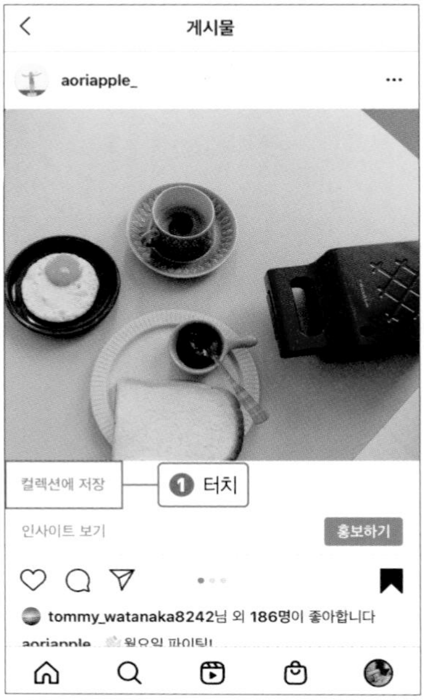

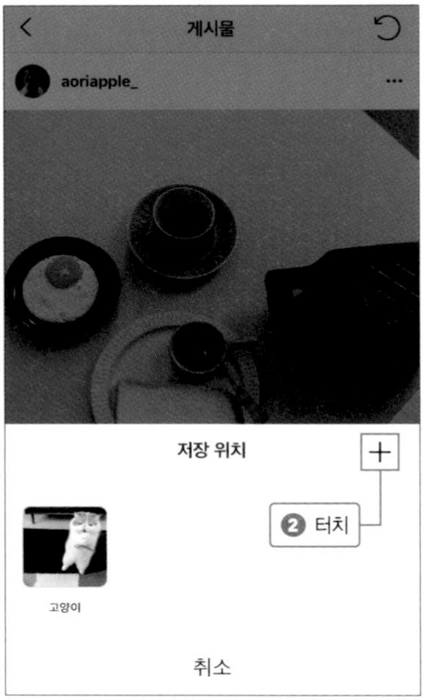

컬렉션 만들기

3 새 컬렉션이 표시되면 이름을 입력하고 〈완료〉 버튼을 터치하면 컬렉션에 저장됩니다.

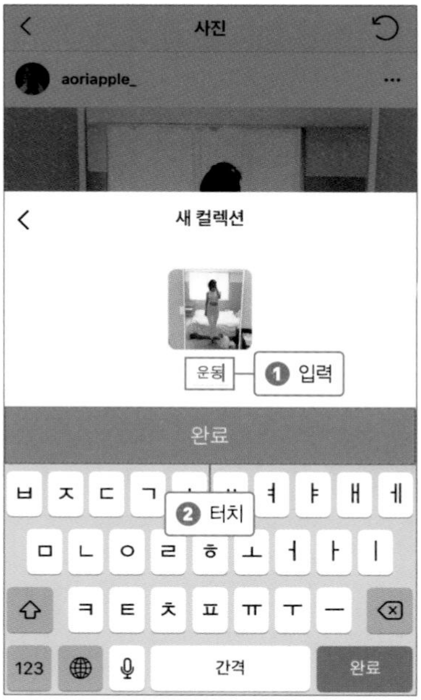

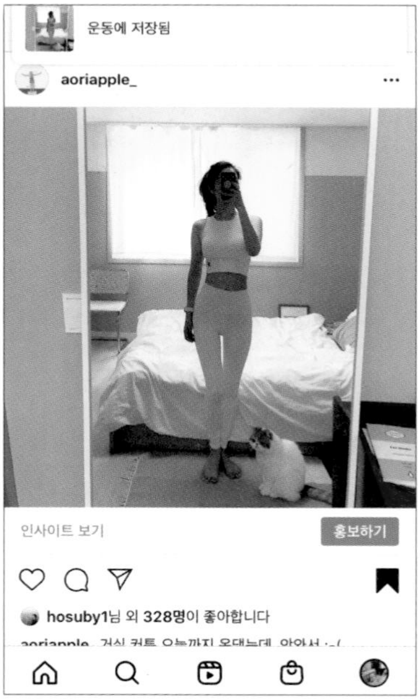

TIP 이후에도 컬렉션별로 저장하고자 할 때는 '컬렉션에 저장' 아이콘을 터치합니다.

02 저장된 이미지 확인하기

저장함으로 이동하기

1 저장된 이미지는 내 계정 화면에서 '더 보기' 아이콘(≡)을 터치한 다음 **저장됨**을 선택하여 확인할 수 있습니다.

03 새 컬렉션 만들기

저장됨 화면에서 컬렉션 만들기

1 저장됨 화면에서 오른쪽 위의 '+' 아이콘을 터치한 다음 이름을 입력합니다. 〈다음〉 버튼을 터치하면 새 컬렉션이 만들어집니다.

04 컬렉션 관리하기

게시물 이동하기

1 컬렉션에 저장된 게시물을 이동할 때는 컬렉션에서 '더 보기' 아이콘(…)을 터치하고 〈컬렉션에 추가〉 버튼을 터치합니다. 이동하고자 하는 게시물을 선택하고 〈완료〉 버튼을 터치합니다.

TIP 저장된 게시물은 컬렉션 간 이동되지 않습니다.

게시물 이동하기

2 게시물이 해당 컬렉션으로 이동한 것을 확인할 수 있습니다.

05 컬렉션 수정 및 삭제하기

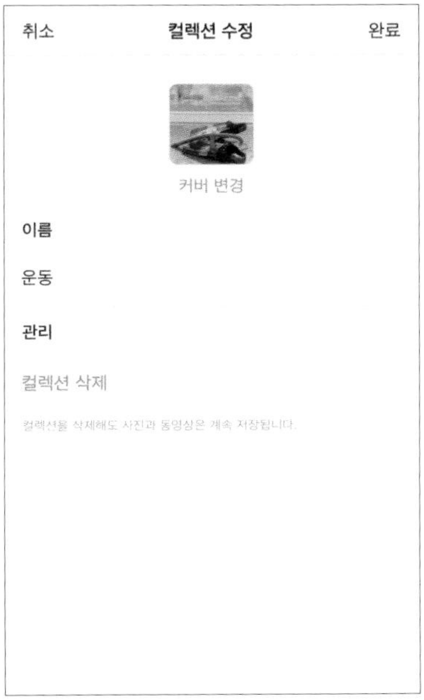

컬렉션 삭제하기 1

1 컬렉션 화면에서 '더 보기' 아이콘(⋯)을 터치하고 〈컬렉션 수정〉 버튼을 선택합니다. 컬렉션 수정 화면에서 〈컬렉션 삭제〉 버튼을 터치합니다.

TIP 컬렉션을 대표하는 커버 이미지를 변경할 수 있고, 컬렉션 이름을 수정할 수도 있습니다.

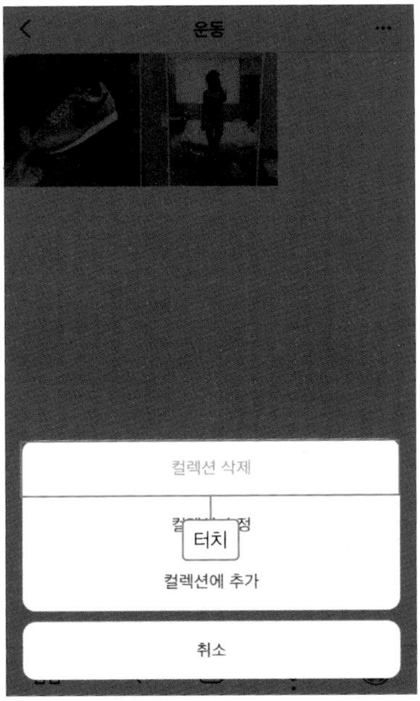

컬렉션 삭제하기 2

2 팝업창에서 〈컬렉션 삭제〉 버튼을 터치하면 컬렉션이 삭제되고 게시물은 저장됨 폴더의 모든 게시물로 이동됩니다.

16 > 나를 태그한 게시물 확인하기

나를 태그한 게시물을 모두 확인하는 기능입니다. 내 태그를 삭제하거나 내 피드에서만 보이지 않도록 할 수 있습니다.

01 나를 태그한 게시물 보기

나를 태그한 게시물 모아보기

1 나를 태그한 이미지를 확인하려면 내 계정 화면에서 '사람 태그한 피드' 카테고리를 선택하면 나를 태그한 게시물을 모두 확인할 수 있습니다. 특정 게시물을 터치하면 해당 게시물로 이동합니다.

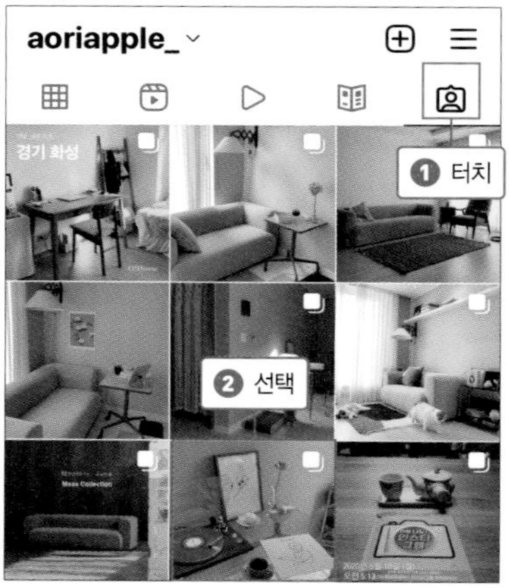

게시물에서 내 태그 삭제하기

2 나를 태그한 게시물에서 내 태그를 삭제하고 싶다면 태그 화면에서 해당 게시물을 터치합니다.
게시물에서 '더 보기' 아이콘(…)을 터치한 다음 〈게시물에서 내 태그 삭제〉 버튼을 터치합니다.

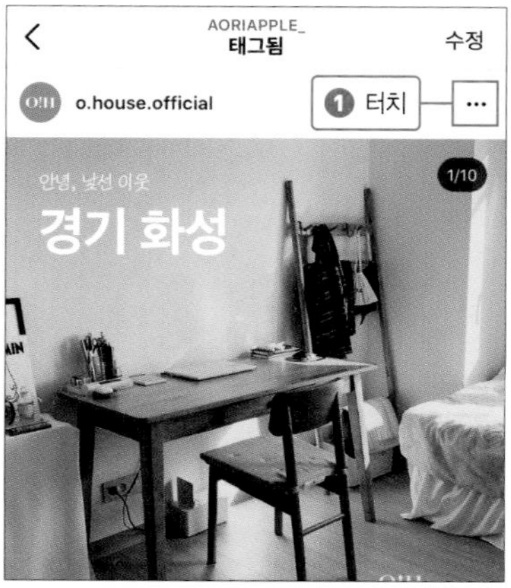

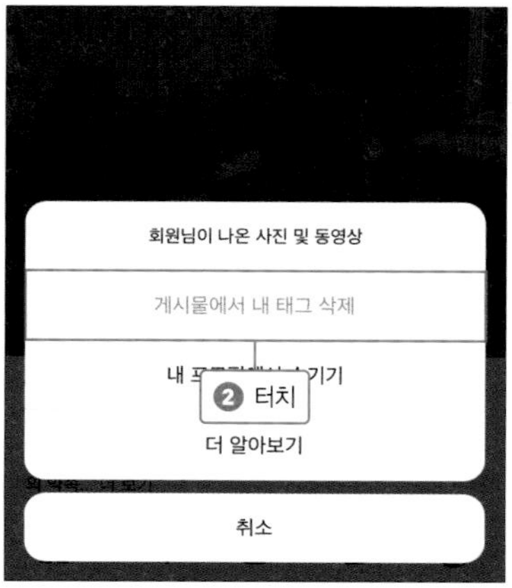

17 > 유용한 콘텐츠 확인을 위한 검색 기능 이용하기

검색 화면에서는 계정, 태그, 장소, 네임 태그 검색 기능을 제공합니다. 인스타그램 화면에서 아래쪽 '검색' 아이콘을 터치하면 검색 화면으로 이동할 수 있으며, 검색에 관한 상세 기능을 알아보겠습니다.

01 검색 기능 사용하기

검색 화면 보기

1 인스타그램 아래쪽 '검색' 아이콘(Q)을 터치하면 피드가 자동으로 배치됩니다. 화면을 아래로 터치한 채로 드래그하면 피드는 새로 고침되며, 화면을 위로 드래그하여 아래 내용을 확인합니다.

알아두기

인스타그램 검색 기능의 가장 큰 장점은 특정 검색어에 관해 정확도가 높은 결과물이 시각 이미지로 나타나는 점입니다. 검색을 자주 활용하면서 내 게시물이 어떤 형태로 노출되면 좋은지 고민할 수 있습니다.

검색 분류 알아보기

2 검색창을 터치하면 텍스트를 입력할 수 있으며, 인기, 계정, 오디오, 태그, 장소별로 검색 결과를 확인할 수 있습니다. 보통 [인기] 탭에서 결과를 확인할 수 있으며, 하단에는 내가 최근에 검색한 검색어가 표시됩니다.

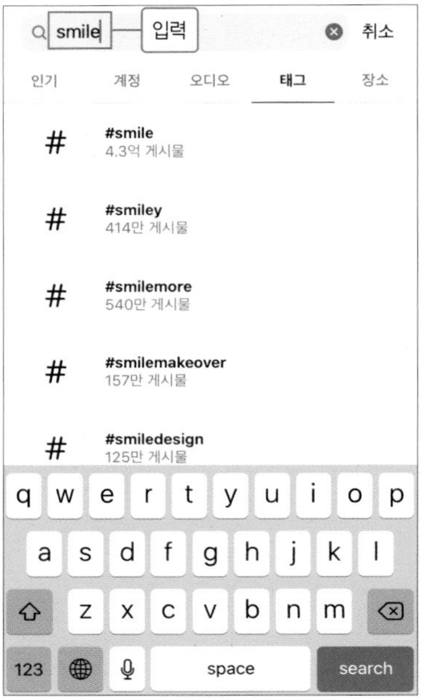

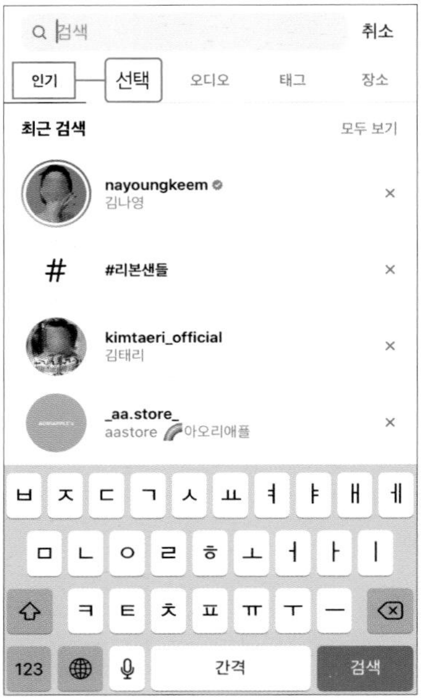

검색하기

3 검색창에 검색어를 입력하여 검색한 다음 검색 결과 중에서 원하는 태그를 터치하면 태그와 관련된 게시물을 확인할 수 있습니다.

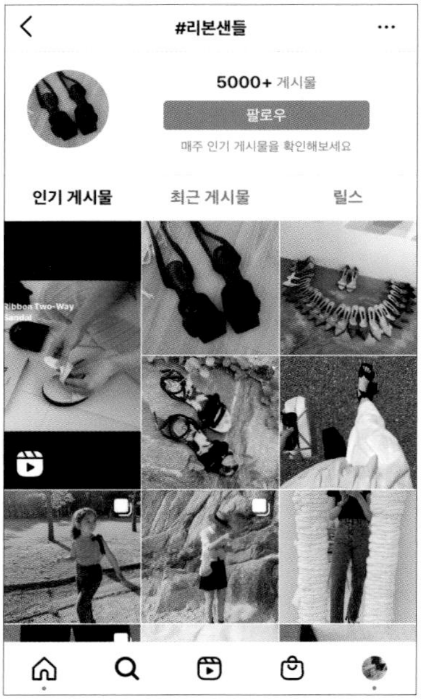

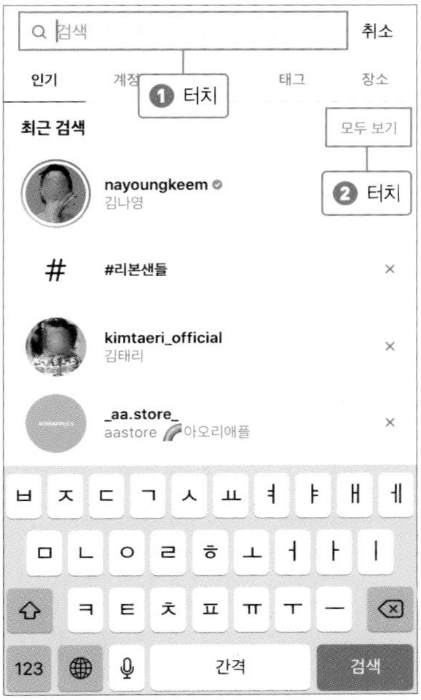

검색한 태그 삭제하기

4 검색창을 터치하면 최근 검색어를 모두 볼 수 있습니다. 〈모두 보기〉 버튼을 터치하여 이동한 다음 '×' 아이콘을 터치해서 검색어를 개별적으로 삭제하거나 〈모두 지우기〉 버튼을 터치하여 한 번에 삭제할 수 있습니다.

02 장소 검색하기

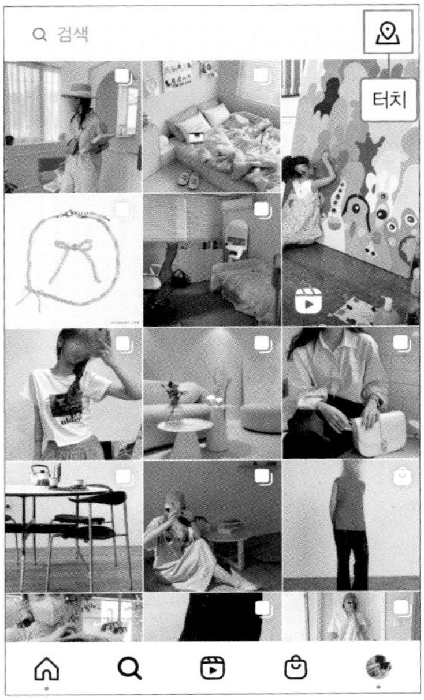

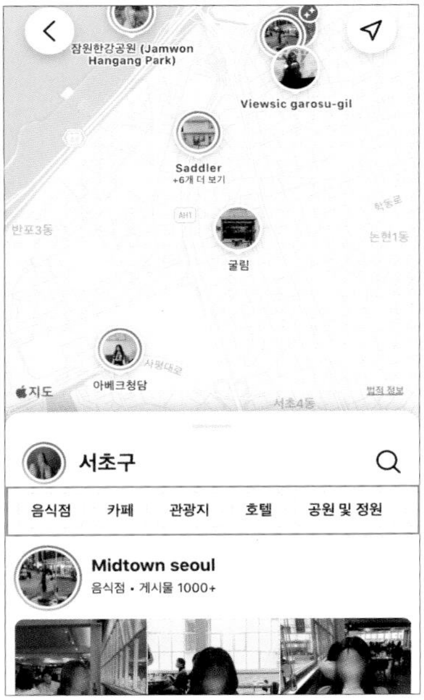

추천 장소 보기

1 검색 화면의 오른쪽 상단의 '장소' 아이콘( )을 터치하면 장소 검색 화면으로 이동합니다. 음식점, 카페, 관광지, 호텔, 공원 및 정원, 바의 분류로 장소는 자동 추천됩니다.

장소 검색하기

2 검색창을 터치하고 검색하고 싶은 장소를 입력하면 검색 결과는 장소 정보와 함께 지도에 표기됩니다.

TIP 장소는 '#익선동'이 아니라 '익선동'으로 검색합니다.

장소 정보 확인하기

3 팝업에 소개된 장소를 확인해도 좋지만 지도상의 동그라미 표시된 해당 장소를 터치하면 장소의 상세 정보를 확인할 수 있습니다. '저장' 아이콘(⊡)과 '메시지' 아이콘(⊽)을 터치하여 장소를 저장하거나 장소 관리자에게 메시지를 보낼 수 있습니다.

Followers Tracker Pro 앱으로 언팔(팔로우 취소) 관리하기

Followers Tracker Pro 앱에서는 언팔로워뿐 아니라 새로운 팔로워, 내가 팔로잉하지만 나를 팔로우하지 않은 계정, 나를 팔로잉하지만 내가 팔로우하지 않은 계정, 나를 차단한 계정 등을 확인할 수 있습니다.

01 언팔로워 확인하기

Followers Tracker Pro 앱 실행하기

1 구글 플레이 스토어 또는 애플 앱 스토어를 실행한 다음 언팔로워를 관리하는 'Followers Tracker Pro' 앱을 검색하고 설치한 다음 실행합니다.

TIP 언팔은 언팔로우 또는 언팔로워를 말합니다.

알아두기

내 소식 화면에서 새 소식에 밀려 나를 팔로잉한 계정을 놓쳤을 때에도 유용하며, 팔로워 수를 늘리기 위해 무작위로 팔로우한 다음 언팔하는 계정 등을 관리할 수 있어 편리합니다.

언팔 확인하기

2 **Lost Followers**를 선택한 다음 언팔한 계정을 확인합니다.

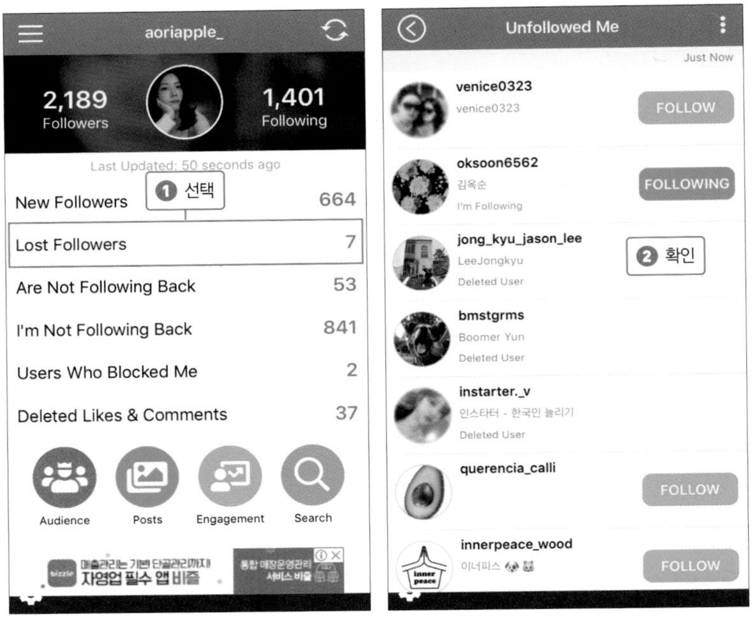

언팔하기

3 팔로잉을 유지하고 싶지 않다면, 내 계정 화면에서 '팔로잉'을 선택한 다음 검색창에서 해당 계정을 검색합니다. 해당 계정의 〈팔로우〉 버튼을 터치하여 언팔합니다.

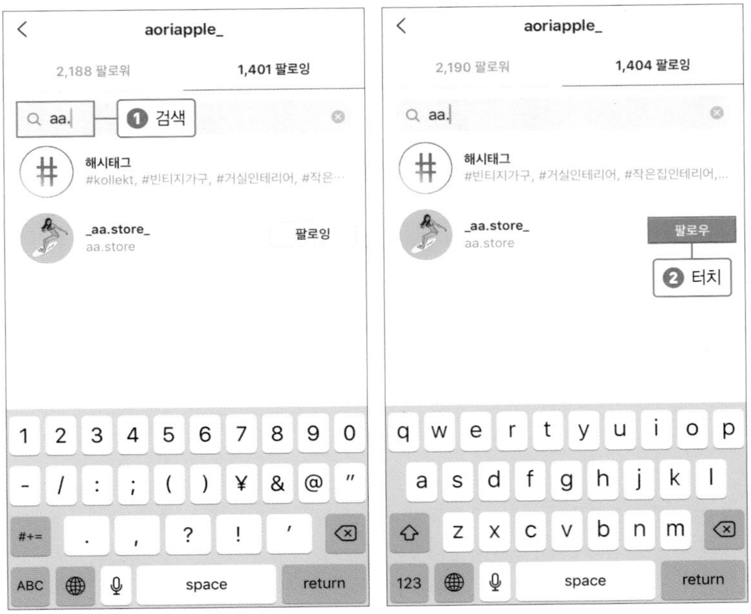

하나 더! Repost for Instagram 앱을 이용해 리포스트(리그램)하기

다른 사람 게시물을 내 계정에 담고 싶은 경우에 해당 게시물을 리포스트할 수 있습니다. 다른 사람 게시물을 가져올 때는 출처를 밝혀야 하는데, 리포스트 프로그램을 이용하면 자동으로 출처를 가져오기 편리합니다.

01 추천 게시물 리포스트하기

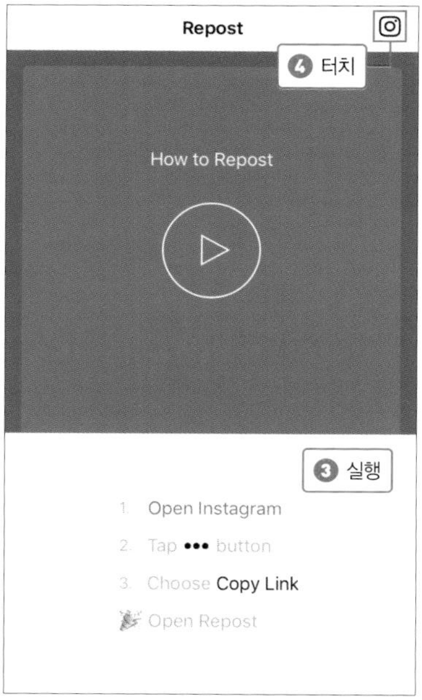

Repost for Instagram 앱 실행하기

1 구글 플레이 스토어 또는 애플 앱 스토어를 실행한 다음 Repost for Instagram 앱을 검색하고 설치합니다. 앱을 실행하고 오른쪽 위 '카메라' 아이콘을 터치하면 인스타그램 화면으로 전환됩니다.

알아두기

언어가 소통되는 계정이라면 리포스트하기 전 미리 해당 게시물에 대한 게시 의사를 물어보는 것이 좋습니다. 원글 게시자가 사람 태그를 통해 내 게시물이 타인 계정에 게시됨을 알려주는 것을 권장합니다.

게시물 링크 복사하기

2 리포스트하려는 게시물을 선택한 다음 '더 보기' 아이콘(…)을 터치하고 〈링크 복사〉 버튼을 터치합니다.

리포스트(리그램)하기

3 Repost for Instagram 앱으로 다시 돌아오면 링크를 복사한 게시물이 리스트에 자동 업데이트됩니다. 게시물을 터치한 다음 〈Repost〉 버튼을 터치합니다.

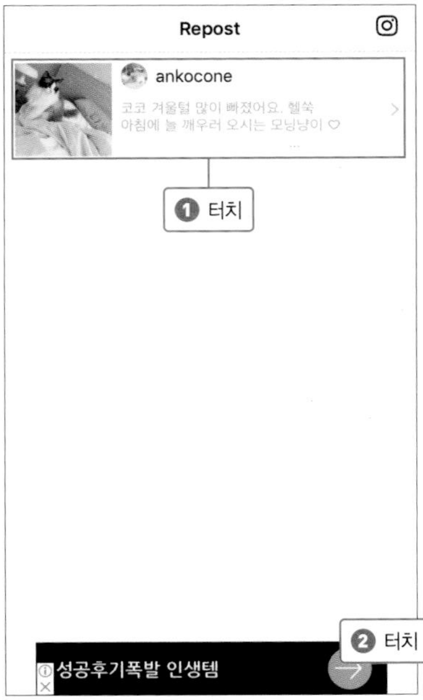

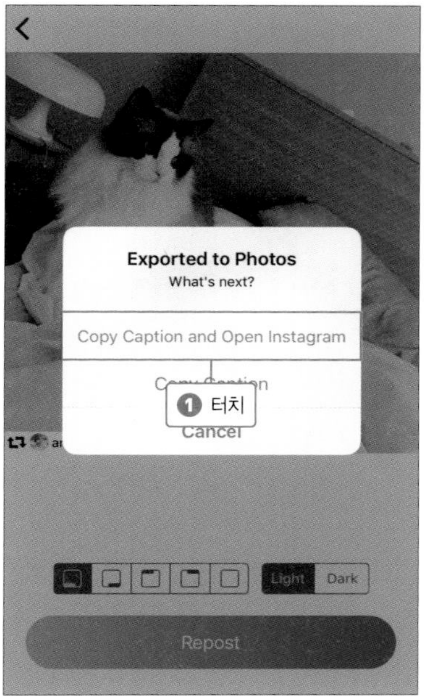

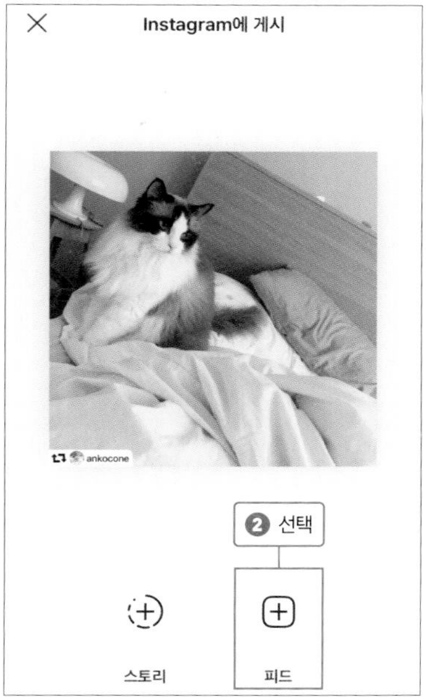

인스타그램으로 리포스트하기

4 〈Copy Caption and Open Instagram〉 버튼을 터치합니다. 스토리와 피드 중에 게시 공간을 선택할 수 있습니다. 예제에서는 [피드]를 선택했습니다.

리포스트 완료하기

5 게시물 등록 화면으로 전환됩니다. 〈다음〉 버튼을 터치하여 완료합니다.

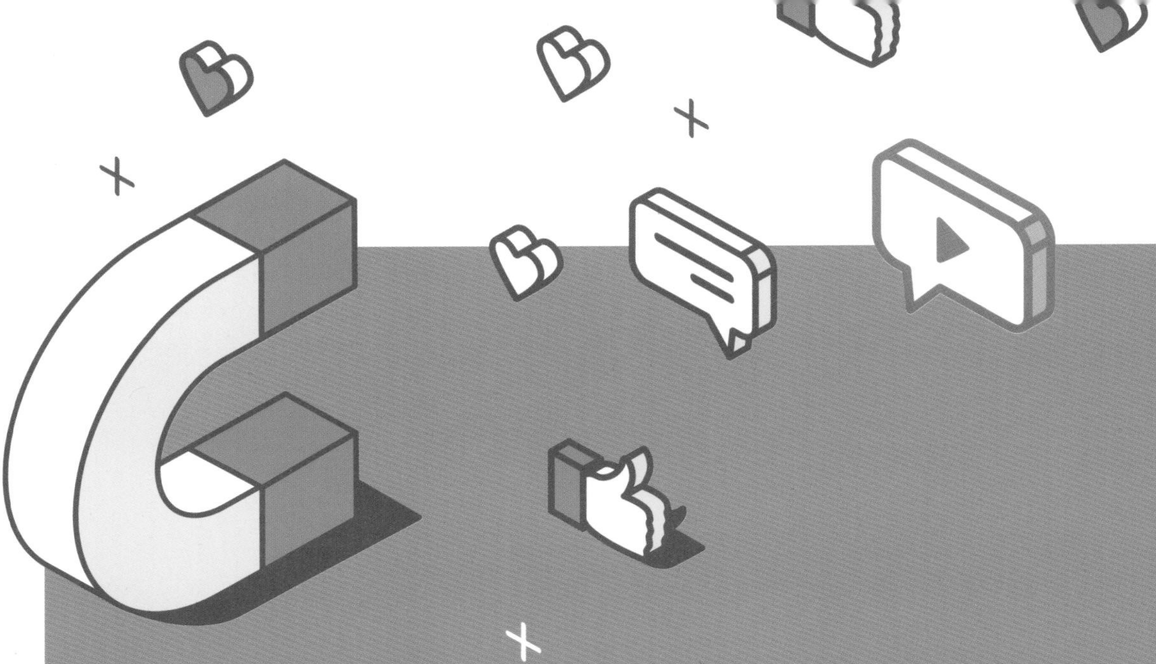

Instagram

PART 04

유튜브 영상 부럽지 않은 스토리와 릴스

넘쳐나는 컨텐츠 속에서 효율적으로 시청자의 시선을 잡을 수 있는 방법 중 하나로 짧고 강렬한 숏폼 형태의 컨텐츠가 각광을 받고 있습니다. 인스타그램 '스토리'와 '릴스'를 통해 숏폼 컨텐츠를 쉽고 간단하게 만들어 생동감 있는 채널을 만들어 보는 방법을 알아보겠습니다.

01 인스타그램의 다양한 채널 활용하기

인스타그램은 사진만 게시되던 것에서 벗어나 순간을 남기는 스토리와 생동감 넘치는 라이브, 모바일 촬영에 최적화된 동영상을 담을 수 있는 릴스 기능을 제공합니다. 좀 더 다양하게 인스타그램을 즐기는 방법을 알아보겠습니다.

01 순간을 기록하는 스토리

계정에 사진과 동영상을 올리는 것보다 순간적으로 잠시 동안 노출하고 싶다면 스토리를 이용하는 것이 좋습니다. 스토리는 피드에 노출되지 않고 24시간 안에 자동 삭제되는 기능으로, 문자를 입력할 수 있지만 보통 텍스트 없이 사진이나 영상을 순간 포착하여 즉시 공유할 때 많이 사용합니다. 팔로워들에게 공지하거나 강조하고 싶은 내용이 있을 때에도 유용합니다. 이미지에 그림을 그리거나 문자를 입력하고 스티커를 붙이는 등의 효과를 적용해 강조할 수 있어서 효과적입니다. 더욱 강조하고 싶을 때에는 내 계정 위쪽에 하이라이트라는 공간을 만들어 영구 저장할 수 있으므로 꼭 알아두는 것이 좋습니다.

02 생동감 넘치는 라이브 방송

라이브는 말그대로 라이브 방송으로, 캐주얼하고 가벼운 느낌으로 일상을 공유할 때 좋은 기능입니다. 반려동물과의 산책이나 운동을 라이브로 올릴 수 있으며, 생동감이 넘칠수록 효과는 더 좋아집니다. 인스타그램에서 상품을 홍보하고 싶을 때에도 라이브 방송에서 제품을 구석구석 확인시키거나, 옷을 피팅한 모습을 보여 주면 효과가 높아집니다. 셀카를 찍는 느낌으로 가볍게 시작해보면 어떨까요?

03 자유로운 동영상 업로더 릴스

릴스는 모바일에 최적화된 세로형 풀 스크린 동영상 콘텐츠를 담을 수 있는 채널로, 영상 업로더 중에서 가장 단순한 방식을 취합니다. 상대적으로 접근이 어려운 유튜브 채널보다 채널을 재빠르게 선점하는 것을 추천합니다. 긴 시간의 동영상을 자유롭게 담을 수 있어 좋고, 휴대하기 편리한 스마트폰의 특징을 담아 세로 영상을 제공합니다. 물론 가로 영상도 담을 수 있으며, 세로 영상에 최적화되어 다른 영상 업로드 프로그램보다 손쉽게 스마트폰으로 영상을 담을 수 있습니다. 사용 방법도 간단한 릴스 기능에 대해서 꼭 알아 두도록 합니다.

알아두기

릴스는 유튜브에 맞서는 모바일 촬영에 최적화된 세로형 동영상을 제공합니다. 업로드가 어렵지 않아 동영상 플랫폼을 경험하고자 하는 분들에게 적극 추천합니다. 아직은 유튜브보다 사용자가 많지 않아 릴스를 선점하는 전략을 세우는 것을 추천합니다.

02 > 피드 노출 알아보기

인스타그램을 사용하다가 익숙해지면 어떻게 운영되는 것인지 궁금한 것들에 관해 살펴봅니다.

01 자동으로 배치되는 피드 - 검색/SHOP 메인

검색 화면에는 랜덤으로 이미지가 노출되는데 이 이미지들은 모든 인스타그램 사용자에게 동일하게 나타나는 걸까요? 모든 인스타그램 사용자에게는 다른 이미지들이 노출됩니다. 아래로 드래그하면 새로 고침되며 검색 화면은 다시 새로운 피드들로 채워집니다. 하지만 이전과 크게 다르지 않은 주제들이 나타납니다. 그 이유는 인스타그램이 내가 자주 보는 게시물들을 파악하고 자동으로 소개하기 때문입니다.

예시 1 은 필자의 인스타그램 검색 분류로 스타일, 장식, 예술, 건축이 나타납니다. 예시 2 는 필자의 판매 계정 검색 분류로 스타일, 동물, 만화, 음식 카테고리가 나타납니다. 가장 많이 검색한 순으로 자동 배치되며 오른쪽에서 왼쪽으로 드래그하면 숨어 있는 다른 카테고리가 표시됩니다. 예시처럼 검색 메인, 샵 메인 피드는 내가 자주 검색하고 찾는 피드들과 유사한 피드들로 자동 배치됩니다.

예시 1

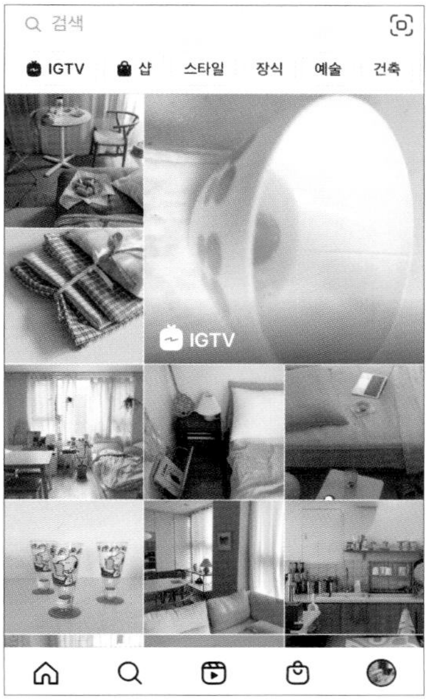

예시 2

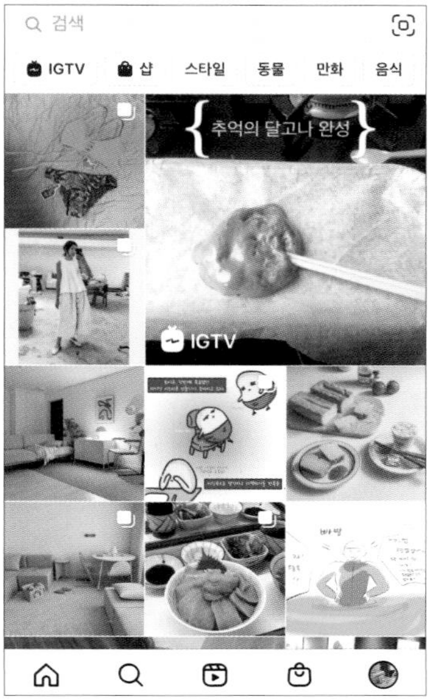

02 인기 게시물 노출

#(해시)태그를 검색하고 해당 #(해시)태그를 터치하면 해당 태그의 페이지로 이동합니다. 인기 게시물과 최근 게시물, 두 가지로 분류됩니다. 인기 게시물은 어떤 기준으로 피드에 노출되는가 하는 부분이며, 최근 게시물은 말 그대로 최근 게시물을 보여 줍니다. 인기 게시물은 #(해시)태그를 작성한 게시물 중에서 '좋아요'와 조회 수가 높은 토대로 노출되어 나타납니다.

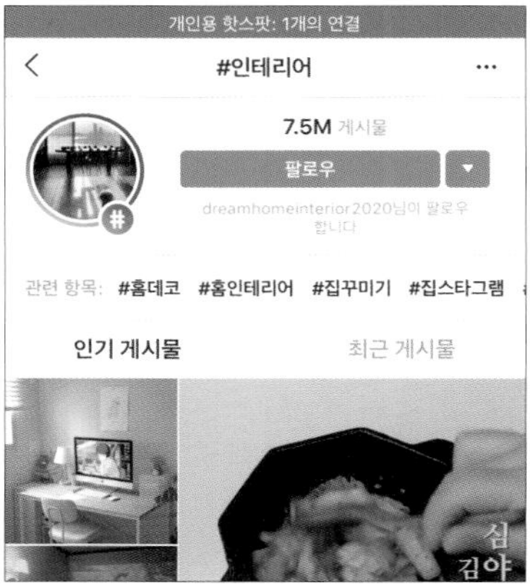

03 딱 하루만 알려줄게! 스토리 만들기

인스타그램에서 좀 더 생동감 있는 사진을 전달하려는 수단으로 스토리를 많이 사용합니다. 스토리는 게시물을 업로드한 다음 24시간 이내로 사라지며 하이라이트나 게시물 공유를 통해 저장할 수 있습니다.

01 스토리 사진과 동영상 촬영하기

스토리 시작하기

1 홈 화면이나 내 계정 상단에서 '새로 만들기' 아이콘(+)을 터치한 다음 **스토리**를 선택하고 왼쪽에 '촬영' 아이콘( )을 터치합니다.

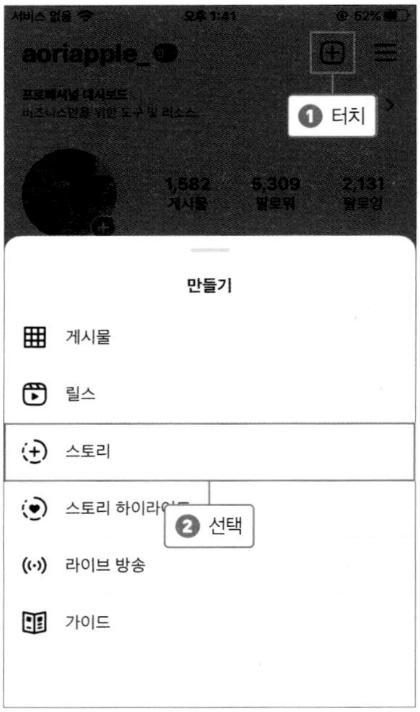

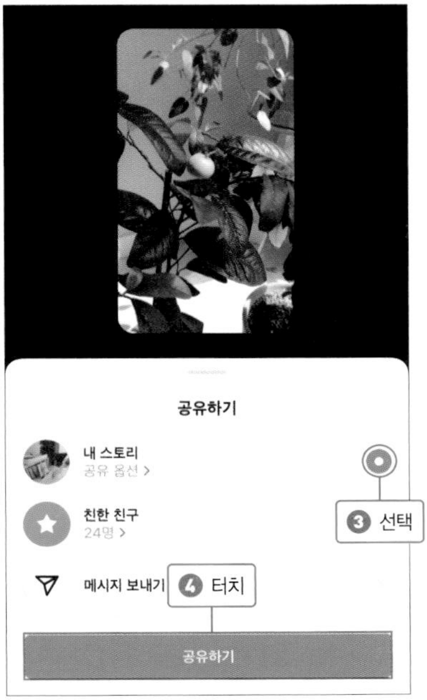

스토리 만들기

3 화면 하단의 촬영 버튼을 터치하면 촬영을 시작합니다. '×' 아이콘을 터치하여 종료한 다음 공유할 옵션을 선택하고 〈공유하기〉 버튼을 터치하여 공유합니다.

TIP 촬영 버튼을 한 번 터치하면 '사진'이 촬영되고, 버튼을 길게 터치하면 '영상'이 촬영됩니다.

02 내 스토리 공유하기

스토리 공유하기

1 〈내 스토리〉 버튼을 터치하면 스토리가 전체 공개가 되고, 〈친한 친구〉 버튼을 터치하면 친한 친구에게만 공개됩니다.

공유 완료하기

2 기타 공유하기를 선택할 수 있으며 〈완료〉 버튼을 터치하면 스토리는 최종 공유됩니다.

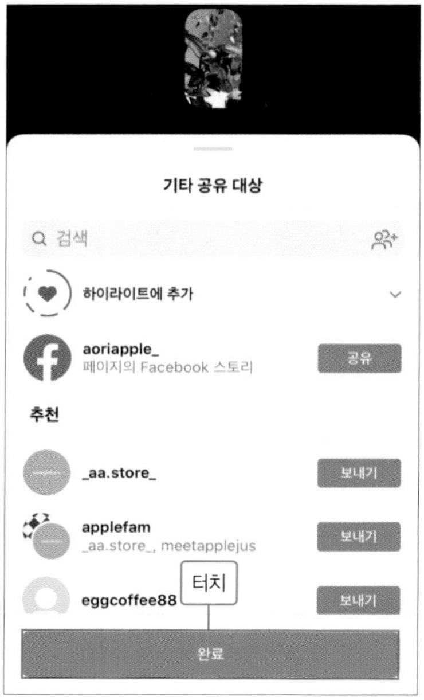

03 내 스토리 확인하기

공유된 스토리 확인하기

1 내 계정의 프로필 사진이 활성화된 모습을 확인할 수 있습니다. 홈 화면에서 다른 계정에도 동일하게 활성화되었다면 스토리가 업데이트된 것입니다.

04 친한 친구만 스토리 공유하기

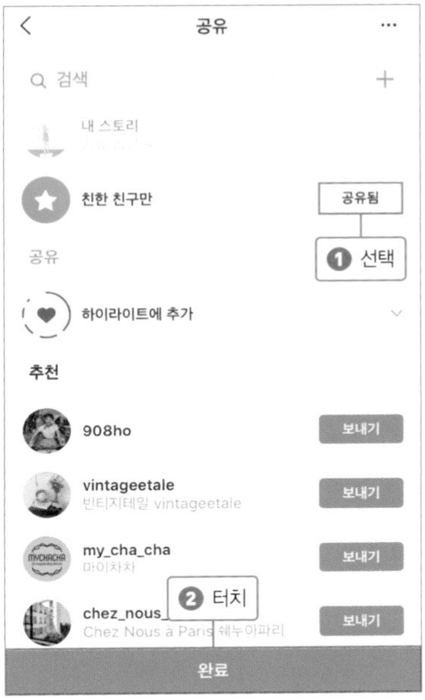

스토리 공유하기

1 스토리를 친한 친구에게만 공유하고 싶을 때에는 '친한 친구만'의 〈공유〉 버튼을 터치하고 〈완료〉 버튼을 터치합니다.

스토리 노출 확인하기

2 완료된 스토리는 내 계정 화면에서 프로필 테두리에 연두색으로 업로드가 표시됩니다. 스토리를 확인하면 회색으로 변경됩니다.

TIP 스토리에는 〈친한 친구〉 버튼이 표시됩니다.

05 스토리 저장하고 삭제하기

스토리 저장하기

1 스토리가 24시간 안에 삭제되기 전에 저장하려면 해당 스토리에서 '더 보기' 아이콘(···)을 터치한 다음 〈저장〉 버튼을 터치합니다.

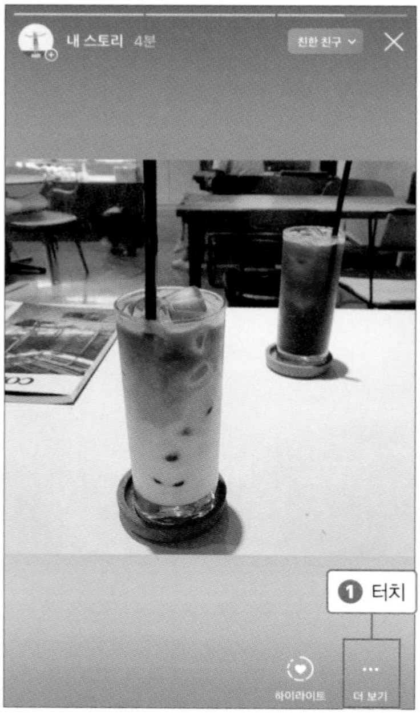

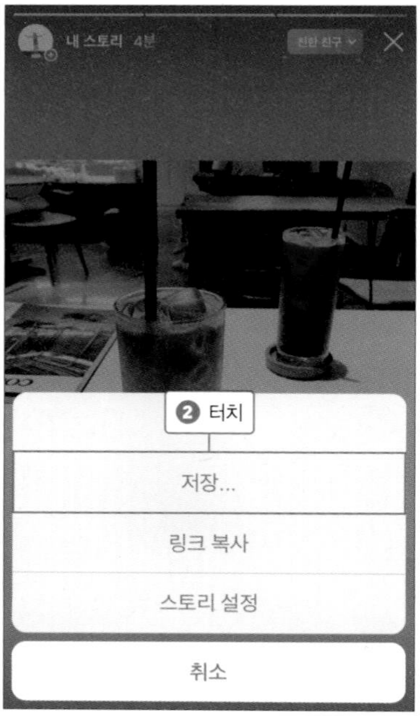

저장된 스토리 확인하기 1

2 스토리가 저장된 것을 알 수 있습니다.

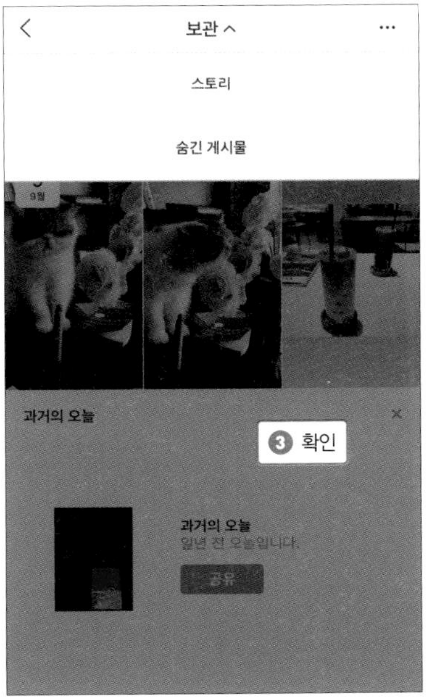

저장한 스토리 확인하기 2

3 내 계정 화면 오른쪽 위 '더 보기' 아이콘(≡)을 터치한 다음 **보관**을 선택합니다. 보관 화면에 해당 스토리가 저장된 것을 확인할 수 있습니다.

06 스토리 종료 확인 및 삭제하기

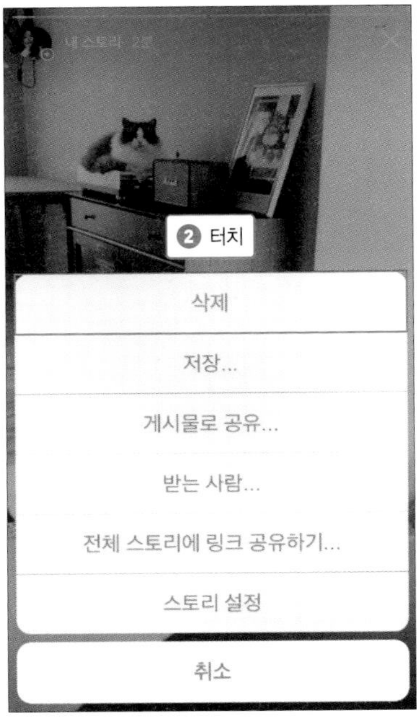

종료된 스토리 확인하기

1 내 프로필 테두리 색의 변화는 다른 사람 계정 스토리를 확인할 때도 같으며, 24시간이 지나면 테두리가 사라집니다.

스토리 삭제하기

2 반영된 스토리를 삭제하고자 할 때는 해당 스토리를 선택하고 '더 보기' 아이콘(…)을 터치한 다음 〈삭제〉 버튼을 터치합니다.

04 > 저장된 이미지로 스토리 만들기

스토리는 생동감 넘치는 이미지를 올리는 것이 특징이지만 미리 촬영한 이미지를 사용할 수도 있으므로 함께 알아보겠습니다.

01 촬영된 이미지로 스토리 만들기

이미지 불러오기

1 홈 화면이나 내 계정 상단에서 '새로 만들기' 아이콘(+)을 터치한 다음 **스토리**를 선택합니다. 오른쪽 상단에 〈선택〉 버튼을 터치하고 원하는 이미지를 선택한 다음 '다음' 아이콘(➔)을 터치합니다.

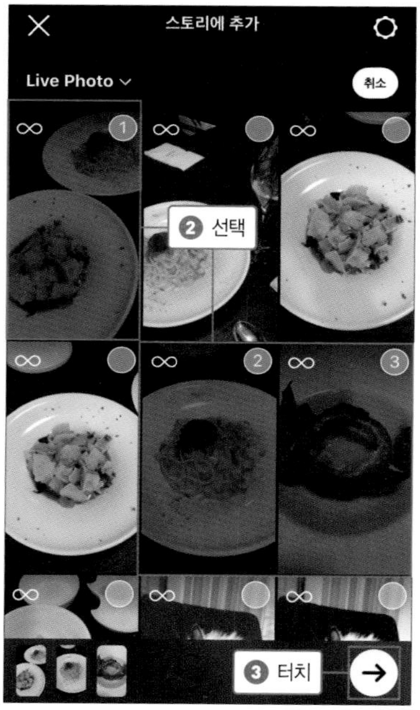

TIP 〈여러 항목 선택〉 버튼을 터치하면 여러 장의 이미지를 불러올 수 있습니다.

알아두기

스토리는 홈 화면 맨 위에 위치하는 것만 보아도 인스타그램에서 중요하게 생각하는 플랫폼이라는 것을 알 수 있습니다. 스토리 화면에는 많은 기능을 포함하고 있지만 학습해 보면 생각보다 간단하기 때문에 꼭 알아두고 활용하기를 추천합니다.

이미지 확인하기

2 이미지 상단의 꾸미기 기능을 이용하여 효과를 적용하고 '다음' 아이콘(→)을 터치합니다. 공유하기 창이 표시되면 〈공유하기〉 버튼을 터치하여 공유를 완료합니다.

TIP 스토리를 꾸민 후에도 삭제할 때에는 같은 방법으로 불필요한 텍스트는 휴지통에 드래그해 삭제합니다.

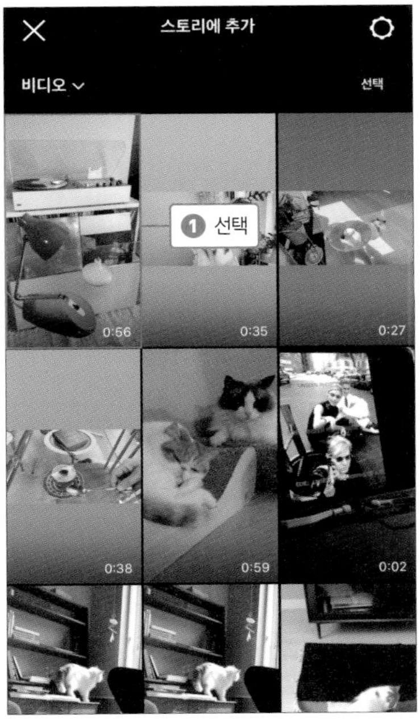

동영상 확인하기

3 선택한 동영상이 스토리로 등록되며 상단의 '소리' 아이콘(🔊)을 터치하면 영상의 소리를 제거할 수 있습니다.

02 스토리 이미지 저장하기

촬영한 이미지 저장하기

1 스토리는 24시간 이내에 사라지는 이미지이므로 촬영 중에 내 스토리 이미지를 저장하려면 '저장' 아이콘(↓)을 터치합니다. 내 스마트폰에 이미지가 저장됩니다.

03 스토리 환경 설정하기

공개 범위 저장 설정하기

1 24시간 이내에 사라지는 스토리 특성상 스토리 공개나 답장 허용 범위 및 보관을 설정할 수 있습니다.

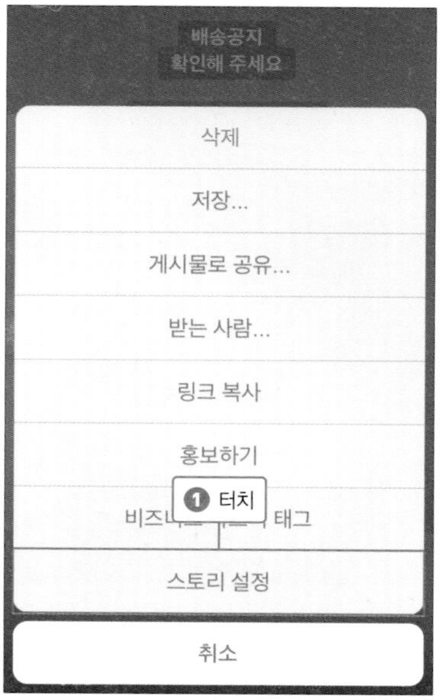

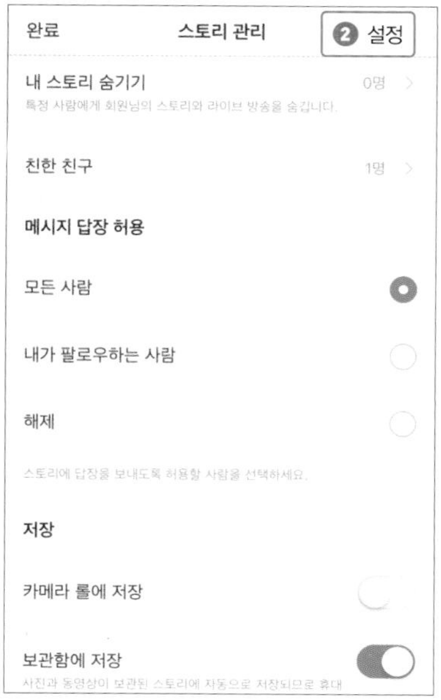

05 > 스토리를 풍성하게! 다양한 기능 사용하기

촬영 후 스토리에 필터를 적용하고 텍스트를 입력하거나 펜 도구로 그림을 그리는 등 다양한 방법으로 꾸미는 방법을 알아보겠습니다.

01 스토리 이미지에 텍스트 쓰기

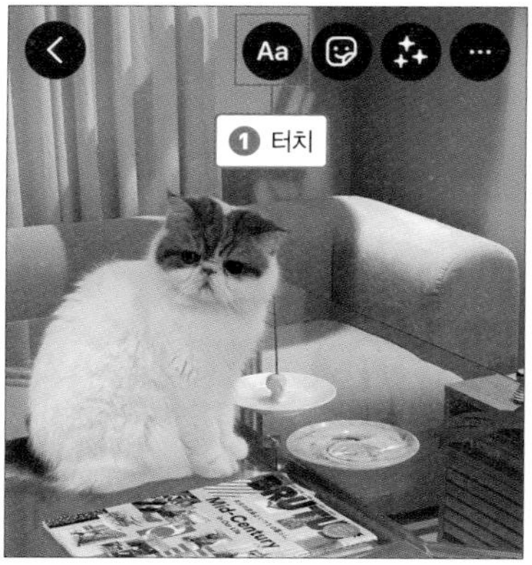

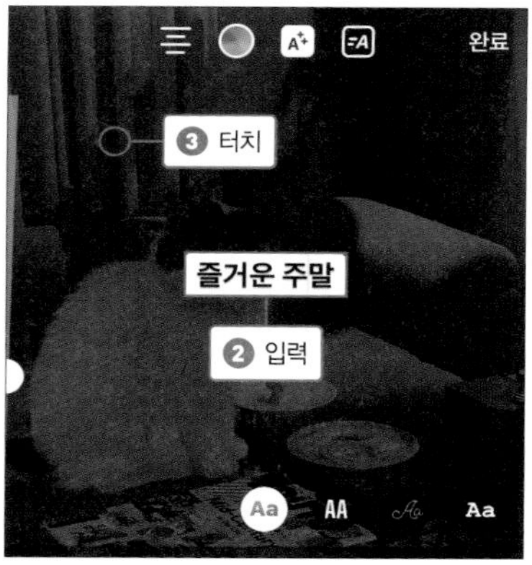

텍스트 입력하기

1 스토리 화면 상단에서 '텍스트' 아이콘(Aa)을 터치하고 텍스트를 입력합니다. 텍스트 입력한 다음 빈 화면을 터치하면 완료되며, 다시 한번 더 빈 화면을 터치하면 텍스트를 수정할 수 있습니다.

텍스트 색상 변경하기

2 컬러 팔레트 화면에서 원하는 색상을 선택한 다음 배경 화면을 터치하고 완료합니다. 완료된 글자를 터치한 상태로 드래그하여 원하는 자리로 이동할 수 있습니다.

02 스티커 붙이기

스티커 목록 확인하기

1 스토리 화면 상단에서 스티커' 아이콘()을 터치하면 스티커 목록이 나타납니다. 화면을 아래로 드래그하여 원하는 스티커를 선택합니다.

스티커 적용하기

2 화면에 스티커가 적용되며 스티커를 선택한 상태로 위치를 이동합니다. '다음' 아이콘을()을 터치하여 완료합니다.

03 그림 도구 사용하기

색상 선택하기

1 스토리 화면 상단의 기능 메뉴에서 '…' 아이콘을 터치하고 '그리기'를 선택합니다. 기본으로 '펜' 아이콘()이 선택되어 있습니다. 원하는 그리기 툴을 선택하고 하단에서 색상을 선택합니다.

펜 도구 이용하기

2 원하는 글씨를 쓰거나 도형을 그린 다음 다른 그리기 툴을 선택하고 색상을 변경해서 그림을 완료합니다.

04 협찬 광고 레이블 추가하기

브랜드 파트너 추가하기

1 이미지를 불러온 다음 상단의 '브랜드 추가' 아이콘( )을 터치하고 '협찬 광고 레이블 추가'를 활성화합니다. 활성화되면 〈브랜드 파트너 추가〉 버튼을 선택하고 추가할 브랜드를 검색한 다음 〈완료〉 버튼을 터치합니다.

TIP 브랜드 파트너 추가 기능은 비지니스 계정에 제공됩니다. 해당 기능을 사용하고 싶다면 비즈니스 계정으로 전환해야 합니다.

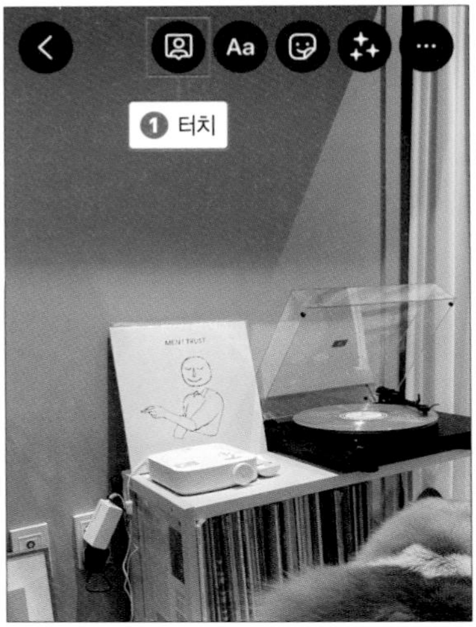

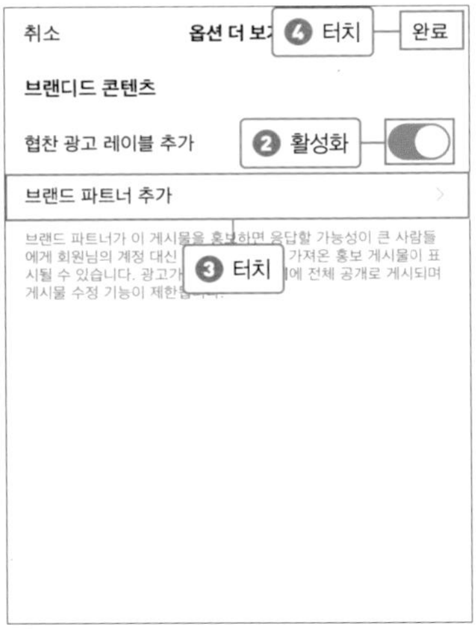

05 여러 장의 이미지 꾸미기

여러 장의 이미지 불러오기

1 여러 장의 이미지를 불러오려면 〈여러 항목 선택〉 버튼을 터치하고 이미지를 순서대로 선택합니다. 〈다음〉 버튼을 터치하고 아래쪽 섬네일을 터치하여 각각의 이미지를 수정할 수 있습니다. 꾸미기 방식과 공유하는 방법은 위와 같습니다.

06 > 원하는 계정으로 이끄는 스토리로 소통하기

스토리에는 단순한 기능 이외에도 유용한 기능이 참 많은데, 그중에서도 @태그를 통해 원하는 계정으로 유도할 수 있습니다. 스토리와 @태그를 연결하고 저장하는 방법을 알아 보겠습니다.

01 스토리에 @태그 추가하기

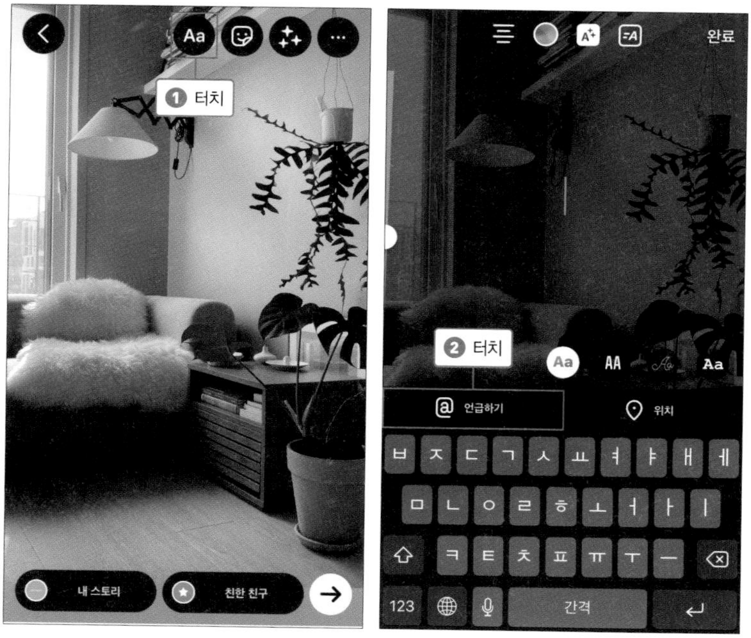

이미지 불러오기

1 스토리에 업로드할 이미지를 선택한 다음 화면 상단에서 '텍스트' 아이콘(Aa)을 터치하고 하단의 〈언급하기〉 버튼을 터치합니다.

알아두기

앞서 배운 것처럼 인스타그램에서는 웹사이트를 제외하고는 @태그를 통해서만 반응을 유도할 수 있습니다. 그 공간은 프로필, 본문, 댓글로 한정적입니다. 스토리에서 @태그 기능을 추가 제공하고 있으므로 적극 활용합시다.

텍스트 입력하기

2 @뒤에 원하는 계정을 입력하고 배경 화면을 터치하면 완료됩니다.

글자 색상 선택하기

3 상단의 '팔레트' 아이콘( )을 터치하고 하단에서 원하는 색상을 선택하면 적용됩니다. 완료된 @텍스트를 터치한 상태로 드래그하여 원하는 위치로 이동하여 완료합니다.

02 스토리에 위치 추가하기

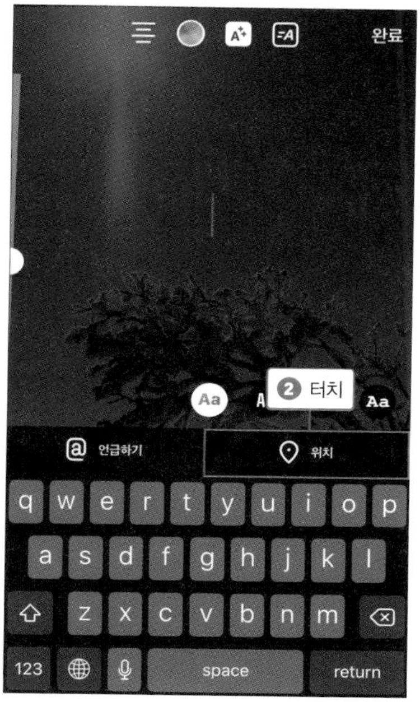

위치 추가하기

1 스토리에 업로드할 이미지를 선택한 다음 상단의 '텍스트' 아이콘(Aa)을 터치합니다. 하단의 〈위치〉 버튼을 터치합니다.

TIP 유사 계정 중 해당 계정을 터치하면 자동 완성됩니다.

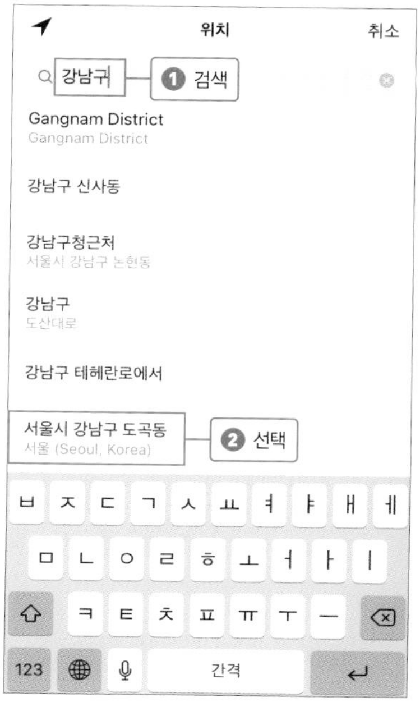

위치 적용하기

2 위치 검색창이 나타나면 원하는 장소를 검색하고 선택합니다. 스토리 화면에 위치가 적용됩니다.

03 스토리로 소통하기

스토리에 댓글 달기

1 스토리를 확인하고 댓글로 소통하려면 '메시지 보내기'를 터치합니다.
빠른 공감을 나타내도록 이모티콘들이 나타납니다. 원하는 이모티콘을 터치하면 바로 전송할 수 있습니다.

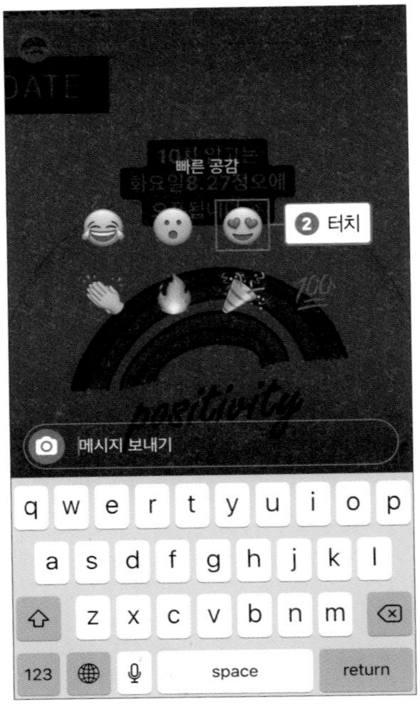

댓글 입력하기

2 메시지 보내기 입력창을 터치한 다음 메시지를 입력할 수 있습니다.

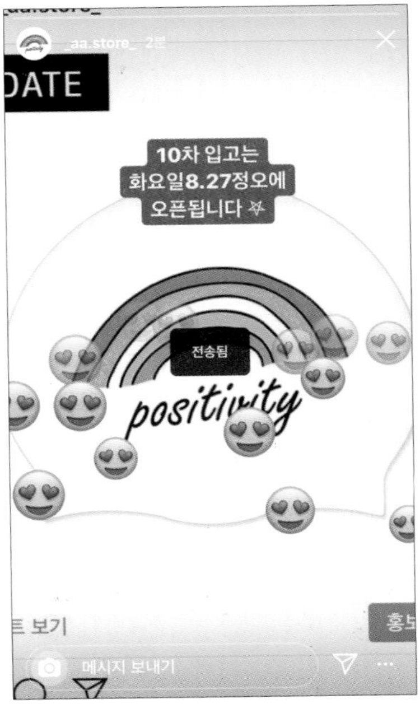

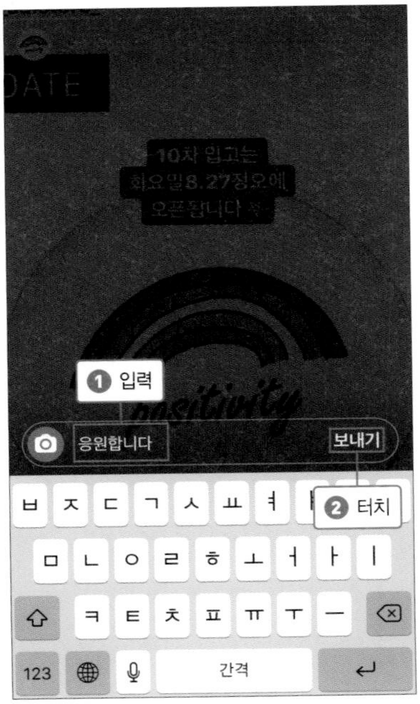

07 > 스토리로 강조하고 활용하기

완료된 스토리는 24시간 이내에 사라지거나 스토리를 터치하지 않으면 볼 수 없어 게시물로 공유하거나 내 계정 화면의 하이라이트 공간에서 강조할 수 있습니다.

01 스토리 하이라이트 만들기

하이라이트 만들기

1 완료된 스토리 아래 '하이라이트'를 선택하면 새로운 하이라이트를 만들 수 있습니다. 새로운 하이라이트 이름을 입력하고 〈추가〉 버튼을 터치합니다.

하이라이트 확인하기

2 하이라이트에 추가되며 내 계정 화면의 프로필 아래에서 확인할 수 있습니다.

02 스토리 공유하기

게시물로 동영상 공유하기

1 스토리가 완료되면 아래 '더 보기'를 선택한 다음 〈게시물로 공유〉 버튼을 터치합니다.

2 불러온 스토리는 게시물로 저장하면 〈다듬기〉 또는 〈커버〉 버튼을 터치해 수정할 수 있습니다. 〈다음〉 버튼을 터치합니다.

공유된 게시물 확인하기

3 내 계정 화면에 게시물이 업로드된 것을 확인할 수 있습니다.

03 내가 태그된 스토리를 내 스토리에 추가하기

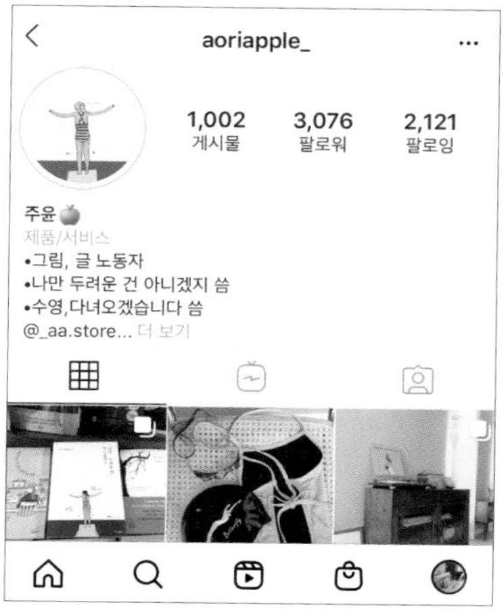

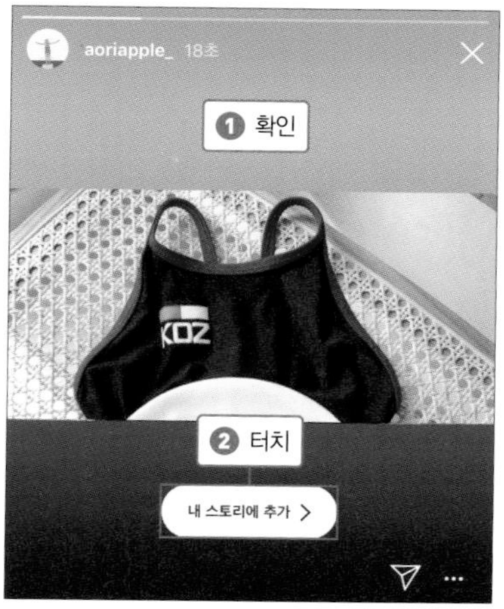

내 스토리에 추가하기

1 나를 태그한 해당 계정의 프로필 사진을 터치해 스토리를 확인합니다.
〈내 스토리에 추가〉 버튼을 터치하면 내 스토리에 해당 스토리가 추가됩니다.

04 스토리 방문자 확인하기

인사이트 보기

1 스토리는 내 스토리를 방문한 사람들의 통계를 보여 줍니다. 아래쪽 '00명 읽음'을 터치하면 통계를 확인할 수 있습니다.

2 통계를 보여 주는 인사이트 화면이 나타나며 6명 이상이 읽은 경우에 분석할 수 있습니다.

08 > On-Air! 라이브 방송하기

인스타그램에는 생생함과 현장감을 그대로 전달할 수 있는 라이브 방송 기능이 있어 일상뿐만 아니라 상품 후기나 홍보 수단으로 적극 활용할 수 있으므로 한번 살펴보겠습니다.

01 라이브 방송하기

라이브 방송 시작하기

1 홈 화면이나 내 계정 상단에서 '새로 만들기' 아이콘(+)을 터치한 다음 **라이브 방송**을 선택합니다.

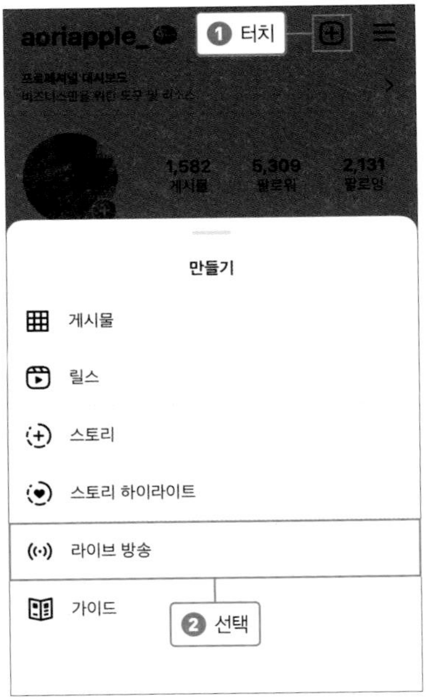

TIP 위쪽에 방송을 보고 있는 사람 수가 표시됩니다.

방송 시작하기

2 촬영 화면으로 이동하여 하단 라이브의 방송 시작 버튼을 터치하면 방송이 시작됩니다. 방송 정보는 인스타 팔로워에게 전달되며 방송에 참여하는 계정이 화면에 나타납니다.

방송 더 알아보기

3 '방송' 아이콘( )을 터치하여 특정 대상에게 방송 참여를 요청할 수 있고, 초대하고 싶은 친구가 있다면 하단의 '방송 초대' 아이콘( )을 터치하고 검색한 다음 초대할 수 있습니다. '질문' 아이콘( )을 터치하고 라이브 대화창에 참석한 사람들이 보낸 질문을 확인하고 대답할 수 있습니다.

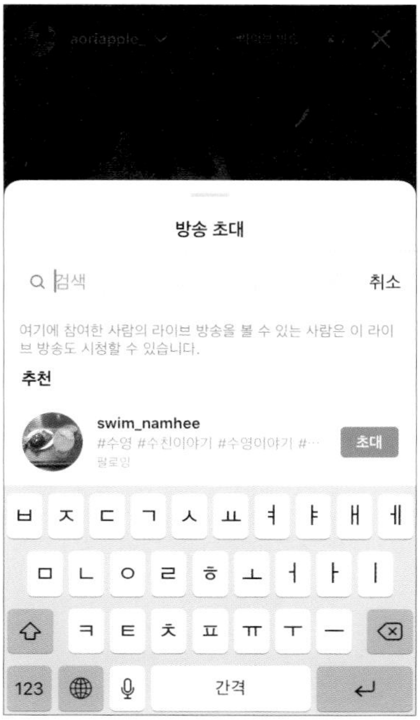

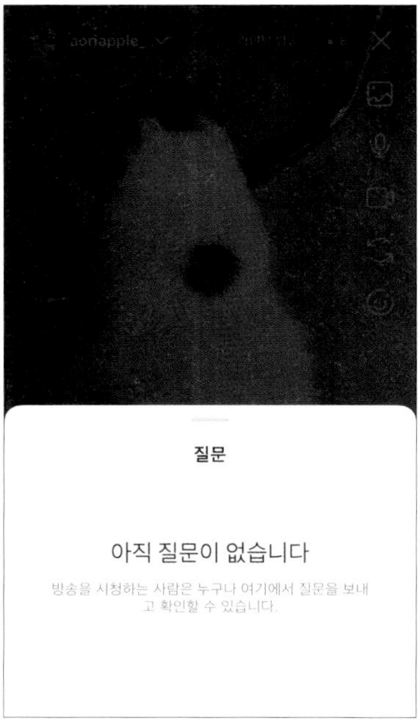

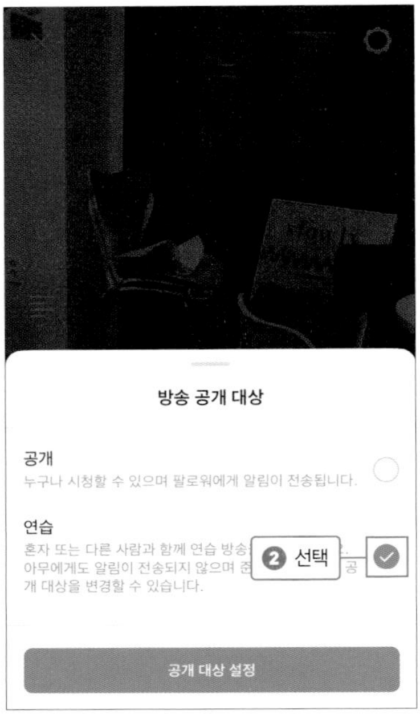

방송 미리 연습하기

4 라이브 화면에서 '방송 공개' 아이콘( )을 터치하여 방송을 공개할 것인지 연습할 것인지를 선택할 수 있습니다. 연습을 선택하고 방송을 시작하면 라이브 방송 가이드를 확인할 수 있어 공개 방송 전에 꼭 확인하도록 합니다.

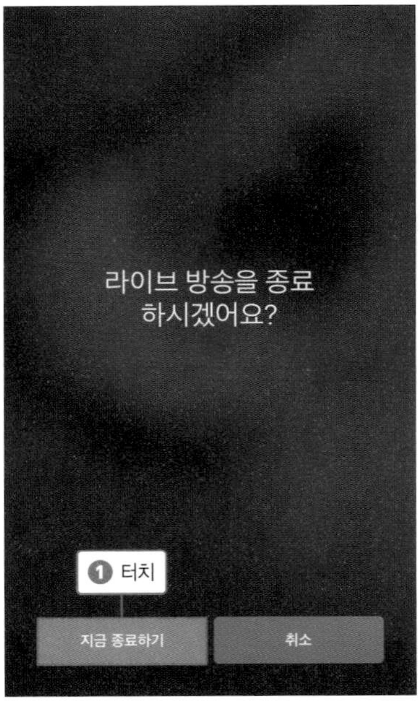

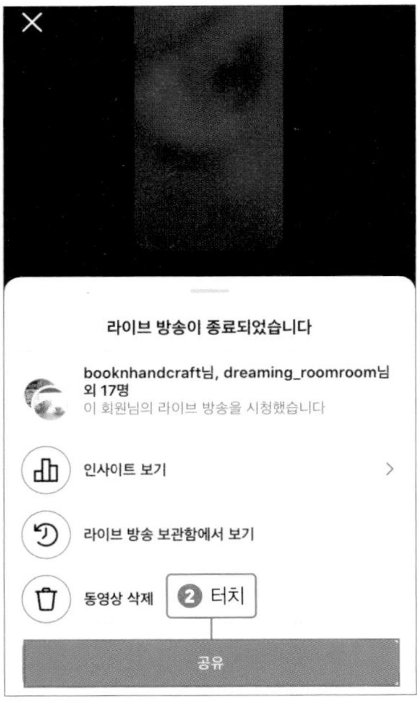

방송 종료하기

5 상단의 '×' 아이콘을 터치하고 〈지금 종료하기〉 버튼을 터치하면 방송이 종료되며, 방송에 참여한 친구들의 정보 및 인사이트 등을 확인할 수 있습니다. 동시에 〈공유〉 버튼이 표시되면 터치하여 24시간 동안 방송을 다시 볼 수 있습니다.

보관된 방송 확인하기

6 내 계정에서 '더 보기' 아이콘(≡)을 터치한 다음 **보관**을 선택합니다. 상단의 '보관된 스토리'를 터치하고 라이브 방송 보관을 선택하면 내가 촬영한 라이브 방송(연습용 포함)이 표시됩니다. 원하는 라이브 방송을 선택하여 공유하거나 다운로드 또는 삭제할 수 있습니다.

라이브 방송 예약하기

7 라이브 방송 메인 화면에서 '예약하기' 아이콘( )을 터치한 다음 시작 시간을 설정하고 〈완료〉 버튼을 터치합니다. '라이브 방송'에서 방송 이름을 입력하고 〈라이브 방송 예약〉 버튼을 터치하여 완료합니다.

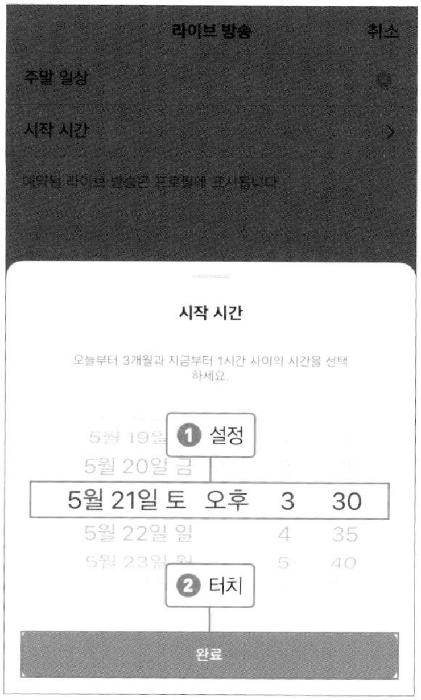

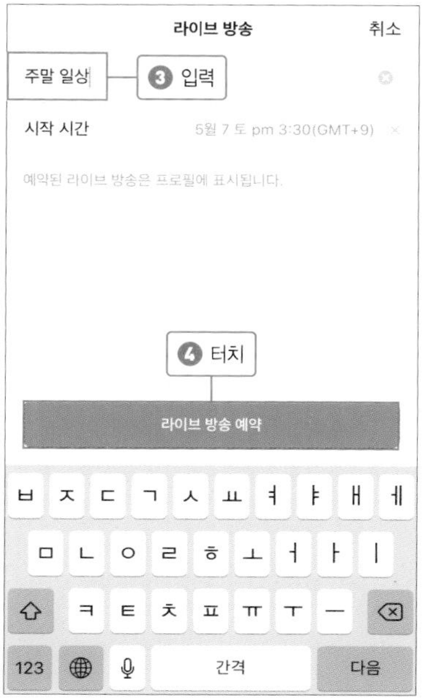

09 > 숏폼 콘텐츠! 릴스 영상 만들기

릴스는 직접 영상을 촬영하거나 저장한 영상을 불러와 숏 폼(Short form) 콘텐츠를 제작할 수 있는 플랫폼으로 쉽고 빠르게 영상을 제작할 수 있는 편집 기능을 제공합니다.

01 릴스 시작하기

게시물 공유하기

1 인스타그램 아래쪽 '릴스' 아이콘(□)을 터치하거나 내 계정에서 '새로 만들기' 아이콘(+)을 터치하고 **릴스**를 선택하여 릴스 화면으로 이동합니다.

2 릴스 화면으로 이동하면 다른 사용자의 다양한 릴스를 확인할 수 있습니다. '카메라' 아이콘( )을 터치하면 릴스 촬영 화면으로 이동합니다.

02 릴스 화면에서 영상 촬영하기

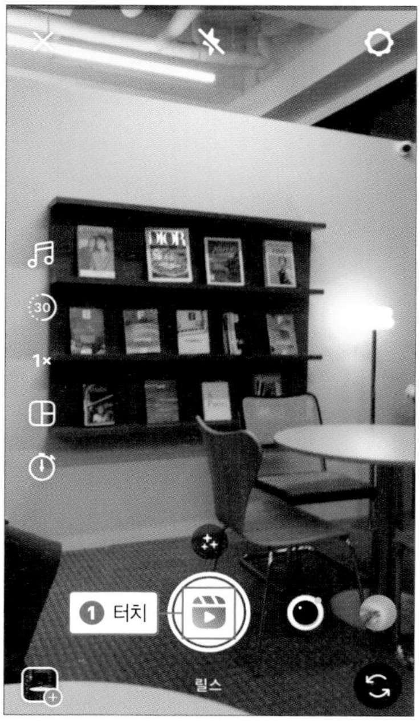

촬영하기

1 하단의 '촬영' 아이콘( )을 터치하면 촬영이 시작되며, 촬영을 정지하고 싶다면 '멈춤' 아이콘( )을 터치하여 종료합니다.

줌 인, 줌 아웃 촬영하기

1 촬영하려는 피사체를 확대해서 촬영하고 싶을 때는 화면을 터치하고 사방으로 드래그하면 크게 촬영 가능합니다. 반대로 화면을 터치한 상태로 화면을 중앙으로 드래그하면 다시 화면이 축소됩니다.

03 릴스 화면에서 구간 편집하기

편집 화면으로 이동하기

1 영상 촬영이 완료되면 촬영 화면 하단의 '<' 아이콘을 터치하여 촬영한 영상 편집 화면으로 이동합니다.

재생 구간 편집하기

2 '가위' 아이콘( )을 터치하여 촬영된 영상의 구간을 편집할 수 있습니다. 좌우의 막대를 터치한 채로 드래그해 구간을 편집하고 〈다듬기〉 버튼을 터치하여 편집을 완료합니다.

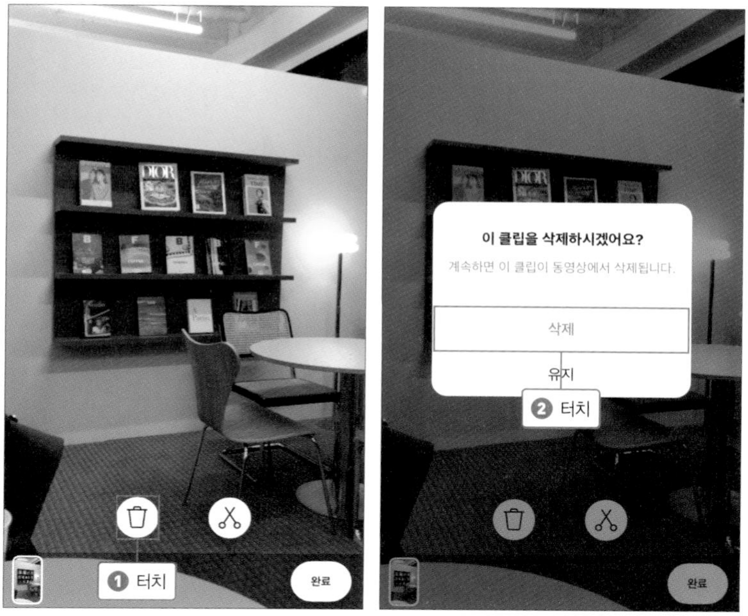

영상 삭제하기

3 촬영한 영상을 삭제하고 싶다면 '휴지통' 아이콘( )을 터치한 다음 〈삭제〉 버튼을 터치하여 삭제합니다.

04 촬영한 릴스 임시 저장하기

촬영한 영상 삭제, 임시 저장하기

1 촬영한 영상이 마음에 들지 않아 다시 촬영하고 싶다면 촬영 화면에서 '×' 아이콘을 터치하여 〈동영상 삭제〉 또는 〈임시 저장〉 버튼을 터치한 다음 새로운 촬영을 합니다.

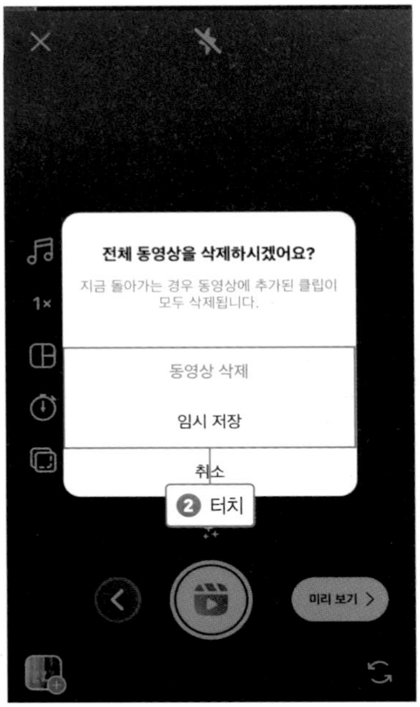

TIP 여러 개의 영상을 연이어 촬영한 경우에는 '〈' 아이콘을 터치하고 삭제하고자 하는 영상을 선택한 다음 '휴지통' 아이콘을 터치하여 개별 삭제하도록 합니다.

임시 저장된 릴스 확인하기

2 내 계정 릴스 화면으로 이동하여 '임시 저장본' 릴스를 확인할 수 있습니다. '임시 저장본'을 터치하면 임시 저장된 릴스의 리스트가 표시됩니다.

임시 저장된 릴스 선택하기

3 리스트에서 수정하고자 하는 릴스를 터치하면 공유하기 화면으로 이동합니다. 원하는 옵션을 선택합니다.

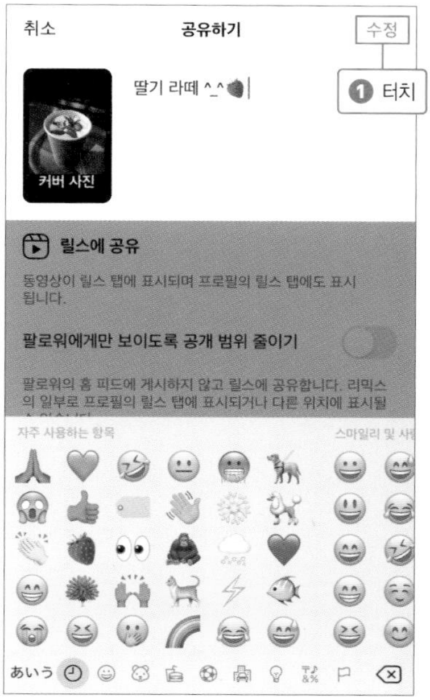

공유하기

4 수정이 완료되면 〈수정〉 버튼을 터치합니다. 미리 보기 화면으로 이동하여 영상을 다시 검토하고 〈다음〉 버튼을 터치하여 영상을 공유합니다.

임시 저장된 릴스 삭제하기

5 릴스 임시 저장본 화면에서 〈선택〉 버튼을 터치하고 삭제하고자 하는 릴스를 선택한 다음 〈삭제〉 버튼을 터치하면 해당 릴스는 삭제됩니다.

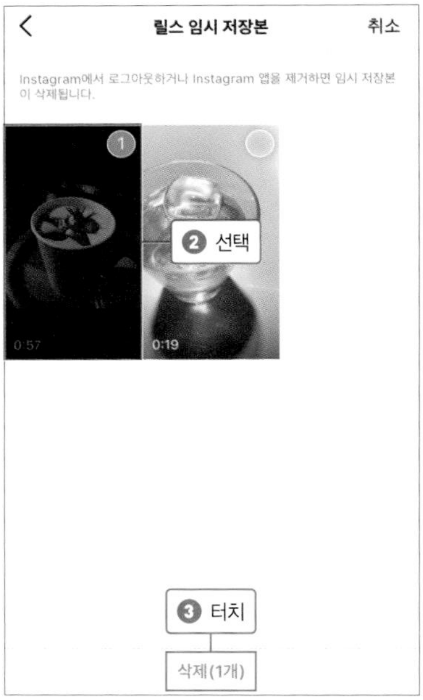

05 촬영한 릴스 확인하고 편집하기

촬영한 영상 확인하기

1 촬영을 마친 다음 릴스 촬영 화면에서 〈미리 보기〉 버튼을 터치하고 영상에 이상이 없다면 〈다음〉 버튼을 터치합니다. 공유 화면으로 이동하고 수정이 필요하다면 〈클립 수정〉 버튼을 터치하여 화면 이동을 합니다.

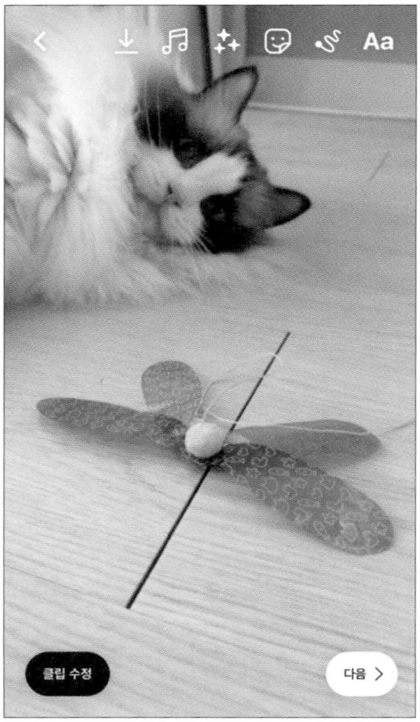

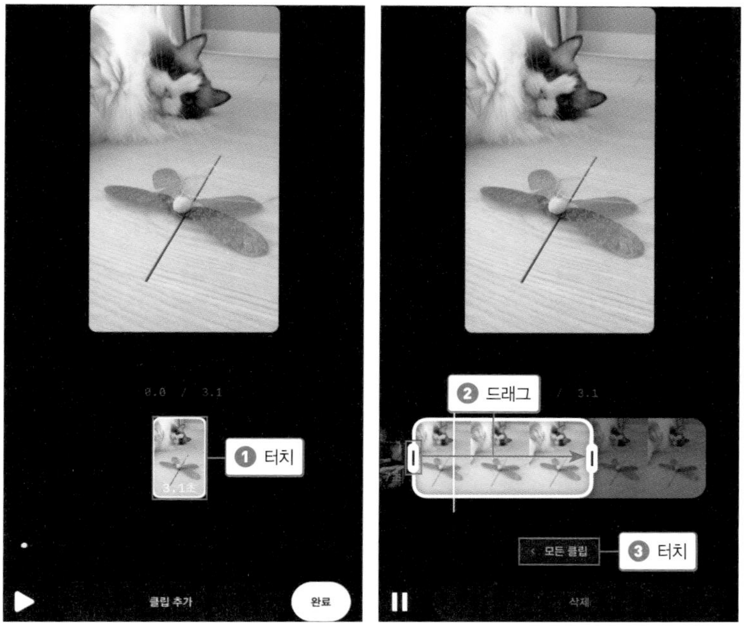

재생 구간 편집하기

2 〈클립 수정〉 버튼을 터치하여 화면이 이동되면 재생 시간이 표기된 '섬네일 이미지'를 터치합니다. 재생 구간을 편집할 수 있는 화면이 표시되면 구간 막대를 좌우로 드래그하여 조절한 다음 〈모든 클립〉 버튼을 터치하여 편집을 완료합니다.

삭제하기

3 '섬네일 이미지'를 터치하고 편집 화면으로 이동합니다. 〈삭제〉 버튼을 터치하여 영상을 삭제합니다.

06 릴스 공유하고 수정하기

릴스 공유하기

1 미리 보기 최종 화면에서 〈다음〉 버튼을 터치하면 공유하기 화면이 표시됩니다. 문구를 입력해도 되고 공란으로 비워도 됩니다.

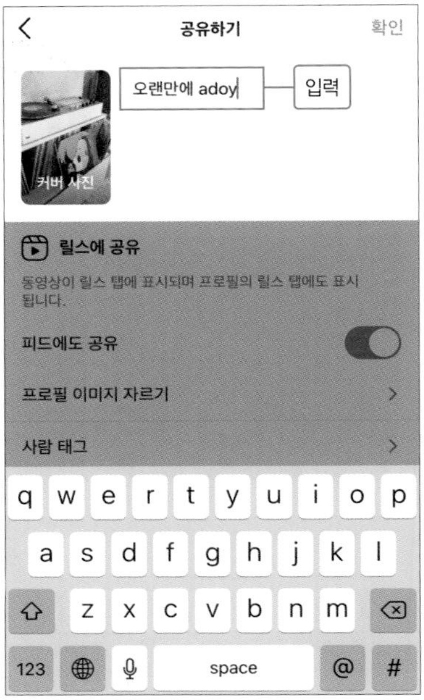

2 텍스트 공간 아래에서 릴스를 공유하기 위한 옵션을 설정한 다음 하단의 〈릴스에 공유〉 버튼을 터치하여 완료합니다.

TIP 공유된 이후의 릴스는 영상 편집에 대한 수정이 불가능하므로 미리 보기를 통해 꼼꼼히 확인한 후에 공유하는 것이 좋습니다.

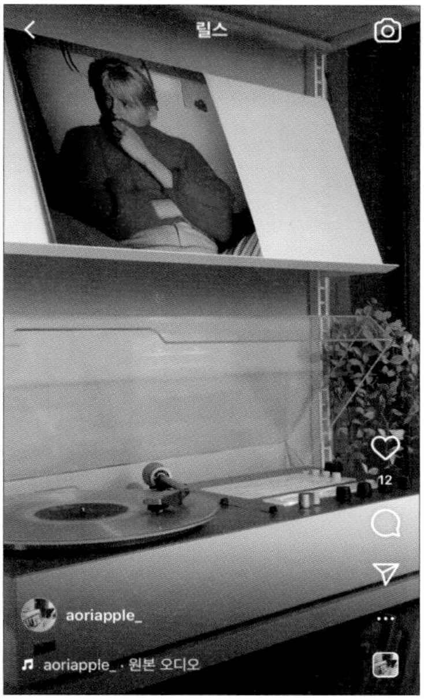

공유된 릴스 확인하기

3 공유한 릴스는 내 계정의 릴스 화면에서 바로 확인 가능하며 이미지를 터치하면 릴스를 확인할 수 있습니다.

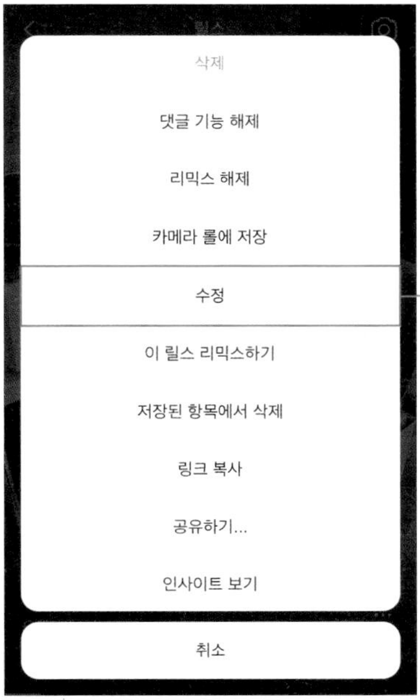

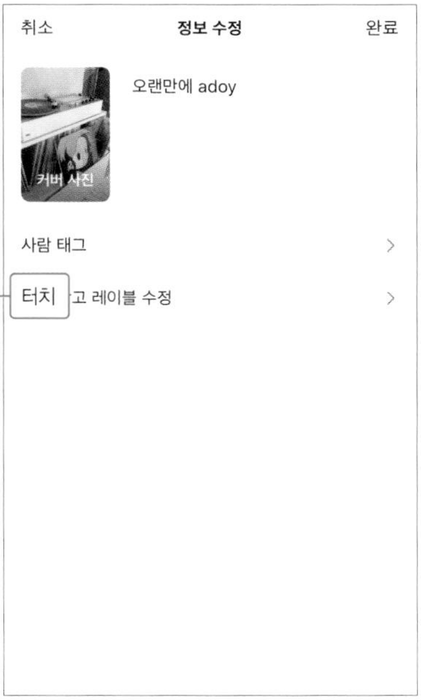

제작된 릴스 수정하기

4 릴스 화면에서 '더 보기' 아이콘(…)을 터치하고 〈수정〉 버튼을 터치하면 정보 수정 화면이 표시됩니다. 텍스트와 커버 사진, 사람 태그 수정이 가능합니다.

10 > 멀티 영상으로 다이내믹한 릴스 제작하기

촬영물은 한 개가 아니라 여러 번에 걸쳐 촬영, 편집이 가능하고 영상과 사진을 함께 모아서도 영상물 제작이 가능합니다.

01 영상 추가하기

영상 여러 개 촬영하기

1 한 개의 영상 촬영을 완료하면 촬영 화면으로 돌아가는데, 이때 다시 촬영 버튼을 터치하면 새로운 영상 촬영이 시작됩니다.

편집 화면 이동하기

2 다수의 영상을 1번 과정처럼 촬영한 다음 촬영 메인 화면에서 '<' 아이콘을 터치하면 편집 화면 하단에 촬영한 모든 영상의 섬네일이 촬영 순으로 표시됩니다.

영상 편집하기

3 섬네일을 터치하고 각 영상을 확인 및 삭제, 편집한 다음 〈완료〉 버튼을 터치하여 완료합니다.

11 > 다양한 효과로 돋보이는 릴스 영상 꾸미기

릴스 촬영 화면에서 효과 아이콘을 터치하여 효과를 더해 줄 수 있습니다. 촬영하려는 피사체를 앞에 두고 효과를 터치하면 효과를 미리 볼 수 있습니다.

01 효과 사용하기

필터 효과 사용하기

1 릴스 촬영 화면에서 '효과' 아이콘(✦)을 터치합니다. 촬영하려는 피사체를 앞에 두고 원하는 효과를 터치하면 적용된 모습을 미리 볼 수 있습니다.

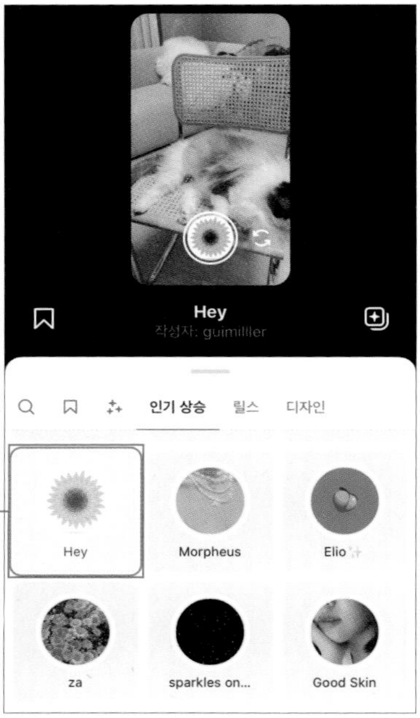

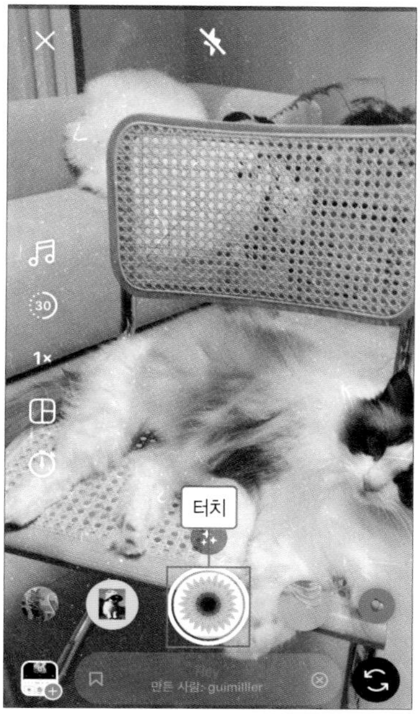

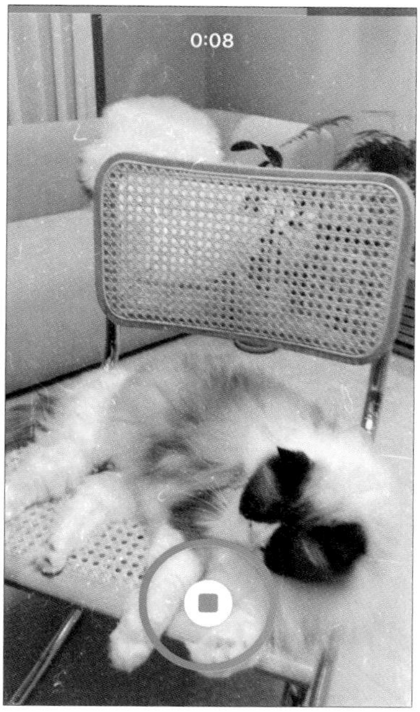

2 미리 보기 화면을 터치하면 전체 화면으로 변경됩니다. 효과 섬네일로 표시되는 촬영 버튼을 터치하고 촬영을 시작하면 효과가 적용된 상태로 촬영됩니다.

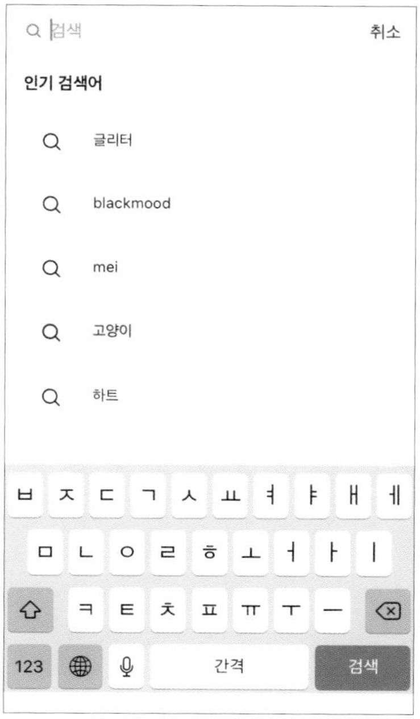

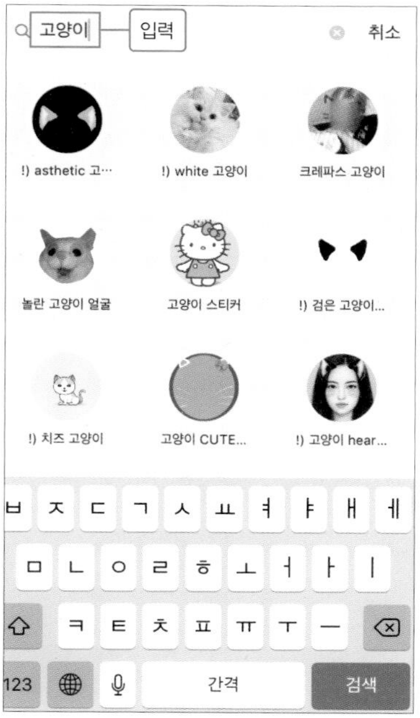

효과 검색하기

3 효과 화면에서 '돋보기' 아이콘( )을 터치하여 원하는 효과를 검색할 수 있습니다.

예제와 같이 '고양이'를 검색하면 고양이 효과만 모아서 보여주며 해당 효과를 터치하면 적용할 수 있습니다.

효과 바로 사용하기

4 최근에 검색하거나 사용한 효과는 촬영 버튼을 좌우로 표시되며 드래그하여 원하는 효과를 선택하고 적용할 수 있어 편리합니다.

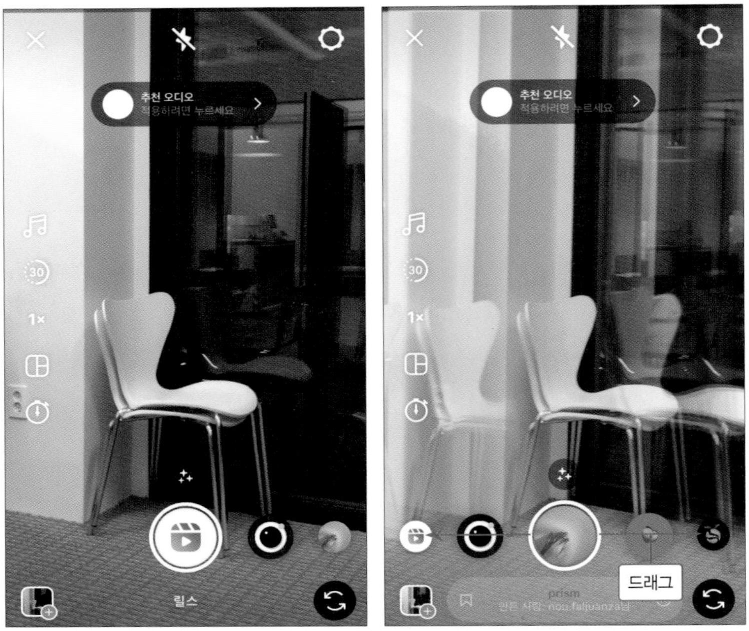

효과 저장하기

5 마음에 드는 효과는 이후에 다시 사용하기 쉽도록 저장할 수 있습니다. 미리 보기 화면 아래의 '저장' 아이콘(⊡)을 터치하면 활성화되어 저장할 수 있고 한 번 더 터치하면 비활성화됩니다.

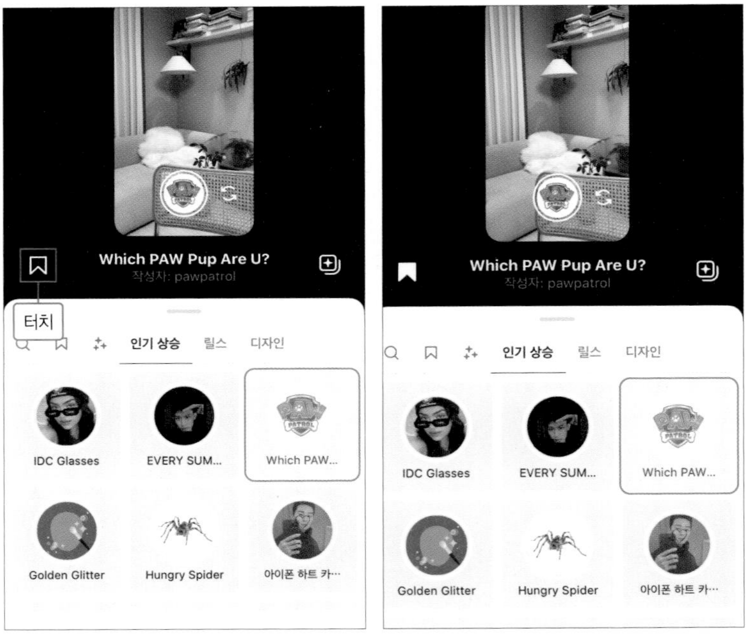

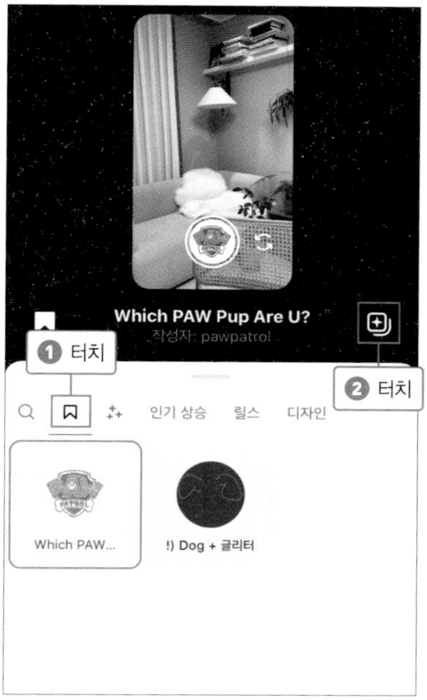

저장된 효과 확인하기

6 저장한 효과는 저장 폴더에서 확인 가능합니다. '+' 아이콘을 터치하면 해당 효과를 사용한 다른 사용자의 영상을 확인할 수 있습니다.

02 미리 보기에서 꾸미기

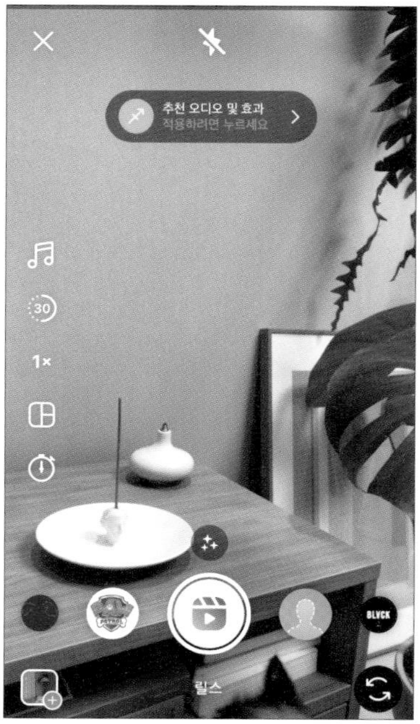

미리 보기에서 영상 저장하기

1 영상을 촬영한 다음 미리 보기 최종 화면에서 '저장' 아이콘(⬇)을 터치하여 해당 영상을 스마트폰에 저장할 수 있습니다.

오디오 효과 넣기

2 미리 보기 최종 화면에서 '오디오' 아이콘(🎙)을 터치하여 영상 제작 시 넣지 못했던 배경 음악이나 사운드 효과, 보이스 오버를 적용할 수 있습니다.

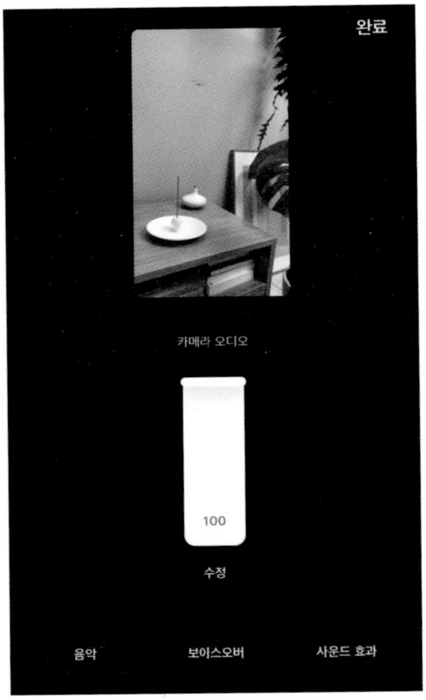

그림, 텍스트 입력하기

3 '그리기' 아이콘(✎)을 터치하고 그리기 도구를 선택한 다음 영상에 자유롭게 그림을 그릴 수 있습니다. '문자' 아이콘(Aa)을 터치하고 원하는 텍스트를 입력한 다음 〈완료〉 버튼을 터치하여 완성합니다.

4 텍스트 입력을 완료하면 왼쪽 하단에 입력한 텍스트가 짧게 노출되는데, 해당 영역을 터치하면 텍스트 노출 구간을 조절할 수 있게 됩니다. 막대를 좌우로 드래그하여 조절한 다음 〈완료〉 버튼을 터치합니다.

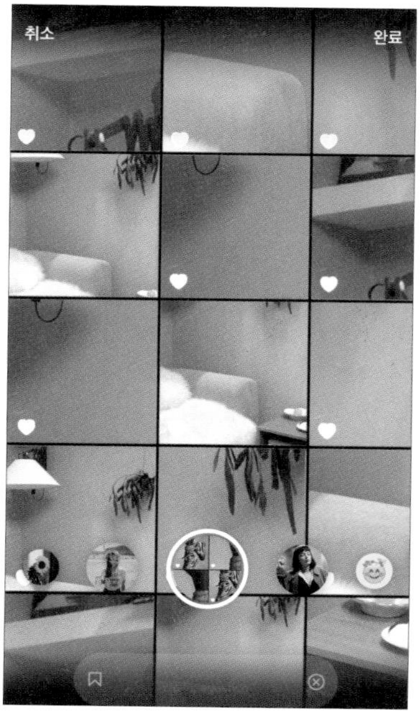

효과와 스티커 활용하기

5 '효과' 아이콘( )을 터치하여 원하는 효과를 적용하거나 '스티커' 아이콘( )을 터치하고 마음에 드는 스티커를 선택하여 적용한 다음 〈완료〉 버튼을 터치하여 완성합니다.

12 > 릴스의 영상 편집 기능 알아보기

영상을 좀 더 풍성하게 만들어 줄 수 있는 촬영 기능을 알아보겠습니다. 배경 음악을 추가하거나 영상의 길이, 속도 조절 기능을 활용하여 영상을 만들어 봅니다.

01 음악 설정하기

음악 추가하기

1 릴스 메인 화면에서 '음악' 아이콘(♫)을 터치하고 음악 설정 화면으로 이동하면 음악 리스트를 확인할 수 있습니다.

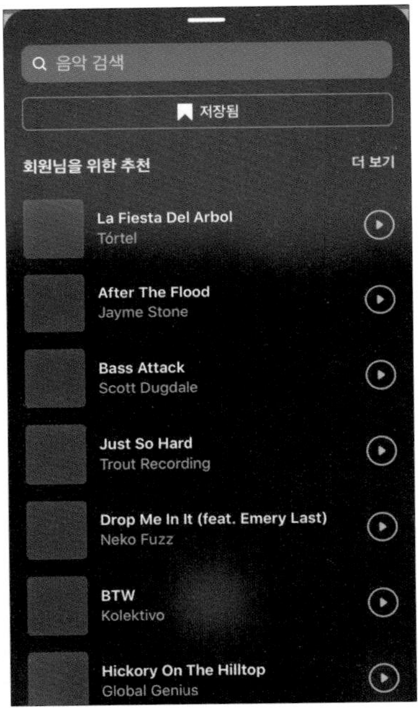

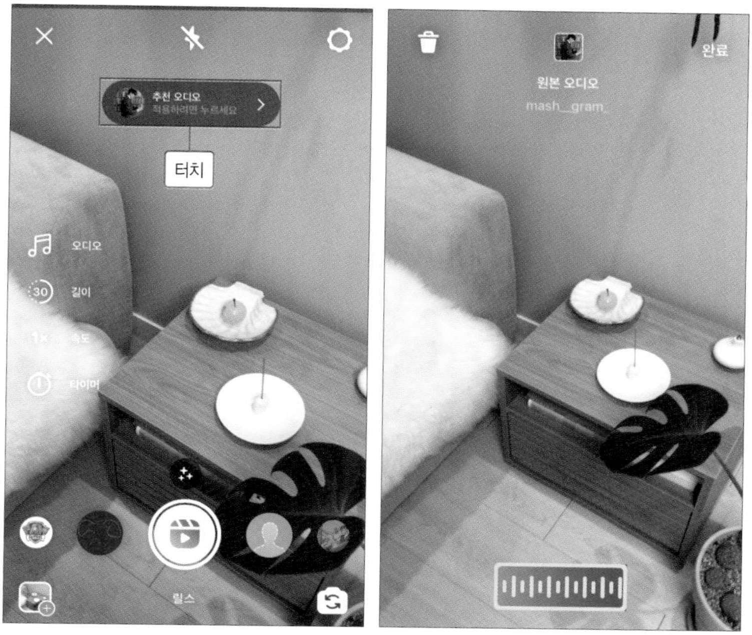

추천 오디오 적용하기

2 어떤 음악을 적용할지 고민될 때는 릴스 촬영 화면에서 〈추천 오디오〉 버튼을 터치하여 추천 음악을 활용하면 도움이 됩니다.

02 음악 재생하기

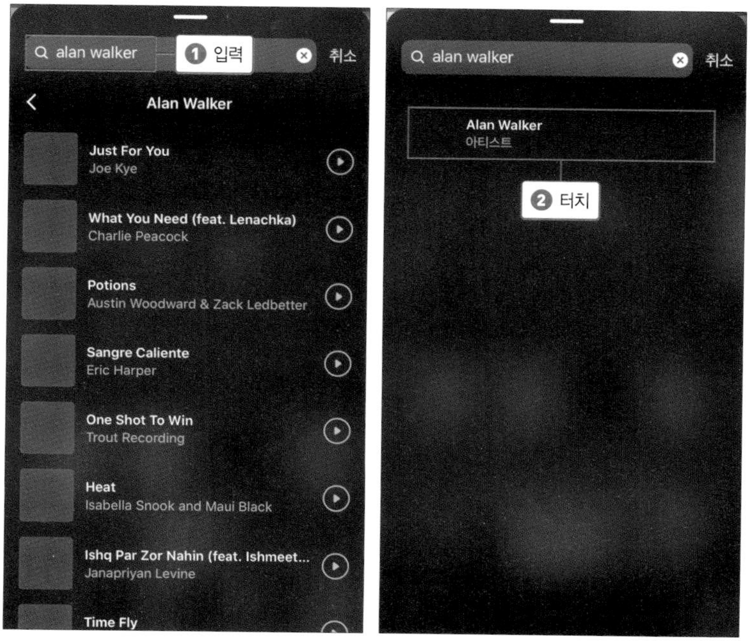

음악 검색하기

1 원하는 음악이 있다면 음악 검색창에서 가수나 곡명을 입력합니다. 결과 목록에서 검색한 항목을 터치합니다.

2 음악을 미리 들어 보려면 리스트의 '재생' 아이콘( )을 터치하여 곡을 재생합니다. '정지' 아이콘( )을 터치하거나 다른 곡을 재생하면 해당 곡은 멈추게 됩니다.

TIP 화면을 터치하고 아래로 드래그하면 음악 화면이 종료되고 이전 화면으로 돌아갑니다.

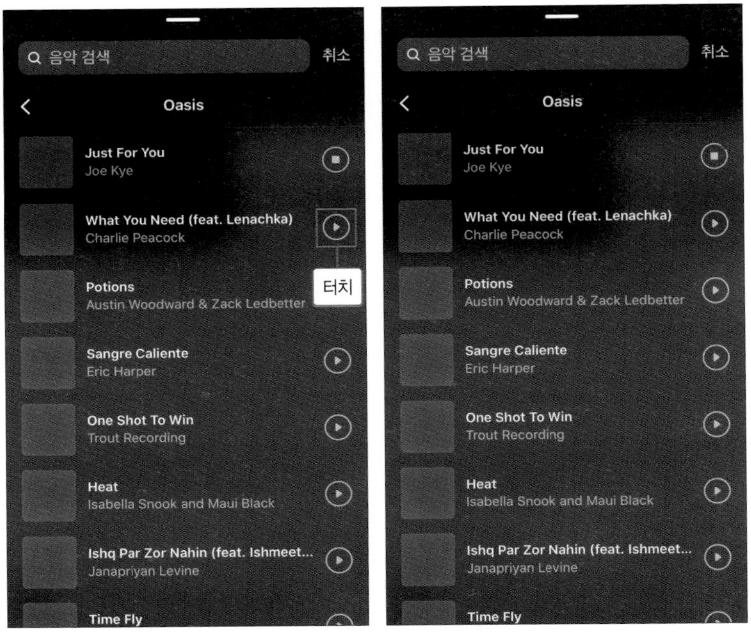

03 음악 저장하기

원하는 음악 저장하기

1 음악 리스트에서 원하는 곡을 왼쪽으로 드래그하면 '스크랩' 아이콘( )이 표시됩니다. '스크랩' 아이콘( )을 터치하여 활성화하면 해당 곡이 저장됩니다.
저장된 곡은 상단의 〈저장됨〉 버튼을 터치하여 확인합니다. '스크랩' 아이콘( )을 다시 터치하여 비활성화면 곡은 저장됨 폴더에서 삭제됩니다.

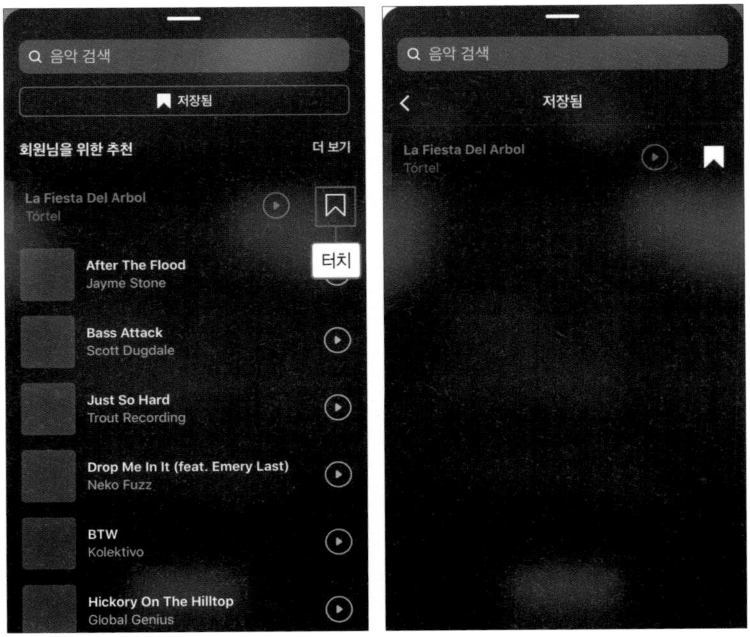

04 영상 길이와 속도 설정하기

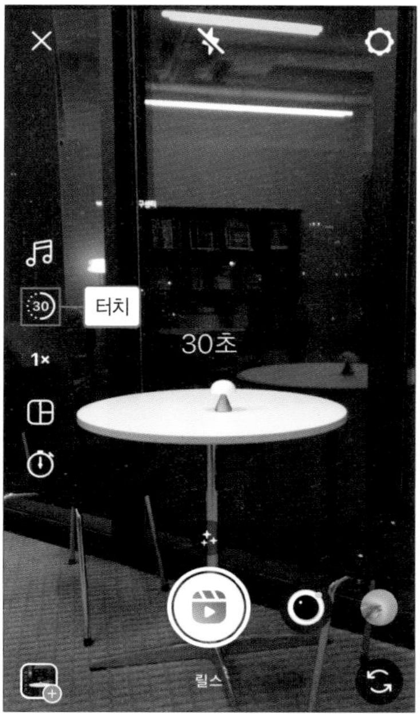

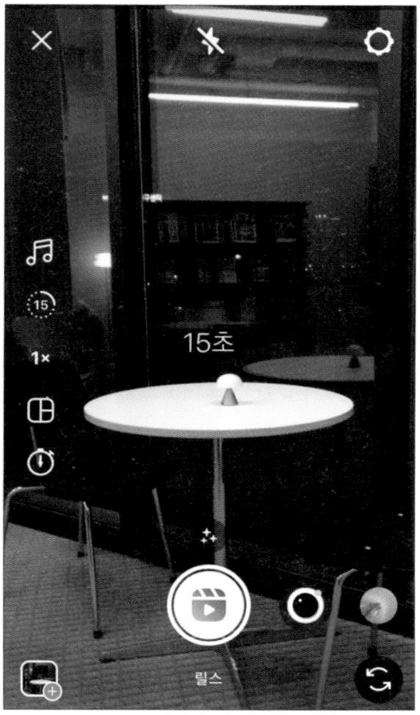

길이 설정하기

1 영상 길이는 디폴트가 30초로, '30' 아이콘을 터치하면 '15초'로 길이가 변경되며 다시 '15' 아이콘을 터치하면 '30초' 길이로 변경됩니다.

속도 설정하기

2 속도는 '1×' 아이콘을 터치하면 0.3배속, 0.5배속, 1배속, 2배속, 3배속, 4배속 등 다양한 속도가 표시됩니다. 원하는 속도를 선택하고 설정한 속도로 촬영을 시작합니다.

레이아웃 설정하기

3 '레이아웃' 아이콘()을 터치하고 마음에 드는 레이어를 선택한 다음 촬영 버튼을 터치하면 첫 번째 레이어부터 영상이 채워집니다.

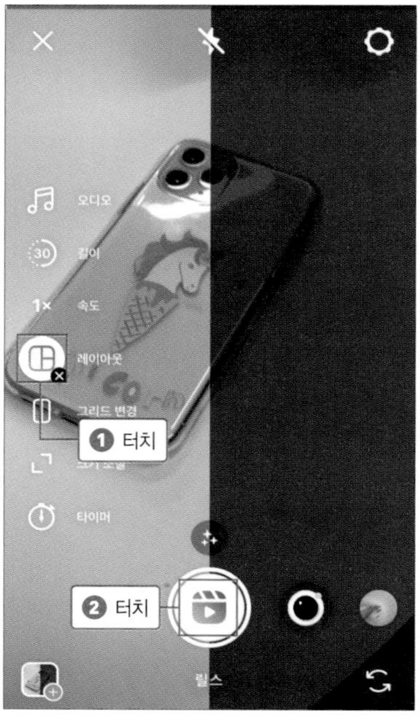

레이아웃에 영상 추가하기

4 멈춤 버튼을 터치하면 두 번째 레이어가 활성화되고 촬영 버튼을 터치하면 두 번째 레이어에 영상이 담깁니다. 같은 방법으로 선택한 레이어의 분할 화면에 영상이 모두 채워지도록 촬영합니다.

TIP 미리 촬영되어 저장된 영상을 나머지 레이아웃에 불러와도 됩니다.

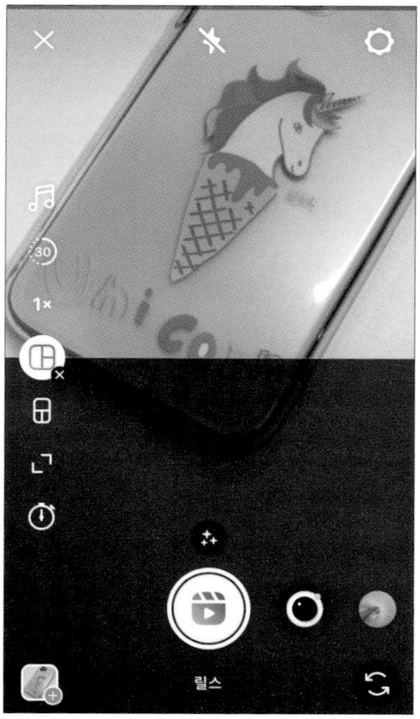

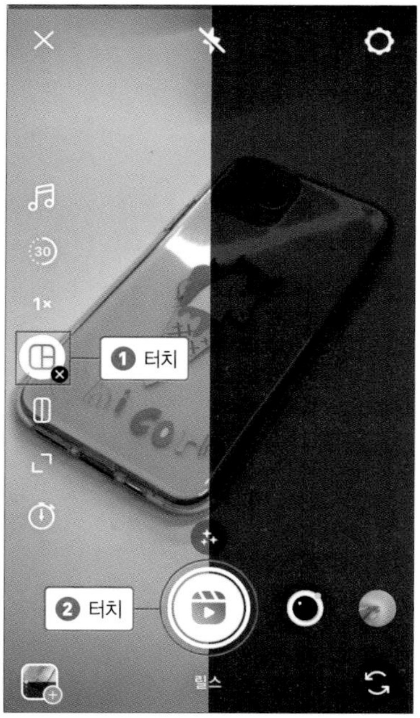

05 시간 설정하기

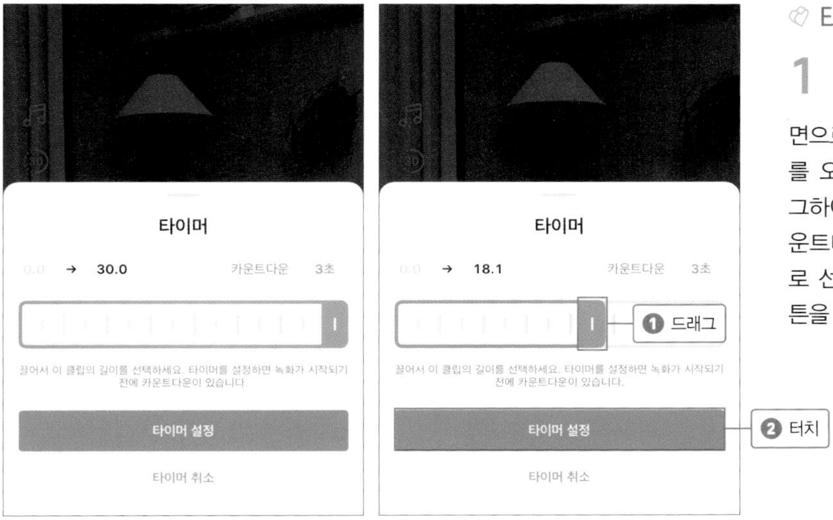

타이머 설정하기

1 '타이머' 아이콘(⏱)을 터치하면 타이머 설정 화면으로 이동합니다. 핑크 막대를 오른쪽에서 왼쪽으로 드래그하여 시간을 조절한 다음 카운트다운을 '3초' 또는 '10초'로 선택하고 〈타이머 설정〉 버튼을 터치하여 마무리합니다.

05 정렬하기

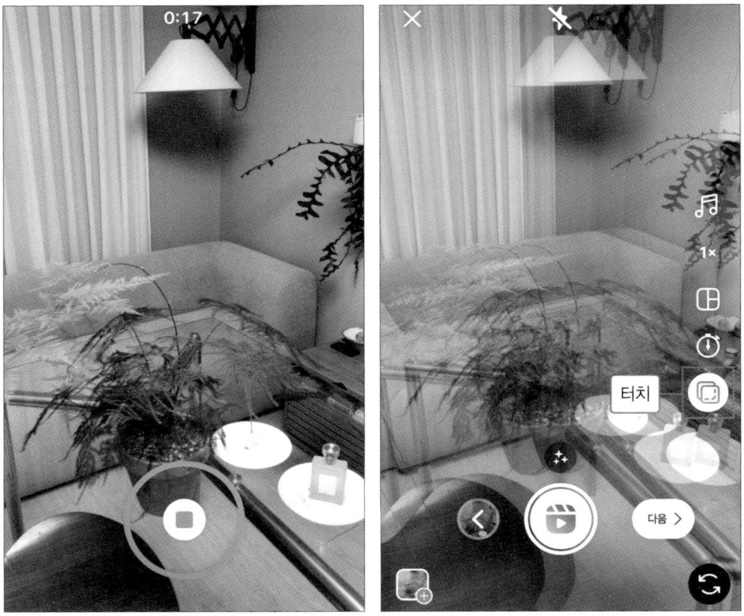

촬영 포커스 맞추기

1 촬영하다가 멈춘 다음 다시 촬영을 시작할 때 사물의 포커스를 맞추어 자연스럽게 편집할 수 있도록 만들어 주는 기능입니다. 촬영할 때 '정렬하기' 아이콘(▢)을 터치하고 상하좌우로 움직여 포커스를 맞춘 다음 촬영합니다.

13 > 릴스의 촬영 모드 설정하기

릴스를 좀 더 편하게 사용하기 위한 카메라 설정이나 플래시 설정, 야간 모드 등을 사용하는 방법을 알아봅니다.

01 모드 설정하기

릴스 카메라 설정하기

1 릴스 촬영 화면에서 오른쪽 상단에 '설정' 아이콘( )을 터치하여 카메라 설정 화면으로 이동합니다.

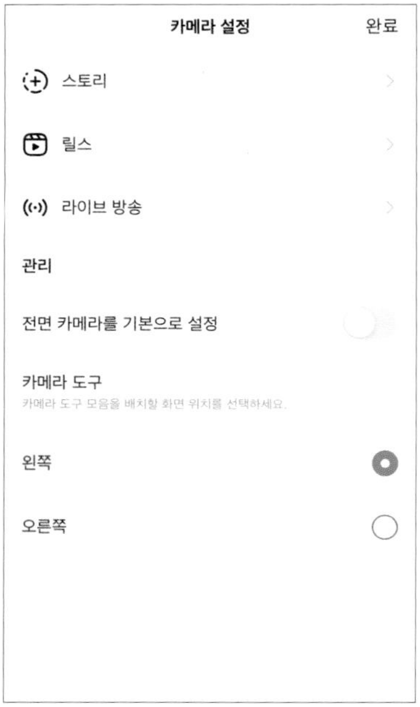

스마트폰에 릴스 저장하기

2 원하는 경우에는 '기기에 릴스 저장'을 활성화합니다. '뒤로 가기' 아이콘(<)을 터치하고 〈완료〉 버튼을 터치하면 설정이 완료됩니다.

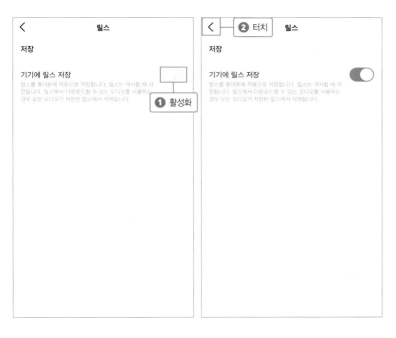

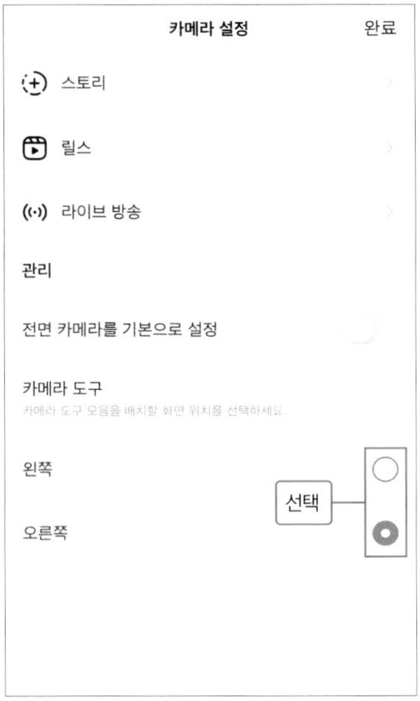

촬영 방향 설정하기

3 관리에서 '전면 카메라를 기본으로 설정'을 활성화하면 릴스를 시작할 때 셀카 모드로 촬영되도록 기본 설정됩니다.
카메라 도구를 오른쪽이나 왼쪽 중 편한 위치로 배치할 수도 있습니다.

플래시 옵션 설정하기

4 촬영 화면 상단의 '플래시' 아이콘()을 터치하여 플래시 옵션을 활성화하거나 플래시 오토 혹은 다시 플래시 오프로 설정을 변경할 수 있습니다.

야간 모드와 셀카 모드 설정하기

5 어두운 곳에서 촬영하려는 경우에 화면 상단에 '야간모드' 아이콘()이 표시되며, 촬영 화면을 좀 더 밝게 조절해 줍니다. 자연스럽게 찍고 싶다면 '야간모드' 아이콘을 터치하여 비활성화한 다음 촬영합니다.
촬영 화면에서 '전면 카메라' 아이콘()을 터치하여 후면 카메라 옵션을 셀카 모드로 변경하여 촬영할 수 있습니다.

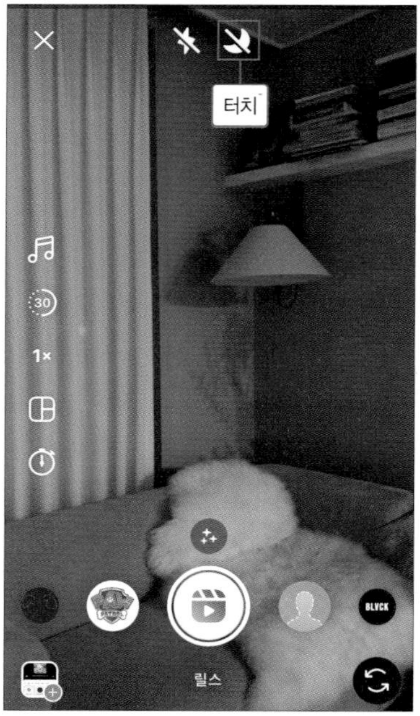

14 > 저장된 영상으로 릴스 만들기

바로 촬영하지 않아도 미리 촬영된 영상으로 릴스 제작이 가능하며 틈틈이 찍어둔 촬영물로 릴스를 제작하는 방법을 알아보겠습니다.

01 영상 불러오기

저장된 영상 불러오기

1 릴스 촬영 화면에서 '이미지 폴더' 아이콘( )을 터치한 다음 원하는 라이브러리에서 '비디오'를 선택하고 원하는 영상 섬네일을 터치합니다.

TIP 화면을 터치하고 위로 드래그하면 카메라 롤이 나타나며, 다시 터치하고 아래로 드래그하면 릴스 촬영 화면으로 돌아갑니다.

구간 편집하기

2 타임 프레임에서 막대를 좌우로 드래그하여 원하는 구간을 선택한 다음 〈추가〉 버튼을 터치합니다.

영상 추가하고 삭제하기

3 화면 하단의 '이미지 추가' 아이콘( )을 터치하여 영상이나 이미지를 추가합니다. '편집' 아이콘( )을 터치하고 영상 편집 화면으로 이동한 다음 '가위' 아이콘( )을 사용해서 구간 편집을 하거나 '휴지통' 아이콘( )을 터치하고 해당 영상을 삭제합니다.

릴스 공유하기

4 영상이 저장되면 '뒤로 가기' 아이콘(<)을 터치한 다음 영상을 확인, 수정합니다. 미리 보기에서 재확인하고 〈다음〉 버튼을 터치하여 편집을 완료합니다.

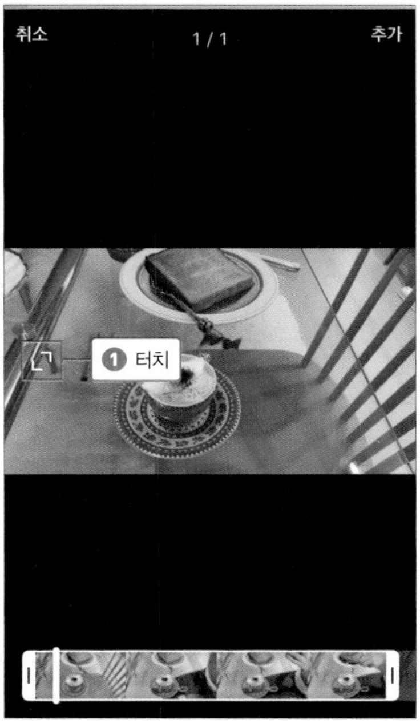

가로 영상 편집하기

5 릴스는 세로 영상에 적합한 화면 구도를 가지고 있어서 불러온 영상이 가로 영상인 경우에는 화면에 '크기 조절' 아이콘(⌞⌝)이 표시됩니다. '크기 조절' 아이콘(⌞⌝)을 터치하고 드래그하여 원하는 구도로 조절한 다음 〈추가〉 버튼을 터치하여 추가합니다.

15 > 사진으로 브이로그 릴스 만들기

릴스는 영상뿐 아니라 차곡차곡 모아 둔 사진으로 브이로그 형식의 영상도 제작 가능합니다. 이번에는 사진으로 브이로그 영상을 만들어 보겠습니다.

01 저장된 사진 불러오기

저장된 이미지 가져오기

1 릴스 촬영 화면에서 '이미지 폴더' 아이콘( )을 터치한 다음 원하는 사진을 선택하고 〈추가〉 버튼을 터치합니다.

2 1번 과정을 반복하며 원하는 순서대로 이미지를 추가하여 이미지 불러오기를 완료합니다.

TIP 화면에 '녹화 제한 시간에 도달했습니다'라는 문구가 나타날 때까지 이미지는 추가할 수 있습니다.

02 이미지 조절하기

이미지 크기 조절하기

1 릴스 화면보다 작은 이미지를 불러오면 '크기 조절' 아이콘( )이 표시됩니다. '크기 조절' 아이콘( )을 터치하면 이미지를 화면에 맞게 조절하거나 원본 크기로 조절 가능합니다.

03 이미지 편집하기

편집 화면으로 이동하기

1 원하는 이미지를 모두 추가한 다음 릴스 촬영 화면에서 '<' 아이콘을 터치하여 편집 화면으로 이동하고 하단에서 원하는 이미지의 섬네일을 터치합니다.

편집과 삭제하기

2 '가위' 아이콘을 터치하여 재생 구간 편집 화면을 표시합니다. 막대를 좌우로 드래그하여 편집하며, 해당 이미지를 삭제하고 싶다면 '휴지통' 아이콘을 터치한 다음 〈삭제〉 버튼을 터치하여 삭제합니다.

04 한 번에 여러 장의 사진 불러오기

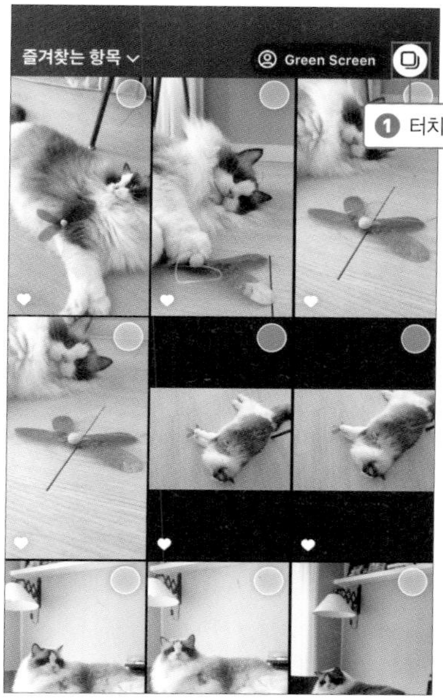

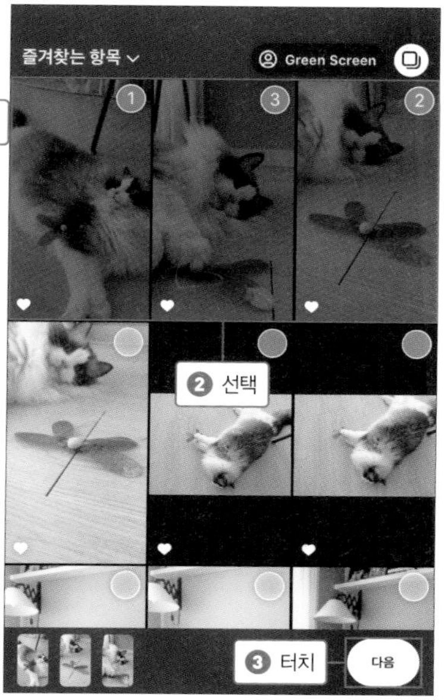

이미지 한 번에 불러오기

1 릴스 촬영 화면에서 '이미지 폴더' 아이콘( )을 터치한 다음 '멀티' 아이콘( )을 터치하여 원하는 이미지를 다중으로 선택하고 〈다음〉 버튼을 터치합니다.

TIP 한 번에 멀티로 가져올 수 있는 이미지는 최대 10개이며, 이미지를 더 추가하고 싶다면 해당 과정을 반복합니다.

05 사진 편집하기

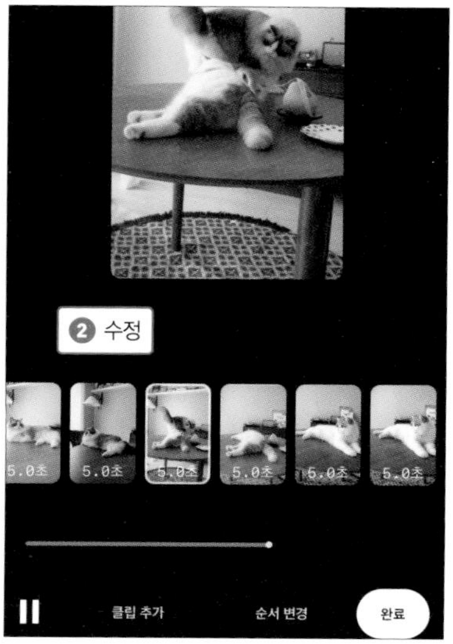

릴스 미리 보기

1 릴스 촬영 화면에서 〈미리 보기〉 버튼을 터치한 다음 〈클립 수정〉 버튼을 터치하여 클립 수정 화면에서 이미지를 수정합니다.

클립 수정하기

2 클립 수정 화면에서 섬네일을 터치하면 재생 구간을 편집하거나 〈삭제〉 버튼을 터치하여 이미지를 삭제할 수 있습니다.

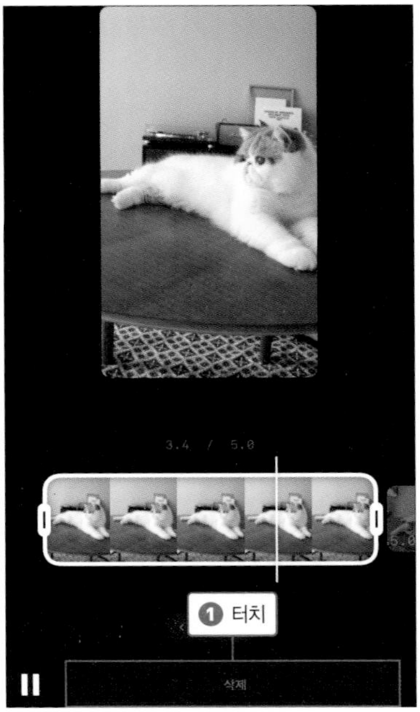

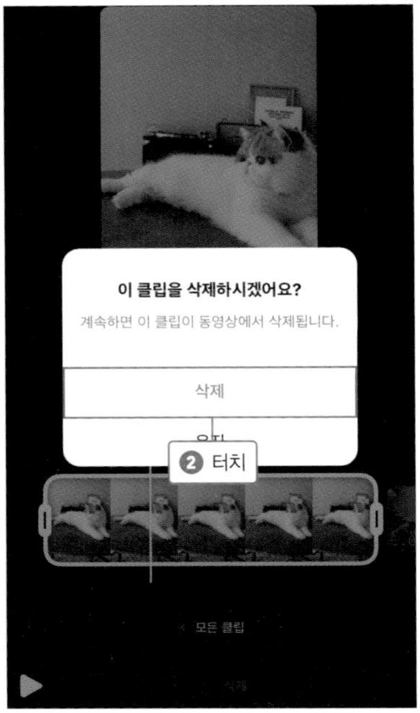

순서 변경하기

3 각 이미지의 재생 시간을 확인할 수 있습니다. 이미지의 순서를 변경하고 싶다면 〈순서 변경〉 버튼을 터치하고 이동할 사진을 터치한 채로 원하는 자리로 드래그한 다음 〈완료〉 버튼을 터치합니다.

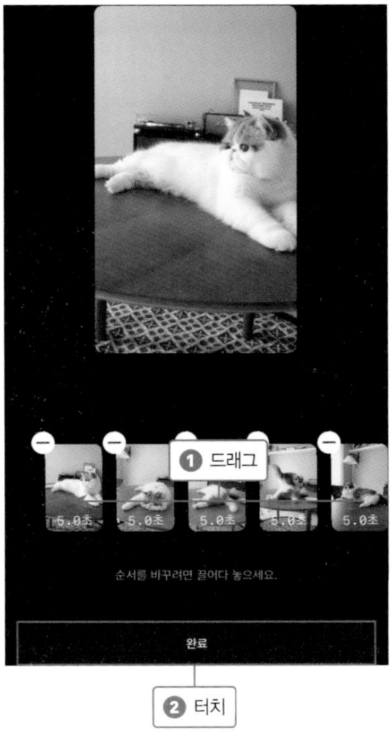

TIP '클립 추가'를 터치하면 릴스 촬영 화면으로 이동하게 되고 '이미지 폴더'에서 이미지를 추가할 수 있습니다.

16 > 공유된 릴스 관리하기

공유된 릴스를 수정과 삭제, 댓글 기능 등 같은 릴스를 관리하는 방법을 알아봅니다.

01 릴스 설정하기

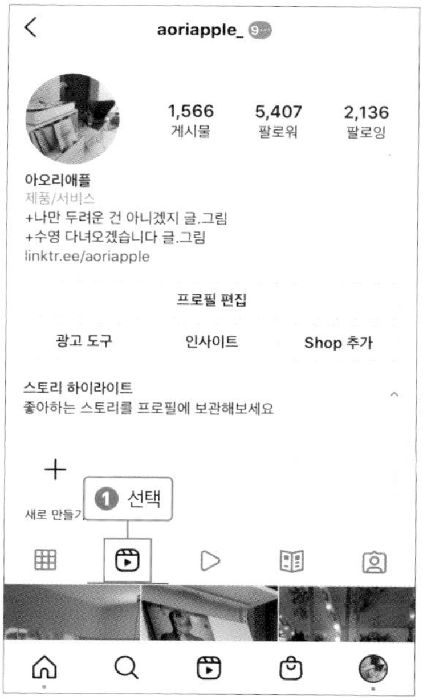

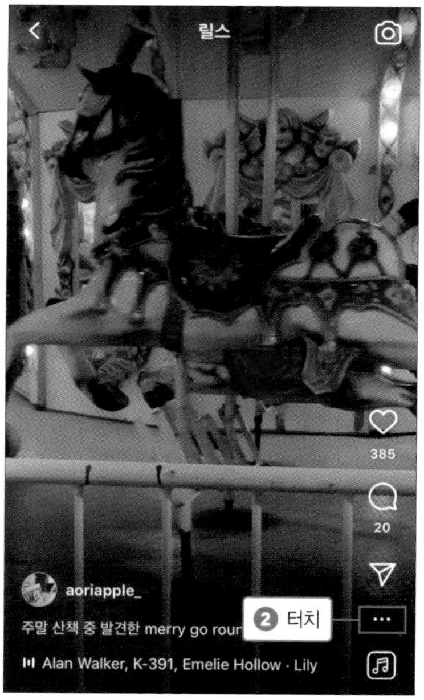

릴스 설정 화면 표시하기

1 내 계정 분류에서 '릴스' 카테고리를 선택하고 제작한 릴스 중 원하는 영상을 선택한 다음 '더 보기' 아이콘(…)을 터치하면 설정 화면이 표시됩니다.

릴스 수정과 삭제하기

2 설정 화면에서 〈삭제〉 버튼을 터치하면 해당 릴스를 삭제할 수 있고 〈수정〉 버튼을 터치하면 텍스트 및 사람 태그, 광고 레이블을 수정할 수 있습니다.

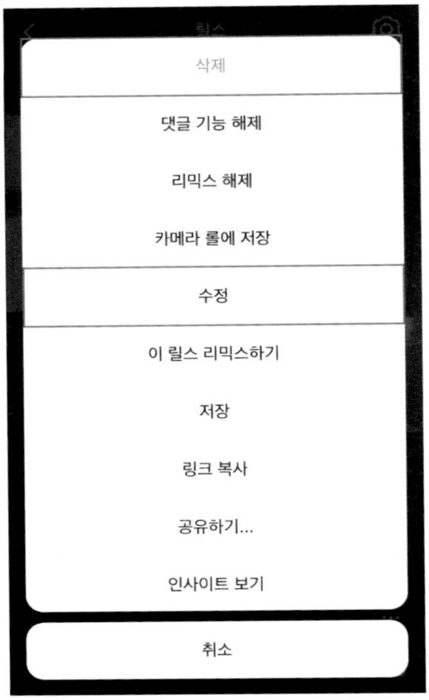

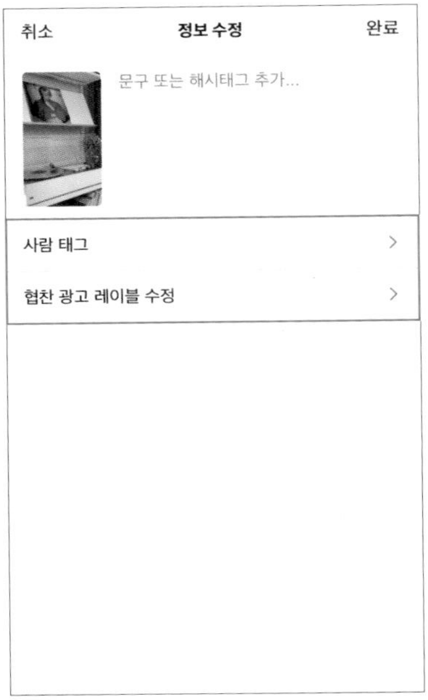

리믹스 해제하기

3 릴스 화면의 '더 보기' 아이콘(···)을 터치하고 설정 화면에서 〈리믹스 해제〉 버튼을 터치하고 한 번 더 〈해제〉 버튼을 터치하면 리믹스가 해제되어 다른 인스타그램 사용자가 내 릴스를 리믹스 하지 못하게 됩니다.

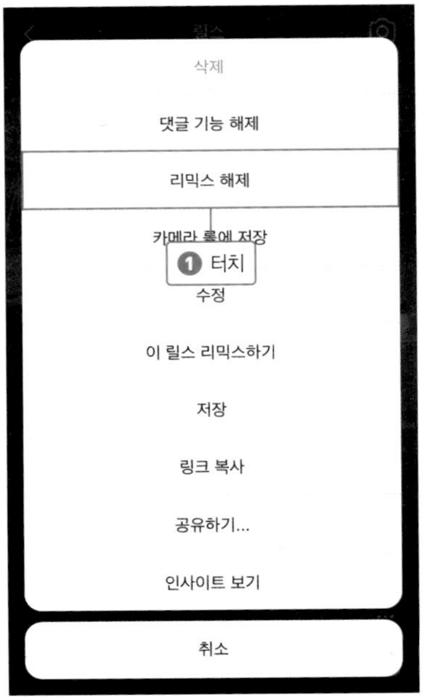

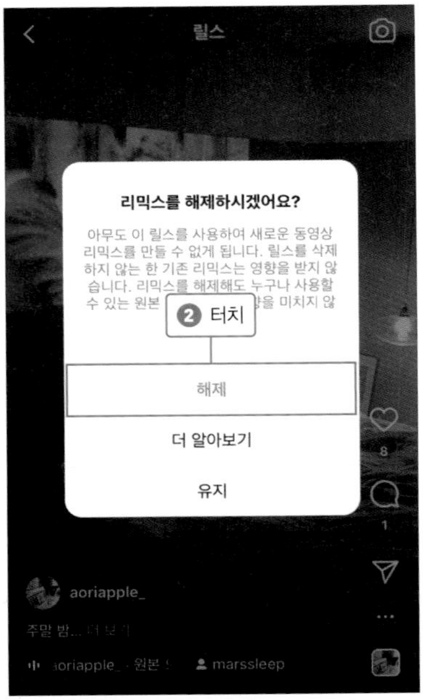

TIP 〈리믹스 허용〉은 기본적으로 설정되어 있습니다. 리믹스를 원하지 않는다면 릴스 제작을 완료한 다음 〈리믹스 해제〉 버튼을 터치하여 해제해야 합니다.

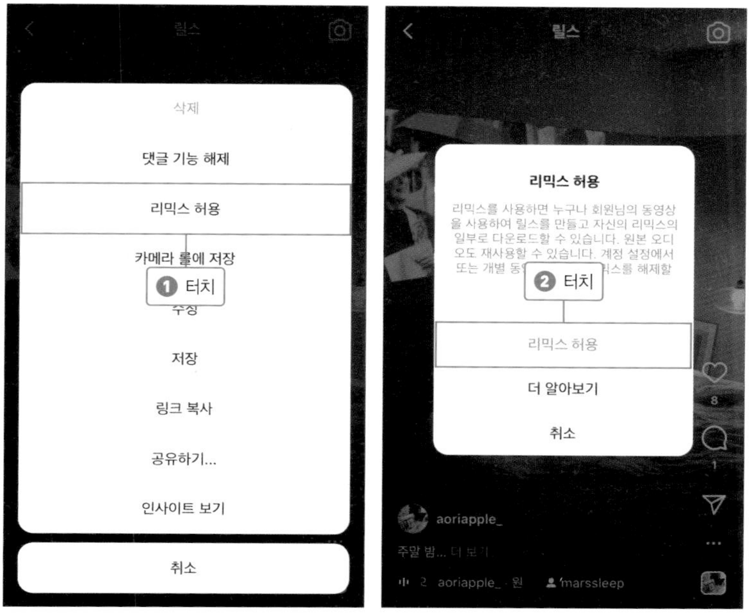

리믹스 허용하기

4 리믹스를 다시 허용하고 싶다면 〈리믹스 허용〉 버튼을 터치하고 한 번 더 〈리믹스 허용〉 버튼을 터치하면 됩니다.

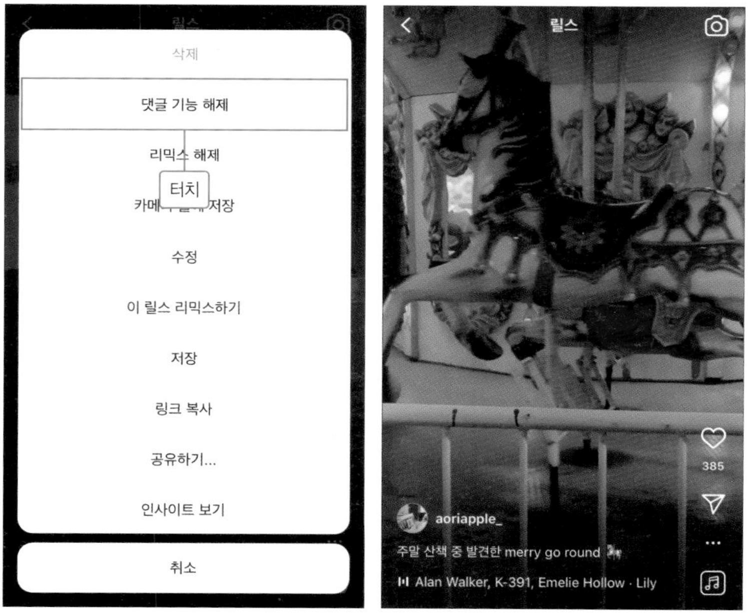

댓글 기능 해제하기

5 설정 화면에서 〈댓글 기능 해제〉 버튼을 터치하면 댓글 기능이 사라지며, 댓글 아이콘이 사라진 것을 확인할 수 있습니다.

TIP 댓글 기능을 사용할 때는 설정 화면에서 〈댓글 기능 설정〉 버튼을 터치하면 됩니다.

카메라 롤에 저장하기

6 설정 화면에서 〈카메라 롤에 저장〉 버튼을 터치하면 스마트폰에 릴스가 저장되며, 〈저장〉 버튼을 터치하면 인스타 저장 폴더에 보관됩니다.

TIP 릴스를 삭제하면 동시에 저장 폴더에서도 삭제됩니다.

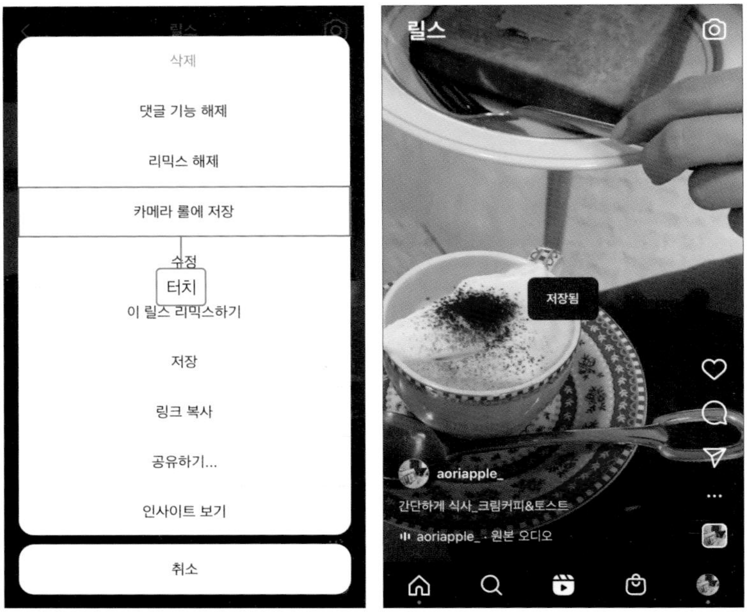

이 릴스 리믹스하기

7 설정 화면에서 〈이 릴스 리믹스하기〉 버튼을 터치하면 해당 릴스는 일정 영역으로 이동하고 나머지 영역에서 리믹스하여 영상을 불러오거나 촬영할 수 있습니다.

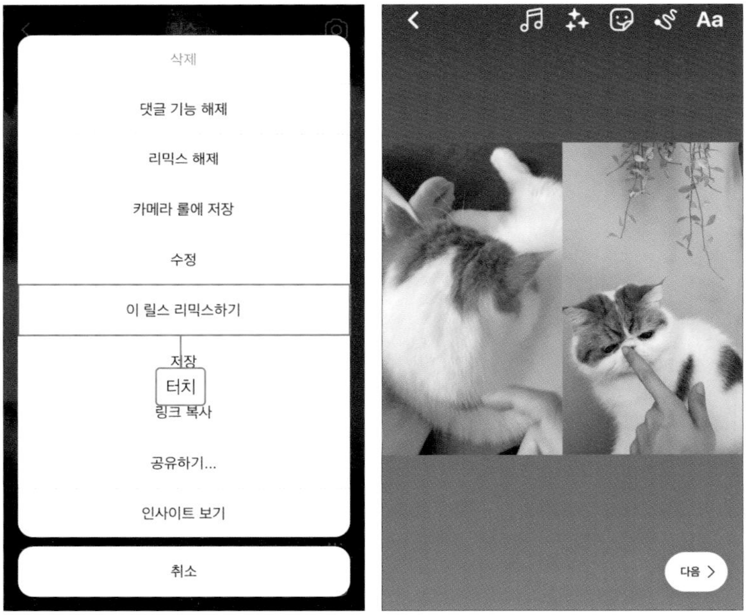

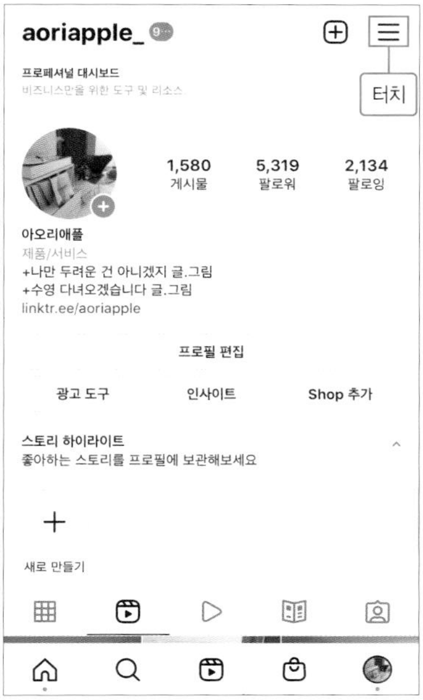

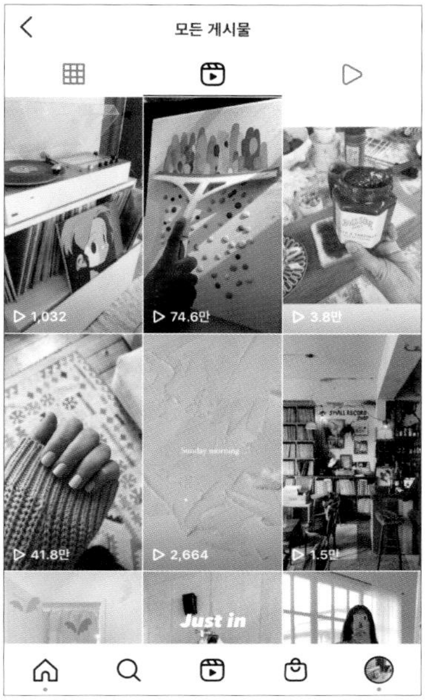

저장된 릴스 확인하기

8 저장한 릴스는 '내 계정에서 더보기' 아이콘(≡)을 터치하고 **저장됨 → 모든 게시물 → 릴스**에서 확인할 수 있습니다.

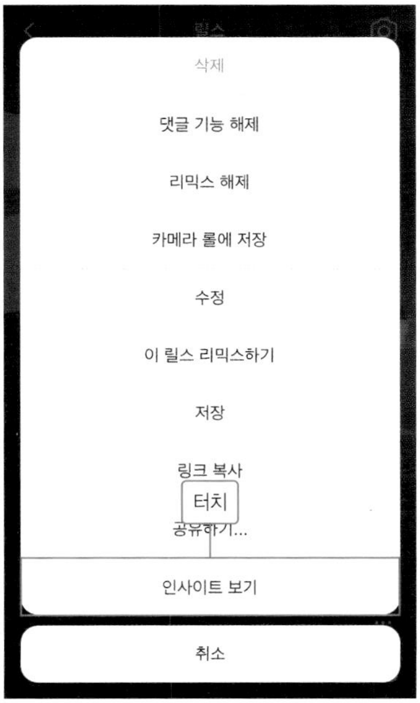

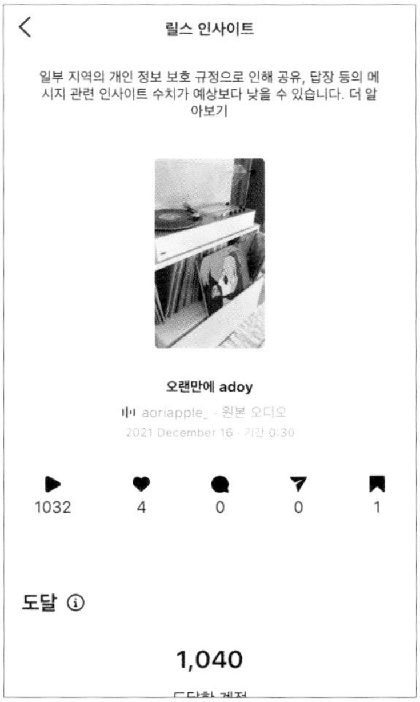

인사이트 보기

9 설정 화면에서 〈인사이트 보기〉 버튼을 터치하면 해당 릴스를 얼마나 많은 사용자가 재생하고 댓글을 달았는지 개별 통계를 확인할 수 있습니다.

17 > 소통하며 즐겨볼까? 릴스 구경하기

다른 사용자들이 제작한 릴스를 구경하고 즐기며 그들은 어떤 영상물을 제작하고 어떤 방식으로 제작했는지 알아보고 소통을 시작합니다.

01 다양한 릴스 둘러보기

릴스 구경하기

1 하단 메뉴의 '릴스' 아이콘( )을 터치하면 릴스 화면으로 이동하며 릴스로 제작된 모든 영상을 볼 수 있습니다. 화면을 위로 드래그하여 수많은 릴스를 확인할 수 있습니다.

TIP 화면을 아래로 살짝 드래그하여 수많은 영상을 확인할 수 있고, 어떤 스타일로 제작했는지 어떤 음악을 사용했는지 참고할 수 있습니다.

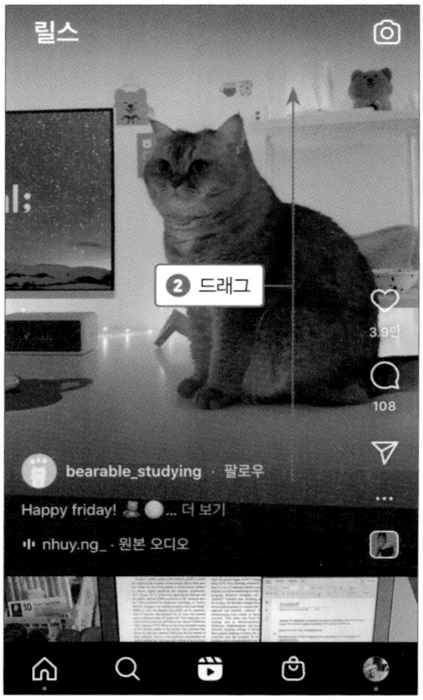

계정 확인 및 더 보기

2 영상의 왼쪽 하단에서 해당 릴스를 제작한 계정 및 짧은 본문 내용을 확인할 수 있습니다. 기재된 릴스 내용은 '더 보기'를 터치하여 전체 내용을 확인할 수 있습니다.

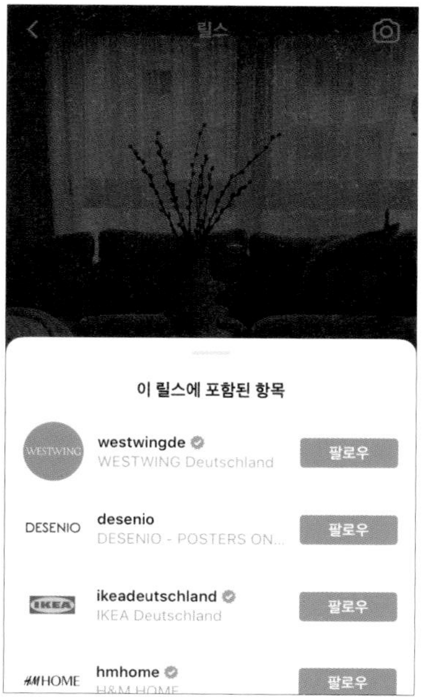

팔로잉하기

3 계정 옆에 '팔로우'를 터치하여 바로 릴스를 제작한 계정을 팔로우할 수 있고 '오디오 원본'과 '태그된 사람'을 터치하여 확인할 수도 있습니다.

릴스 계정 구경하기

4 '계정'을 터치하면 해당 계정의 릴스 페이지로 이동합니다. 계정을 구경하거나 팔로우할 수 있습니다.

배경 음악 끄기와 켜기

5 화면을 터치하면 배경 음악 설정이 반대로 변경됩니다. OFF 상태라면 ON으로 바뀌고 ON 상태라면 터치 후 OFF로 변경됩니다.

02 소통하기

공감하기

1 영상 오른쪽에서 '좋아요' 아이콘(♡)을 터치하여 릴스에 대한 호감을 표시할 수 있습니다.

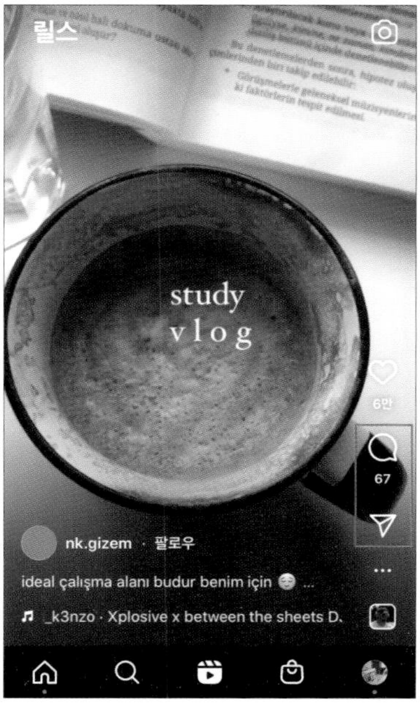

댓글과 메시지 보내기

2 '댓글' 아이콘(💬)을 터치하여 해당 영상에 대한 댓글을 남기거나 '메시지' 아이콘(▽)을 터치하여 제작자에게 메시지를 남길 수 있습니다.

03 음악 확인하기

사용된 음악 확인하기

1 릴스에 사용된 오디오는 하단의 '곡명'이나 '음악' 아이콘을 터치하면 가수와 곡의 정보를 확인할 수 있습니다.

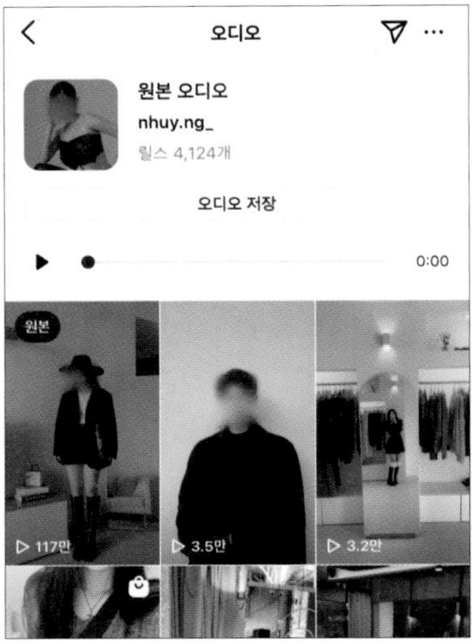

04 릴스 저장하기

저장하고 삭제하기

1 해당 릴스를 저장하고 싶다면 '더 보기' 아이콘(…)을 터치하고 〈저장〉 버튼을 터치합니다. 〈저장 항목에서 삭제〉 버튼을 터치하면 저장에서 제외되며 저장된 릴스는 다른 피드와 함께 내 계정 저장 폴더에서 확인할 수 있습니다.

TIP 문제의 영상이 있다면 설정 화면에서 〈신고〉 버튼을 터치하여 신고하거나 내 취향의 영상이 아닌 경우 〈관심 없음〉 버튼을 터치하여 릴스를 더 이상 보지 않을 수 있습니다. 이외에 〈링크 복사〉, 〈공유하기〉 버튼이 있습니다.

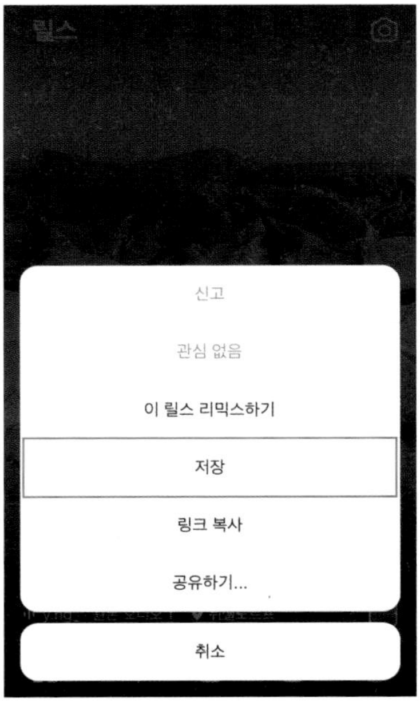

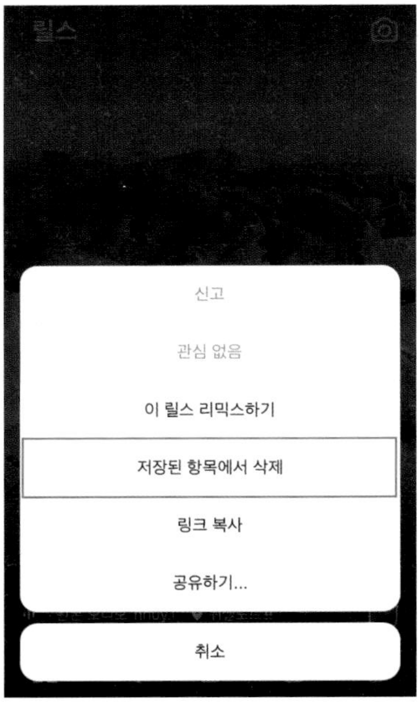

05 릴스 활용하기

릴스 리믹스하기

1 릴스 화면에서 '더 보기' 아이콘(⋯) 터치하고 〈이 릴스 리믹스하기〉 버튼을 터치하면 릴스 리믹스하기가 준비됩니다.

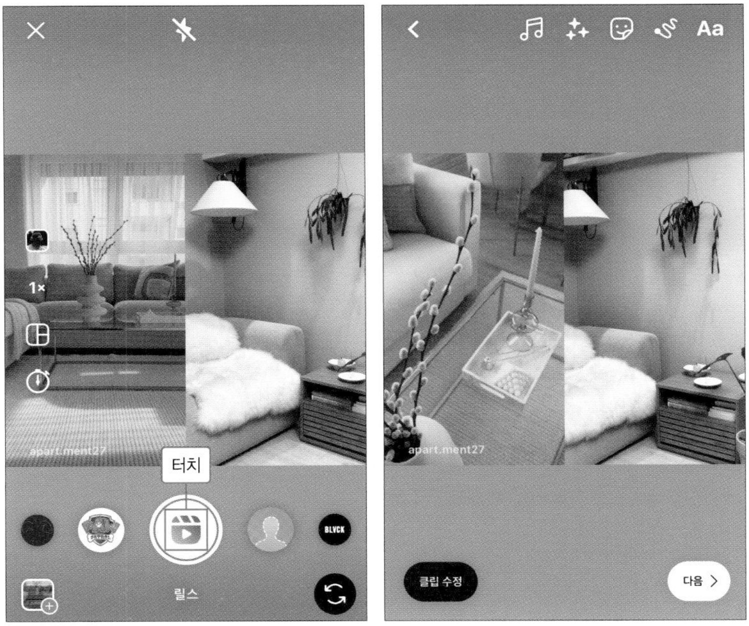

영상 추가하기

2 선택된 릴스 영상은 왼쪽 분할 화면에 표시됩니다. 촬영 버튼을 터치하면 오른쪽 영역에 새로운 영상을 촬영할 수 있습니다.

TIP 리믹스하기는 모든 릴스에 적용되지 않으며 '리믹스가 허용된 릴스'만 가능합니다.

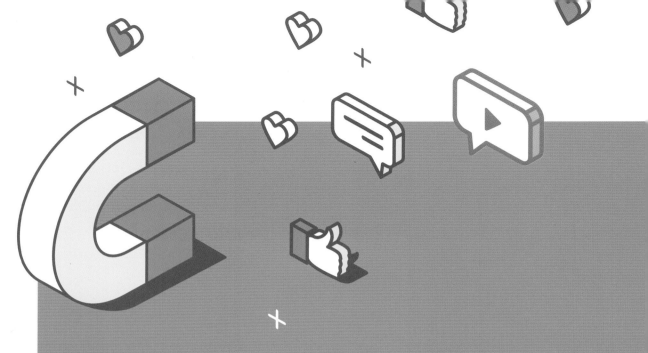

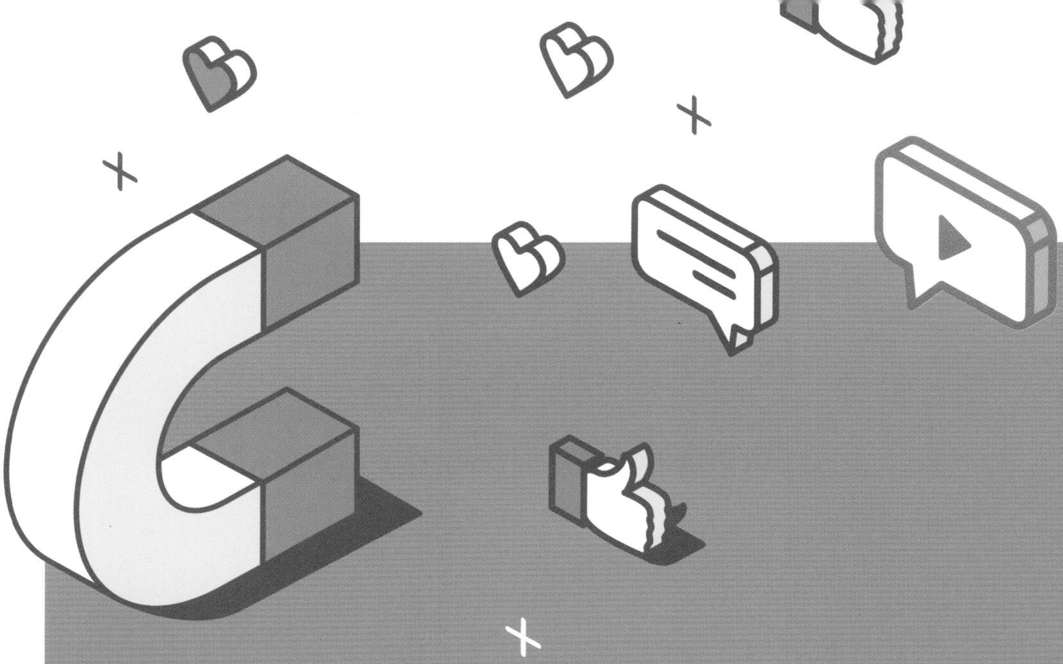

Instagram

PART 05

브랜드 마케팅의 수단, 인스타그램 샵

인스타그램을 통해 원하는 상품의 정보와 가격을 확인하고 바로 구매할 수도 있으며, 마음에 드는 SHOP을 팔로우하거나 해당 상품을 스크랩하는 방법이 있습니다. 인스타그램 샵에 대한 기능들을 알아보겠습니다.

01 > 신속하고 정확한 쇼핑! Shop 둘러보기

내가 구경한 제품과 유사한 제품을 맞춤 제안하여 효율적인 쇼핑을 도와줍니다.

01 Shop 구경하기

Shop 이용하기

1 인스타그램 하단 메뉴에서 'Shop' 아이콘( )을 터치하면 Shop 메인 화면으로 이동합니다.

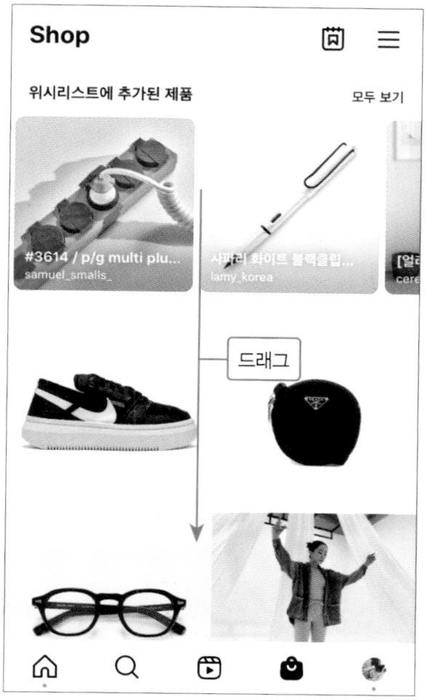

제품 구경하기

2 Shop 메인 화면에서 하단으로 드래그하면 위시리스트에 추가된 상품 및 팔로우하는 Shop의 게시물이나 신상품, 개인 맞춤 샵을 확인 할 수 있습니다.

02 제품 검색하기

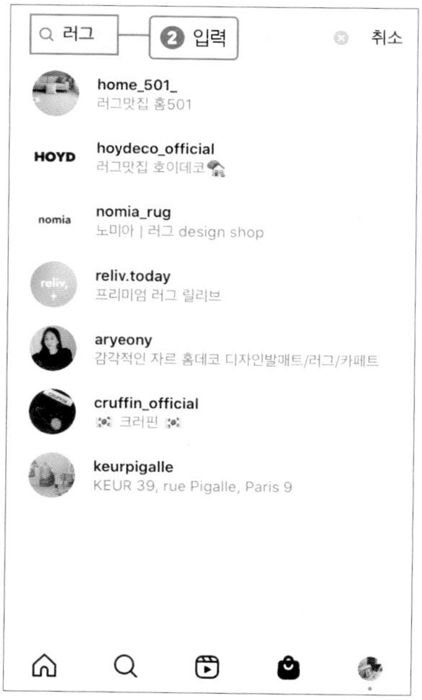

원하는 제품 검색하기

1 '검색창'을 터치하고 원하는 상품을 입력하면 관련 Shop의 리스트가 나타납니다. 원하는 상점을 터치하고 이동합니다.

03 Shop 분류별로 즐기기

카테고리 살펴보기

1 Shop 메인 화면의 상단에는 〈Shop〉, 〈동영상〉, 〈에디터 추천〉, 〈컬렉션〉, 〈가이드〉 버튼으로 나뉘어 있습니다.

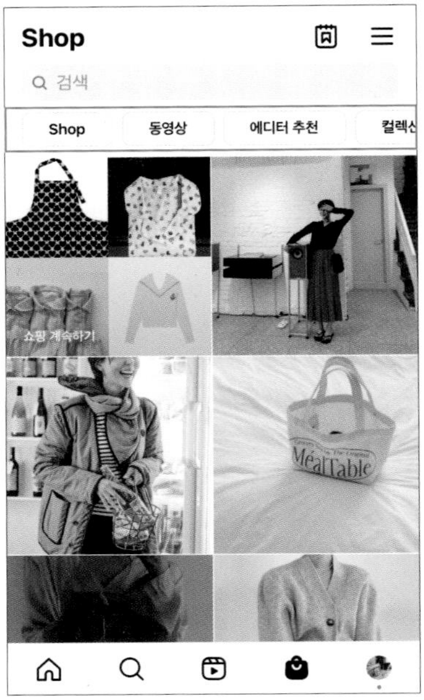

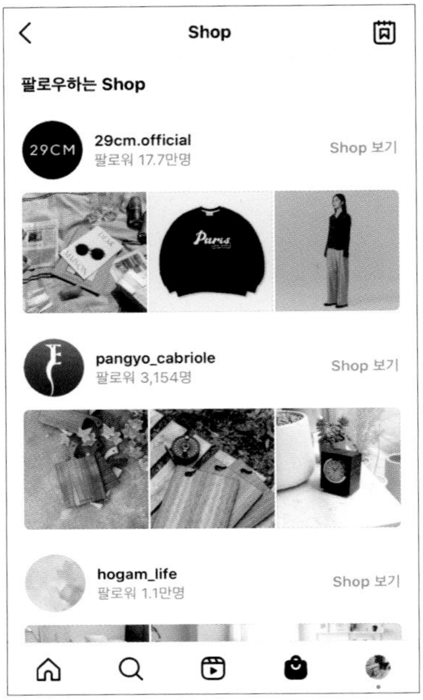

Shop 목록 살펴보기

2 〈Shop〉 버튼을 터치하면 팔로우하는 Shop과 추천 Shop 목록을 확인할 수 있습니다.

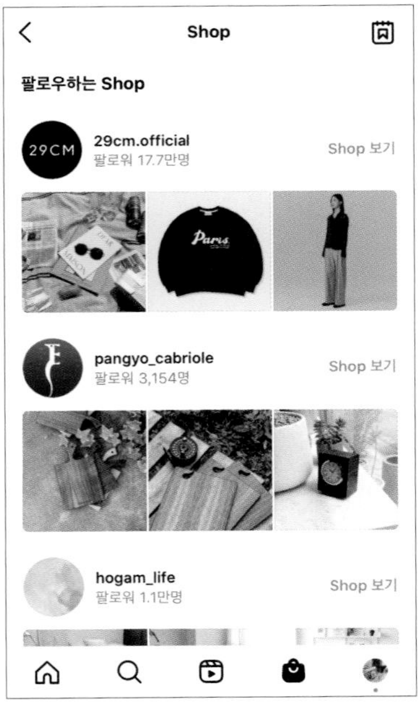

동영상 목록 살펴보기

3 〈동영상〉 버튼을 터치하면 영상으로 제품 정보를 제공하는 상품을 확인할 수 있습니다.

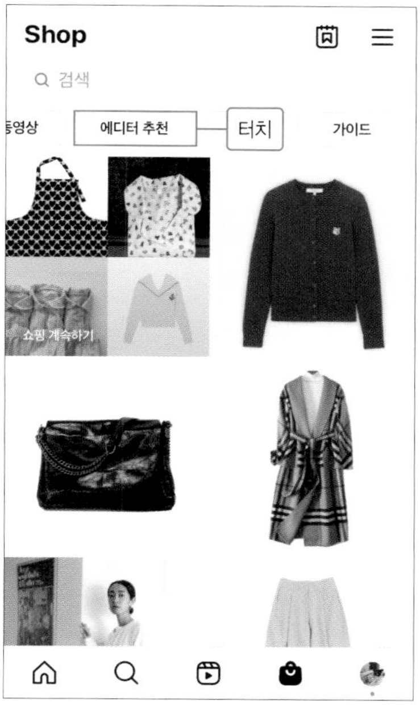

에디터 추천 목록 살펴보기

4 〈에디터 추천〉 버튼을 터치하면 에디터 추천 상품을 확인합니다.

컬렉션 목록 살펴보기

5 〈컬렉션〉 버튼을 터치하면 쇼핑 광고주 계정의 제품들을 모아서 볼 수 있습니다.

가이드 목록 살펴보기

6 〈가이드〉 버튼을 터치하면 상품에 대한 가이드를 확인할 수 있어서 쇼핑 정보 수집에 도움을 줍니다.

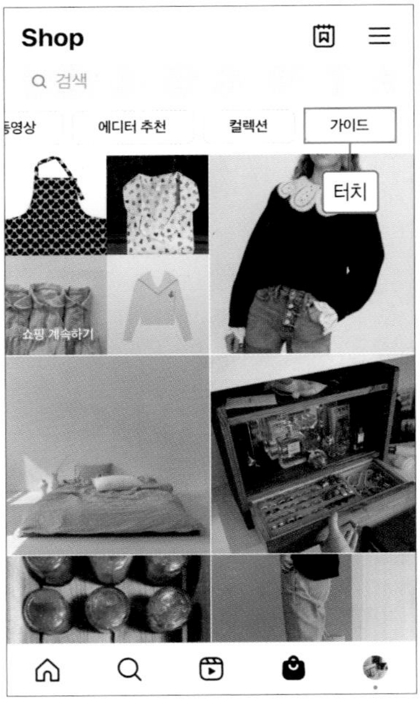

02 어떤 쇼핑몰이 있을까? Shop 알아보기

샵 계정에서는 샵에서 제공하는 분류별로 제품을 구경할 수 있고, 샵 매니저에게 제품에 대한 궁금한 것을 질문할 수 있습니다.

01 Shop 계정 이용하기

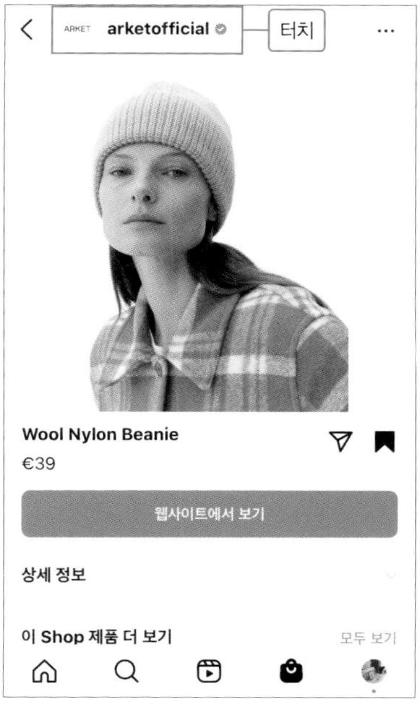

Shop 계정 메인 화면으로 이동하기

1 상품 상세 페이지에서 'Shop 계정'을 터치하여 Shop 계정 메인 화면으로 이동합니다.

상품 문의하기

2 Shop 계정 메인 화면에서 '더 보기' 아이콘(≡)을 터치한 다음 **메시지 보내기**를 선택하여 Shop 매니저에게 메시지를 보낼 수 있습니다.

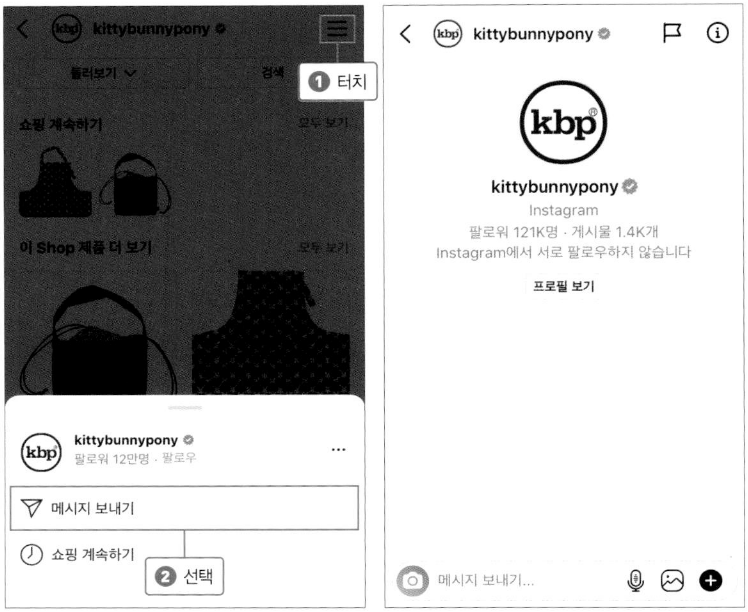

신고, 복사, 공유하기

3 적절하지 않은 상품을 신고하고 싶거나 상품 정보를 공유하고 싶을 때는 오른쪽 상단의 '전체 메뉴' 아이콘(≡)을 터치하고 '더 보기' 아이콘(···)을 터치한 다음 표시되는 팝업 창에서 원하는 버튼을 터치합니다.

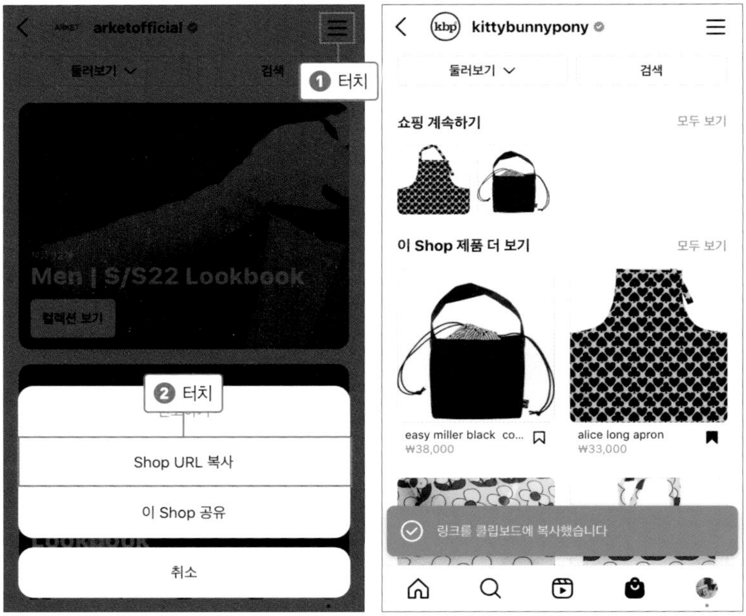

02 내가 원하는 상품 찾기

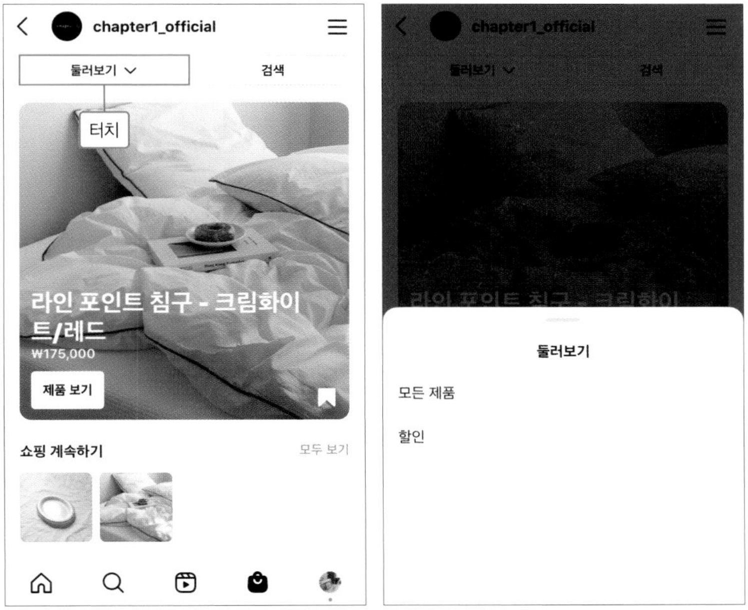

분류별 상품 구경하기

1 Shop 계정 메인 화면에서 〈둘러보기〉 버튼을 터치하면 Shop의 카테고리를 확인하고 원하는 분류를 선택하여 상품을 구경할 수 있습니다.

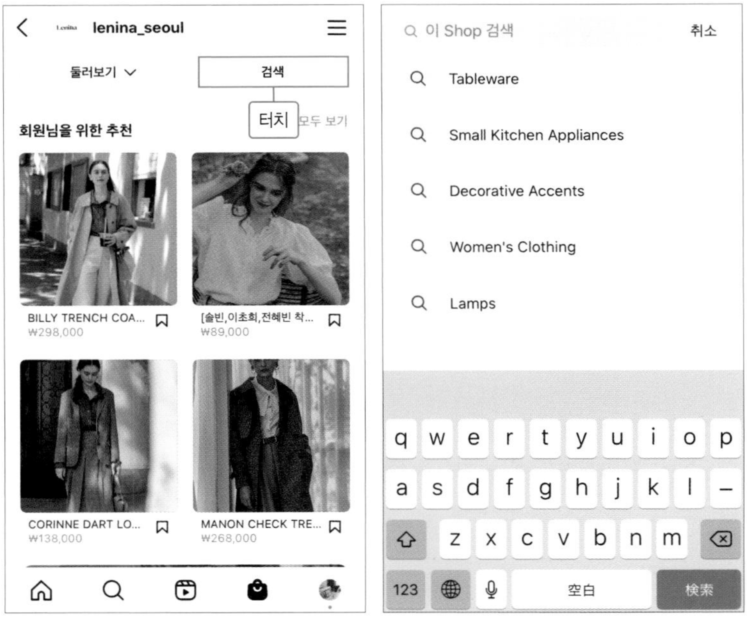

제품 검색하기

2 Shop 계정 메인 화면에서 〈검색〉 버튼을 터치하여 Shop 내에서 찾을 상품을 검색할 수 있습니다.

03 > 자세하게 알아본다! 상품 정보 확인하기

구매를 위한 제품 상세 정보 및 가격을 확인하고, 더 많은 제품을 보기 위해 쇼핑몰로 이동하는 방법을 알아보겠습니다.

01 가격 확인하기

상품 가격 확인하기

1 상품 리스트 중에서 원하는 상품을 터치하여 상품 상세 페이지로 이동하면 상품의 가격 정보를 확인할 수 있습니다.

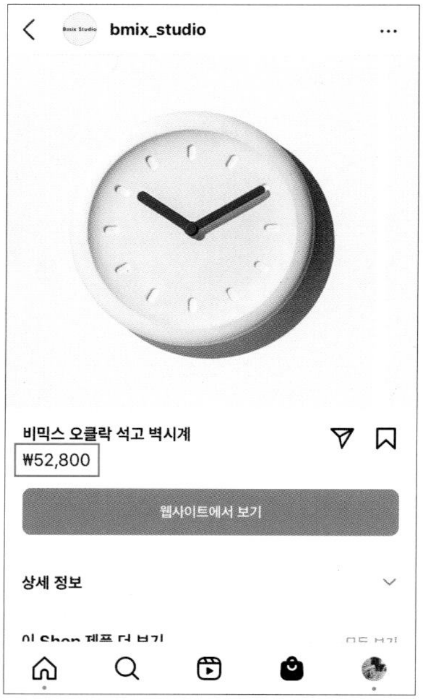

02 상세 정보 확인하고 구매하기

정보 확인과 구매하기

1 상품 이미지 하단에 '상품 정보'를 터치하면 해당 상품의 상세 정보를 확인할 수 있으며 Shop 관리자에게 메시지를 보낼 수도 있습니다.

샵 제품 더보기

2 상품 상세 정보 아래에 이 Shop 제품 더 보기란에서 〈모두 보기〉 버튼을 터치하면 인스타그램에 등록된 Shop의 모든 상품을 확인할 수 있습니다.

쇼핑몰로 이동하기

3 〈웹사이트에서 보기〉 버튼을 터치하면 상품을 판매하는 쇼핑몰 사이트로 이동합니다.

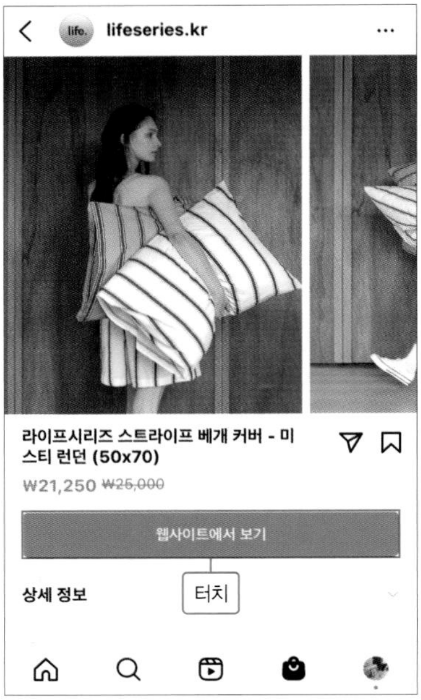

상품 정보 바로 보기

4 원하는 상품을 길게 터치하면 제품명과 함께 가격을 확인할 수 있으며 〈제품 신고〉, 〈관심 없음〉, 〈저장〉, 〈Shop 보기〉 버튼도 함께 표시됩니다.

TIP 길게 터치하여 팝업 창이 표시되면 상품 이미지를 터치하면 상품 상세 페이지로 이동할 수 있습니다.

04 > 나의 쇼핑 리스트! Shop 관리하기

내 쇼핑 리스트를 관리하고 마음에 드는 제품을 찜해두는 위시리스트 사용부터 보기 싫은 상품 숨겨두는 방법 등을 익혀 Shop 사용을 관리해 보겠습니다.

01 위시리스트 사용하기

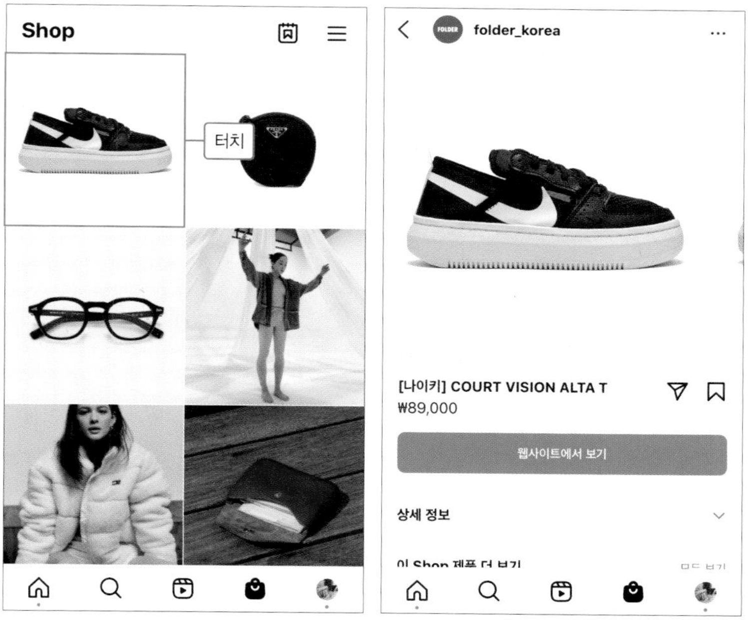

위시리스트 만들기

1 상품 리스트에서 특정 상품을 터치한 다음 상품 상세 페이지로 이동합니다.

2 상품 상세 페이지에서 '저장' 아이콘()을 터치하면 해당 상품은 위시리스트에 저장됩니다.

바로 저장하기

3 Shop 메인 화면에서 원하는 상품을 길게 터치한 다음 〈저장〉 버튼을 터치하면 위시리스트에 바로 저장됩니다.

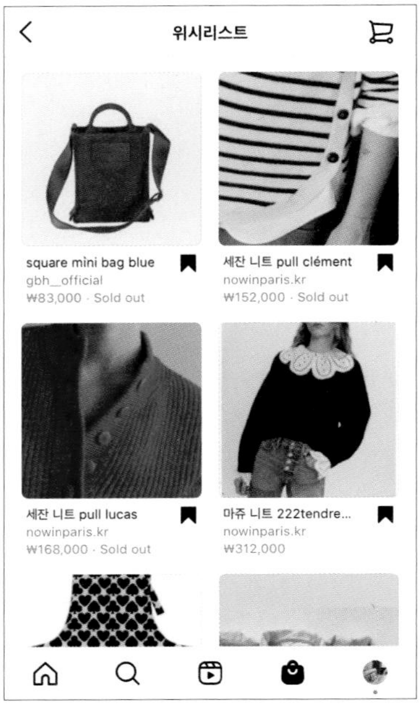

TIP '저장' 아이콘()을 터치하여 비활성화하면 상품은 위시리스트에서 삭제됩니다.

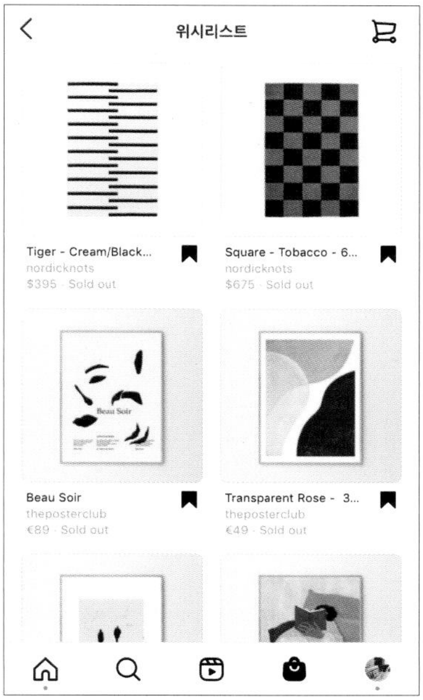

위시리스트 확인하기

4 '위시리스트' 아이콘(🔖)을 터치하여 저장한 상품들을 확인할 수 있는 위시리스트 페이지로 이동합니다.

02 상품 표시하기

상품 보지 않기

1 더 이상 보고 싶지 않은 상품은 해당 상품을 선택하고 '더 보기' 아이콘(···)을 터치한 다음 〈관심 없음〉 또는 〈제품 신고〉 버튼을 터치합니다.

관심 없음 의견 제출하기

2 〈관심 없음〉 버튼을 터치하면 의견이 제출되며, Shop 메인 화면에서 상품이 블러 처리되어 표시됩니다.

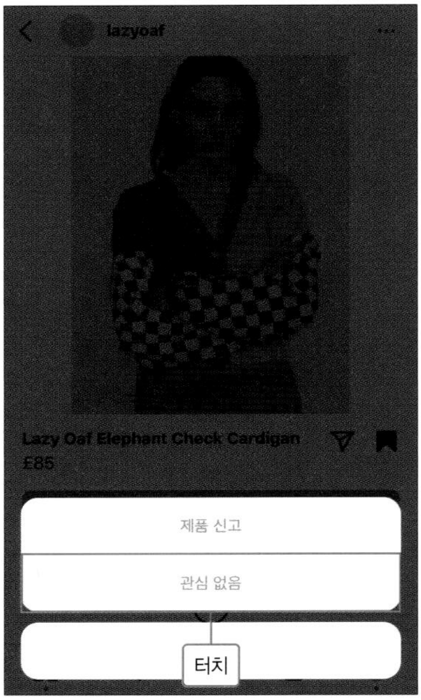

상품 다시 보기

3 해당 상품을 다시 보고 싶은 경우에는 블러 처리된 상품을 두 번 터치한 다음 〈숨기기 취소〉 버튼을 터치합니다.

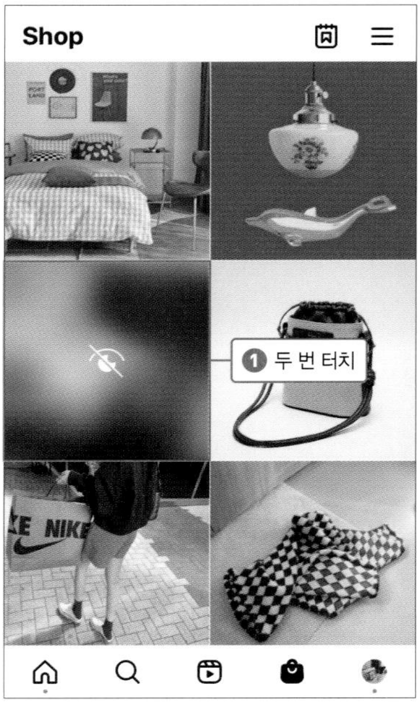

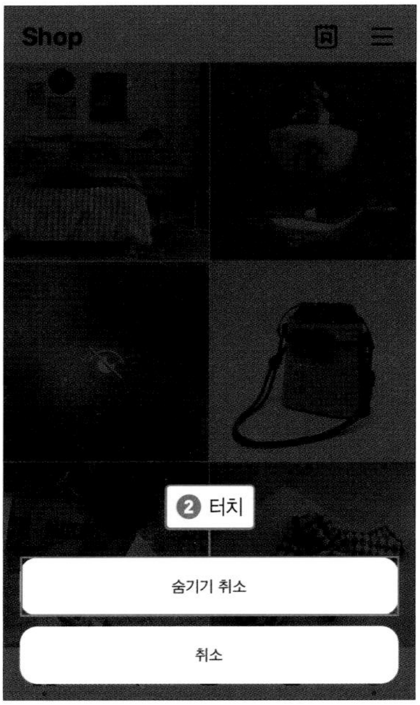

03 쇼핑 내역 확인하기 및 알림 설정하기

쇼핑 활동 확인하기

1 Shop 메인 화면에서 '더보기' 아이콘(≡)을 터치한 다음 **쇼핑 활동**을 선택하면 알림 설정한 브랜드에 대한 소식을 확인할 수 있습니다.

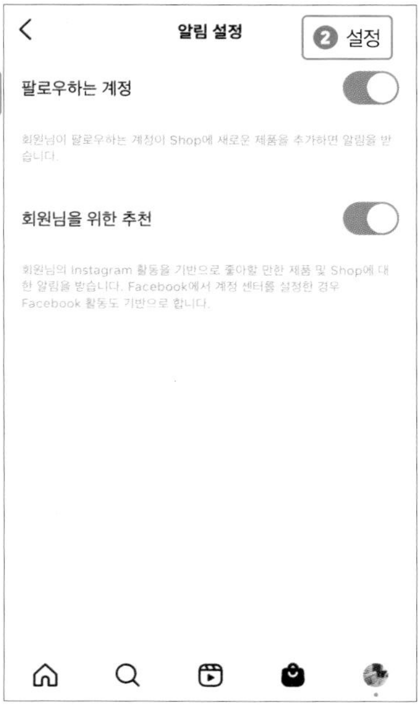

알림 설정하기

2 팔로우하는 계정의 신상품 입고 소식을 알림 받고 싶거나 나를 위한 추천 상품의 알림 정보를 설정하려면 쇼핑 활동 화면에서 '설정' 아이콘(⚙)을 터치합니다.
알림 설정 화면에서 활성화 또는 비활성화하여 설정합니다.

05 Shop 추가하고 제품 판매하기

제품 판매 신청 이전에 페이스북 카탈로그와 페이지 만들기가 선행되어야 한다는 점을 유의하고 다음 과정을 따라 판매 신청을 진행합니다.

01 Shop 만들기

쇼핑 기능 설정하기

1 개인 계정인 경우에는 내 계정에서 '더 보기' 아이콘(≡) 을 터치한 다음 **설정 → 비즈니스**에서 'Instagram 쇼핑 기능 설정'을 터치합니다. 프로페셔널 계정인 경우에는 내 계정에서 〈Shop 추가〉 버튼을 터치합니다.

알아두기

수많은 인스타그램 사용자 중에서 내 계정을 홍보하기란 쉽지 않습니다. 하지만 홍보 기능들을 잘 활용하고 꾸준히 게시물을 빠르게 업로드하고 소통한다면 느린 속도라도 팔로워는 늘어갑니다. 하지만 더 빠르게 팔로워를 증가시키려면 적극적인 홍보 방법을 이용하는 것이 좋습니다.

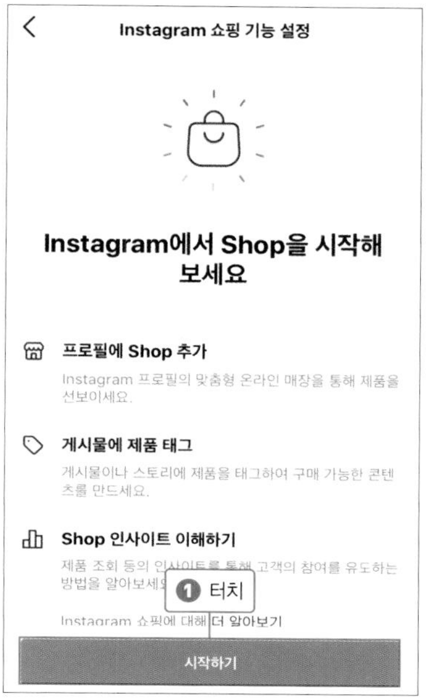

Shop 시작하기

2 Instagram 쇼핑 기능 설정에서 〈시작하기〉 버튼을 터치한 다음 샵을 만들기 위해 〈Facebook 계정 연결〉 버튼을 터치하여 페이스북 계정에 연결하고 순차적으로 샵 생성 과정을 진행합니다.

TIP Shop을 시작하면 게시물에 제품(가격) 태그를 적용할 수 있고, 제품 조회 등의 인사이트를 통해 제품 판매에 도움을 받을 수 있습니다.

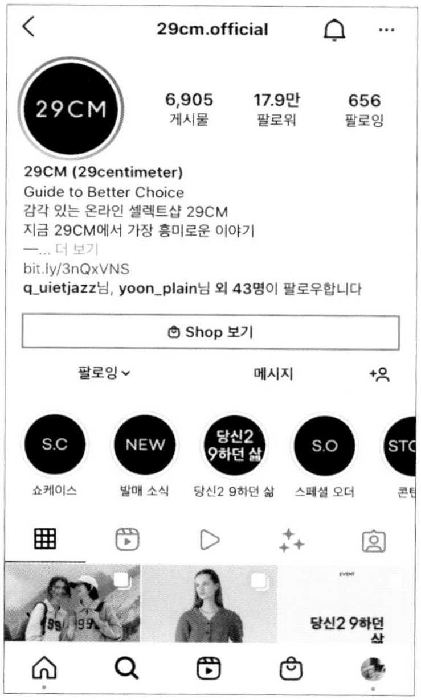

Shop 추가 완료하기

3 샵을 추가하기 위해서는 샵 생성 과정을 거친 다음 샵을 심사하는 과정이 필요하며, 심사가 완료된 다음 내 계정에 〈Shop보기〉 버튼이 추가됩니다.

TIP 인스타그램에서 확인하고 허가를 받기까지는 꽤 시간이 걸리므로 미리 준비합니다.

06 > 이거 얼마예요? 가격 태그 확인 및 구매하기

인스타그램에서 제품 판매 기능 신청이 승인되면 가격 태그를 설정한 게시물에는 장바구니 표시가 나타나 판매 또는 구매할 수 있습니다.

01 Shop 보기

샵 보기

1 샵을 운영하는 계정에서 〈Shop 보기〉 버튼을 터치하면 운영하는 Shop으로 이동합니다.

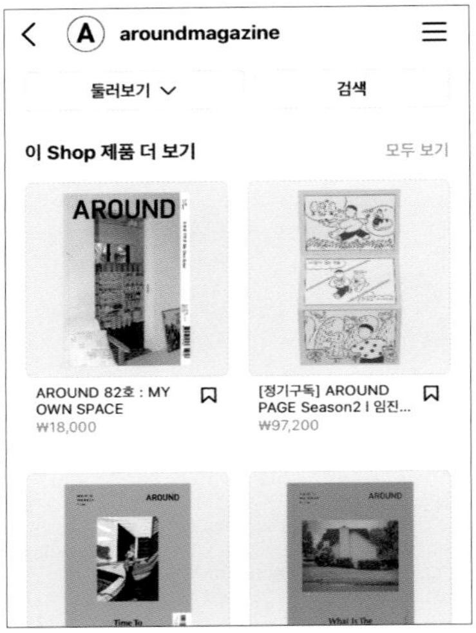

제품 정보 보기

2 샵을 운영하는 계정 혹은 인스타를 구경하는 중에 피드 이미지에 'Shop' 아이콘( )이 표시되면 그 이미지의 제품 정보 및 가격 정보를 확인할 수 있습니다. 이미지를 터치하고 다시 해당 이미지를 터치하면 제품명이 표시됩니다.

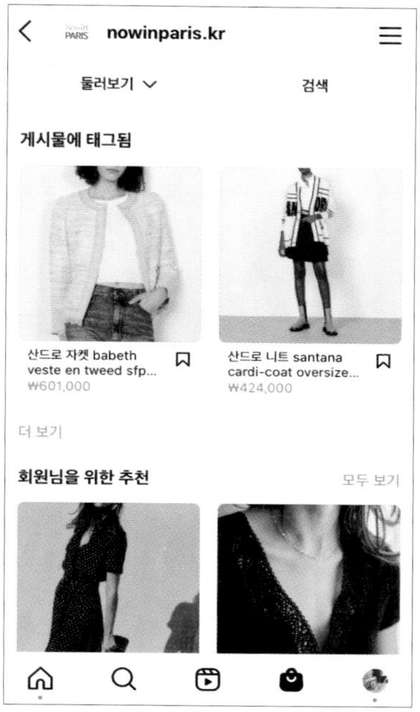

가격 태그 보기

3 여러 가지 제품이 가격으로 태그된 경우에는 피드 위의 'Shop' 아이콘( )을 터치하면 '이 사진에 태그된 항목'으로 이동하여 태그된 모든 제품의 정보를 확인할 수 있습니다. 피드 아래에 〈쇼핑 계속하기〉 버튼을 터치하면 Shop으로 이동합니다.

TIP 해당 게시물을 보관하고 메시지를 보내는 기능도 제공합니다.

제품 구매하기

4 여러 가지 제품이 가격 태그된 경우에는 피드를 한 번 터치하면 각각의 제품명이 표시되고, 보고 싶은 특정 상품명을 터치하면 해당 상품의 정보를 확인할 수 있습니다. 〈웹사이트에서 보기〉 버튼을 터치하면 해당 사이트의 상세 페이지로 이동한 다음 상품을 구매할 수 있습니다.

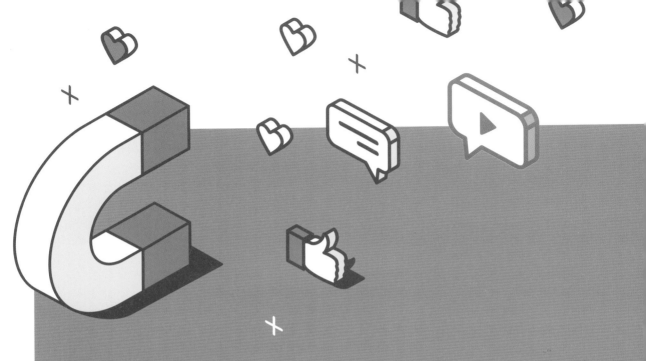

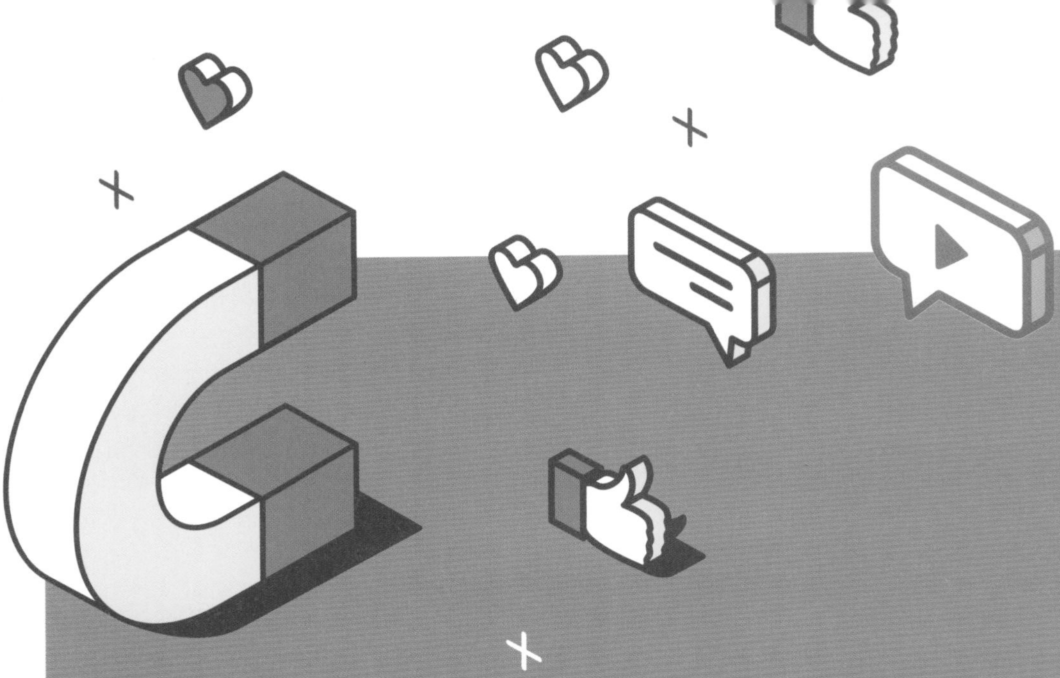

Instagram

PART 06

나만의 매거진, 가이드 기능으로 홍보하기

가이드는 콘텐츠를 목적에 맞게 분류하고 정리하여 매거진처럼 사용할 수 있는 기능입니다. 특정한 정보를 공유하거나 제품을 소개하는 마케팅 용도로 사용하기에도 좋습니다.

01 > 어떤 가이드를 만들까? 가이드 시작하기

가이드는 게시물, 제품, 장소의 유형으로 제작이 가능합니다. 1개의 게시물에는 동영상 포함 이미지를 최대 30개까지 선택하여 작성할 수 있으며, 주제별로 피드를 정리하거나 모아 둘 수 있습니다.

01 가이드 만들기

가이드 시작하기

1 내 계정 오른쪽 상단에 '새로 만들기' 아이콘(+)을 터치하고 **가이드**를 선택합니다. 가이드를 이미 생성했다면 '가이드' 카테고리를 터치하고 '+' 아이콘을 터치해도 됩니다.

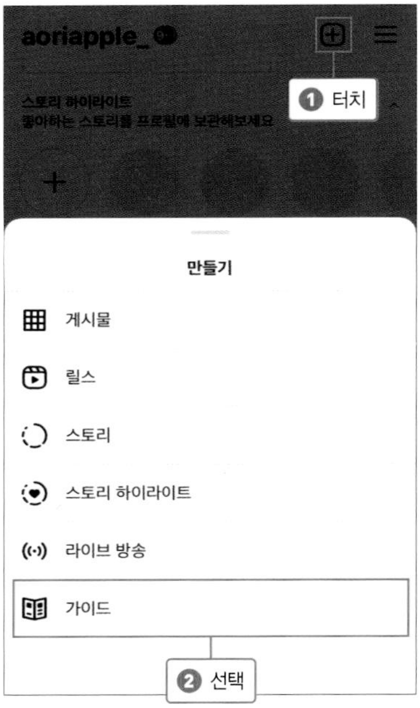

02 가이드 유형 선택하기

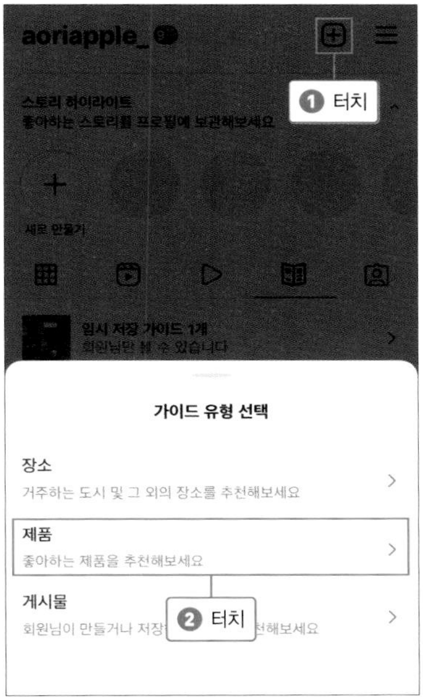

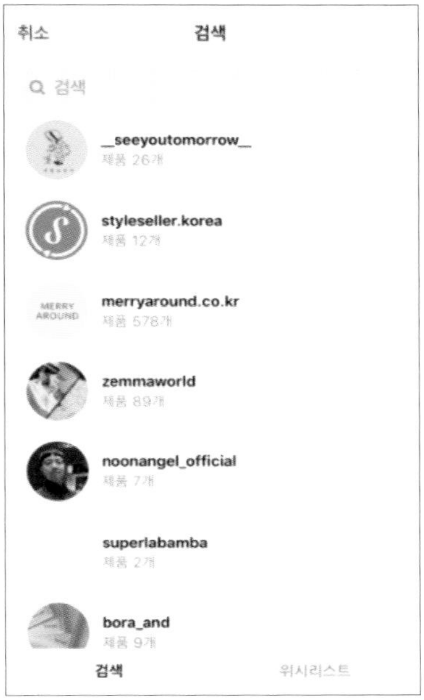

유형 선택하기

1 '새로 만들기' 아이콘(+)을 터치하면 **장소, 제품, 게시물** 분류가 나타나며, 원하는 유형을 선택합니다. 예제에서는 **제품**을 선택했습니다. 추천샵 리스트를 선택할 수 있습니다.

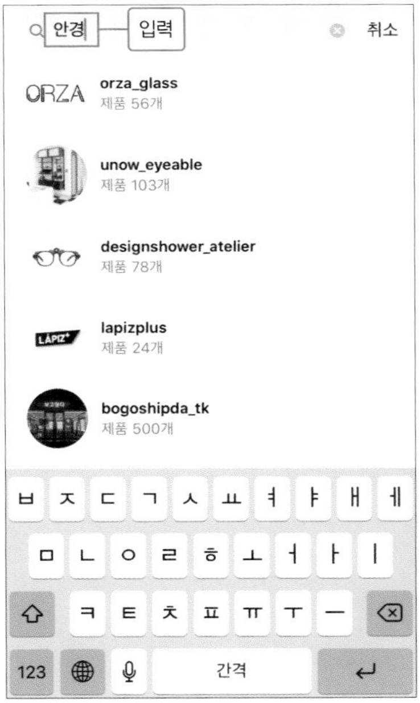

제품 유형 선택하기

2 검색창에서 원하는 제품을 입력하여 찾거나 [위시리스트] 탭에서에서 저장된 상품을 불러올 수도 있습니다.

장소 유형 선택하기

3 가이드 유형 중 **장소**를 선택하면 검색창에서 원하는 장소를 입력하여 찾거나 미리 저장된 장소를 불러오거나 [내 게시물] 탭에서 장소를 불러올 수 있습니다.

게시물 유형 선택하기

4 가이드 유형 세 분류 중 **게시물**을 선택하면 [저장된 모든 게시물] 혹은 [내 게시물] 탭에서 이미지를 선택할 수 있습니다.

02 > 같은 주제를 모아볼까? 게시물 가이드 만들기

주제가 비슷한 게시물을 모아 매거진으로 만들 수 있는 가이드 유형이며, 내 피드에서 게시물을 가져오거나 다른 사용자의 피드를 저장해 둔 폴더에서 게시물을 불러올 수 있습니다.

01 게시물 가이드 만들기

게시물 유형 선택하기

1 가이드 유형 중 **게시물**을 선택하면 하단에 [저장된 모든 게시물]과 [내 게시물] 두 가지 탭 분류를 확인할 수 있습니다.

예제에서는 [내 게시물] 탭을 선택하고 원하는 게시물을 선택한 다음 〈다음〉 버튼을 터치하여 이동합니다.

알아두기

가이드 유형에 따라 '장소', '제품'은 한 번에 최대 5개의 이미지나 동영상을 선택할 수 있고, '게시물'은 한 번에 최대 30개의 이미지나 동영상을 선택할 수 있습니다. 최소 2개 이상의 게시물, 제품, 장소를 포함하고 있어야 가이드 발행이 가능합니다.

게시물 작성하고 공유하기

2 선택된 게시물은 커버 사진으로 자동 등록되며, '제목 추가'를 터치하여 제목을 입력한 다음 하단에 가이드 내용을 작성합니다. 작성이 완료되면 오른쪽 상단의 〈다음〉 버튼을 터치하여 공유 화면으로 이동합니다.

커버 사진 변경하기

3 '커버 사진 변경'을 터치하면 내 게시물, 저장됨에 보관된 게시물, 가이드에 포함된 게시물 중에서 이미지를 선택할 수 있습니다. 섬네일 이미지를 터치하면 바로 커버 이미지로 적용됩니다.

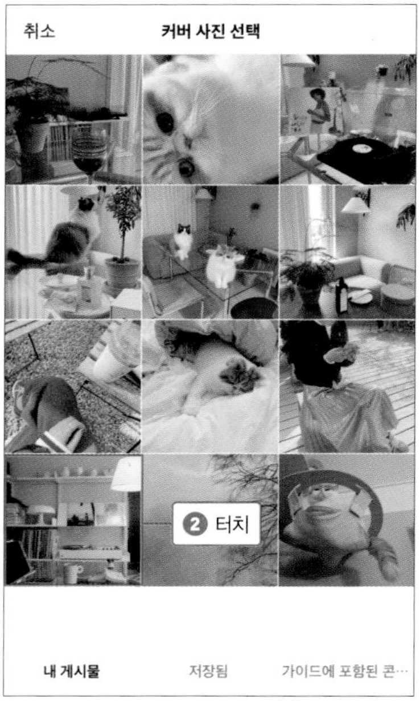

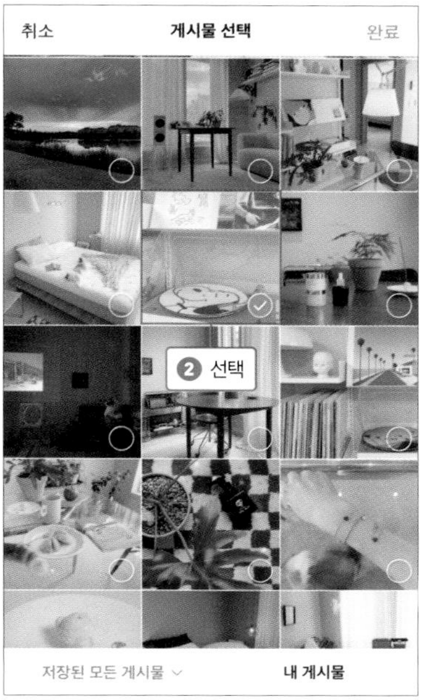

게시물 추가하기

4 가이드에 게시물을 추가하려면 하단의 〈게시물 추가〉 버튼을 터치하고 게시물을 선택합니다.

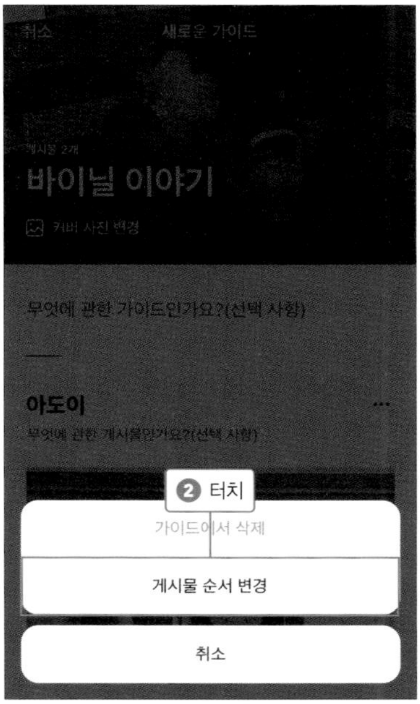

게시물 순서 변경하기

5 추가된 게시물의 순서를 변경하고 싶다면 게시물 제목 옆에 '•••' 아이콘을 터치한 다음 〈게시물 순서 변경〉 버튼을 터치합니다.

6 게시물 리스트를 확인할 수 있으며 게시물의 오른쪽에 '≡' 아이콘을 터치한 상태로 위, 아래로 드래그하면 원하는 순서로 이동이 가능합니다. 오른쪽 상단의 〈완료〉 버튼을 터치하여 적용합니다.

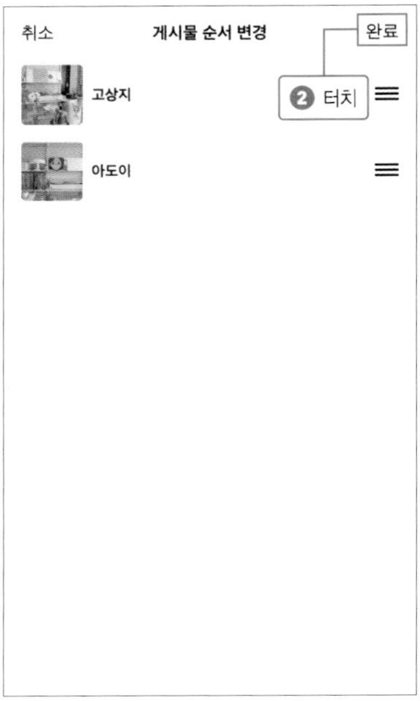

임시 저장하기

7 가이드 작성이 완료되지 않았을 때는 작성 중 화면에서 〈다음〉 버튼을 터치하고 〈임시 저장〉 버튼을 터치합니다.

미리 보기

8 가이드를 공유하기 전에 〈미리 보기〉 버튼을 터치하여 가이드가 잘 작성되었는지 확인 가능하며, '×' 아이콘을 터치하면 이전 화면으로 돌아갑니다.

TIP 제목과 내용을 작성한 다음 화면을 위 혹은 아래로 드래그하면 텍스트 입력 키패드가 사라집니다.

임시 저장 가이드 보기

9 작성 중인 가이드는 나만 볼 수 있는 상태로 저장되며, 내 계정에서 '가이드' 카테고리를 터치하면 임시 저장된 가이드를 확인할 수 있습니다.

03 > 홍보에 필수! 제품 가이드 만들기

특정 제품이나 같은 부류의 제품, 혹은 내가 판매하는 제품들을 소개하거나 홍보하기 위해서 사용하면 좋은 가이드 유형입니다.

01 제품 가이드 만들기

제품 유형 선택하기

1 가이드 유형 중 **제품**을 선택하면 하단에 '검색'과 '위시리스트' 두 가지 탭 분류를 확인할 수 있습니다. 검색창과 아래에는 자동으로 추천 샵 리스트가 표시됩니다.

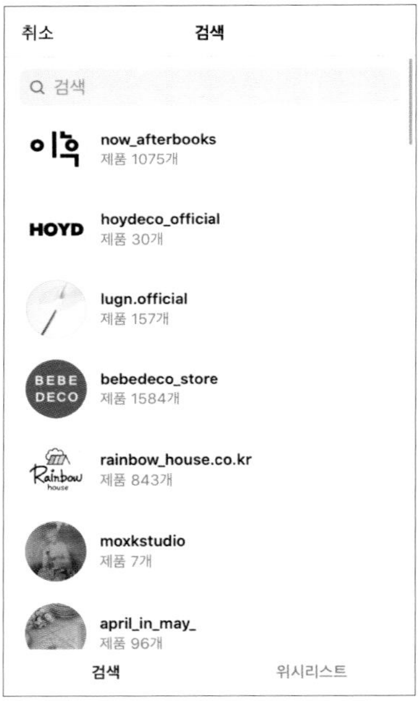

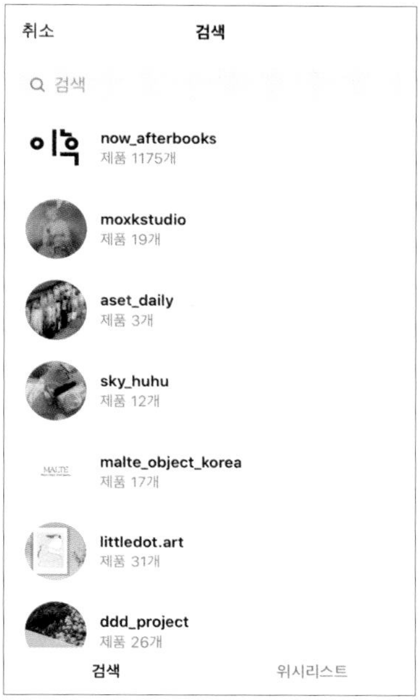

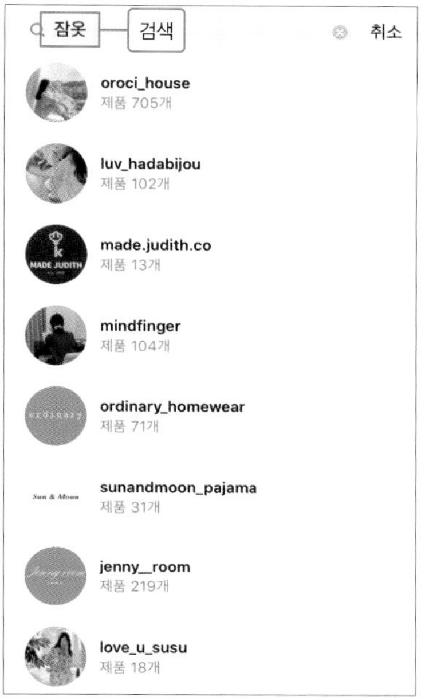

제품 검색하기

2 추천 샵을 터치하여 이동하거나, 원하는 제품군이 있다면 검색창에 단어를 검색하여 원하는 샵이 나타나면 선택합니다.

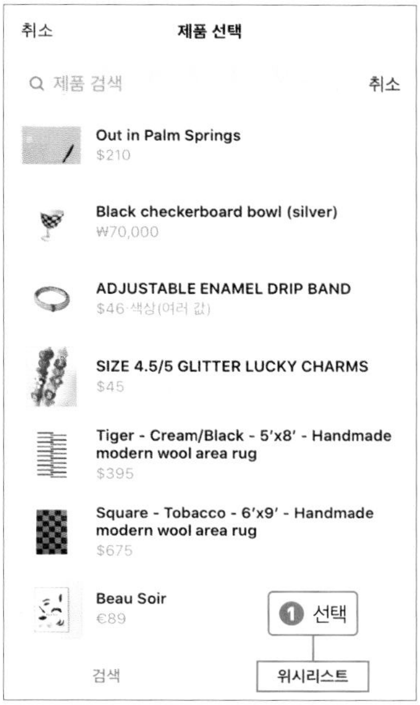

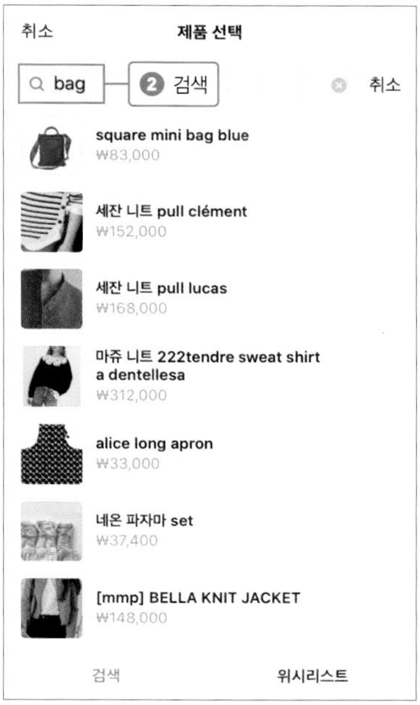

위시 리스트에서 제품 불러오기

3 [위시 리스트] 탭을 선택하고 검색창에 원하는 단어를 검색하여 제품을 찾습니다.

제품 선택하기

4 샵으로 이동하면 제품 리스트가 표시되며, 리스트를 선택하면 게시물의 이미지가 다양하게 나타납니다. 원하는 상품 이미지를 선택하고 〈다음〉 버튼을 터치하여 이동합니다.

TIP 게시물은 여러 개도 선택이 가능합니다.

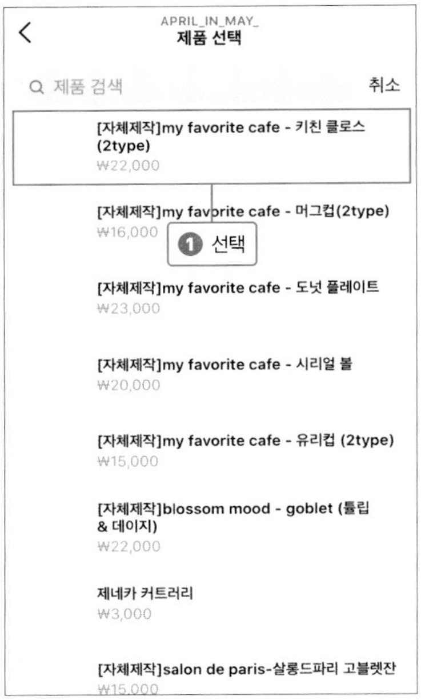

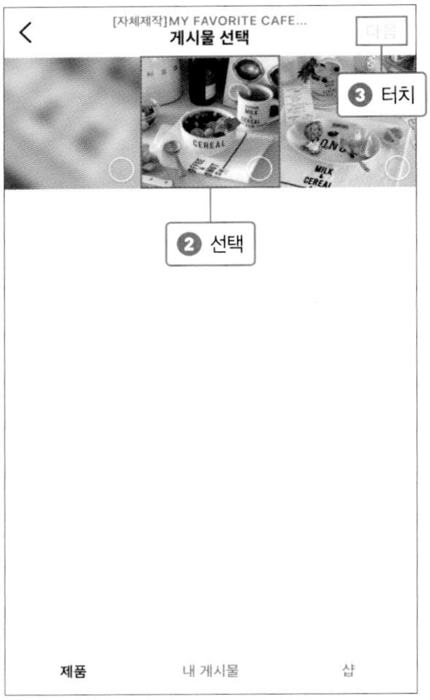

제품 가이드 내용 작성하기

5 제품명과 사진으로 타이틀이나 커버 사진이 자동으로 작성되며, 커버 사진을 변경하거나 제목과 내용을 입력할 수 있습니다.

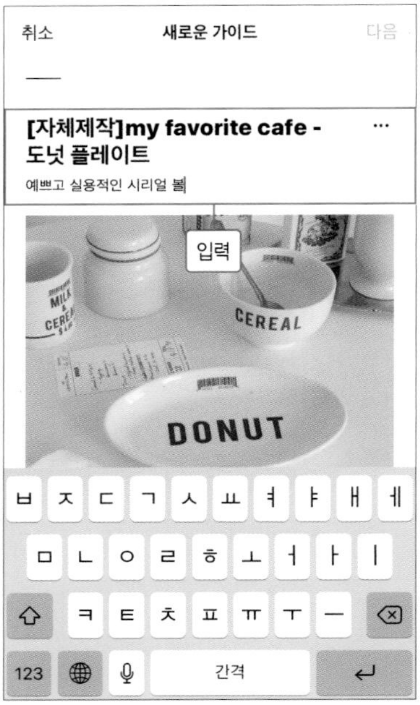

텍스트 수정하기

6 불러온 제품 게시물의 제목과 내용을 수정하고자 할 때는 수정하려는 텍스트를 터치하면 수정이 가능합니다.

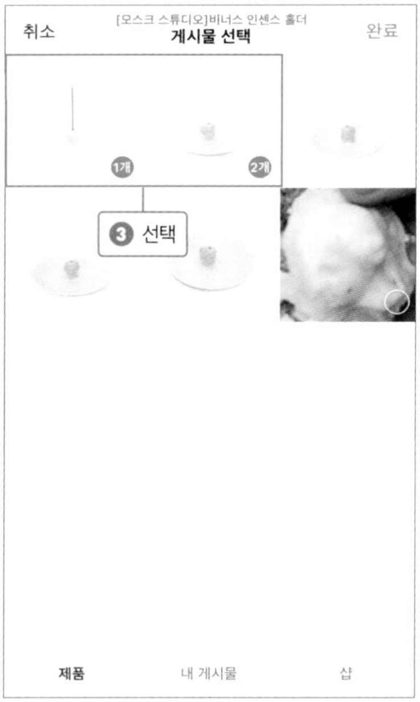

이미지 수정하기

7 가이드에 사용된 이미지를 수정하고 싶은 경우에는 제목 오른쪽의 '•••' 아이콘을 터치한 다음 〈사진 및 동영상 선택〉 버튼을 터치하고 이미지를 선택 또는 해제합니다.

제품 삭제하기

8 가이드 작성 중 제품을 삭제하고자 한다면 제목 오른쪽의 '•••' 아이콘 터치합니다. 〈가이드에서 삭제〉 버튼을 터치한 다음 〈삭제〉 버튼을 터치하여 완료합니다.

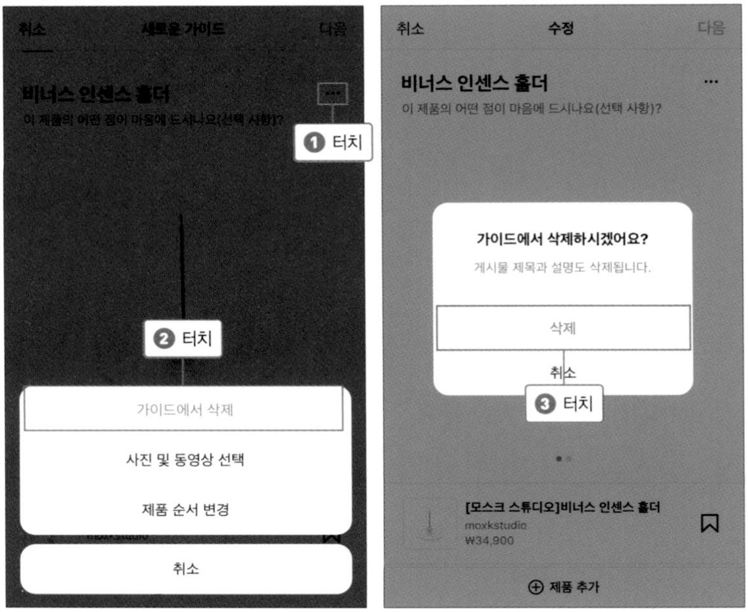

가이드 속 제품 저장하기

9 작성된 가이드 내에 제품은 '저장' 아이콘(◻)을 터치하여 저장이 가능하며, 저장된 이미지는 위시리스트에서 확인 가능합니다.

02 멀티 이미지의 제품 가이드 수정하기

제품 이미지 확인하기

1 게시물 이미지를 여러 개 선택한 경우에는 가이드 내에서 이미지를 드래그하여 보는 것이 가능하며, 작성 시에 선택된 순서에 따라 배치됩니다.

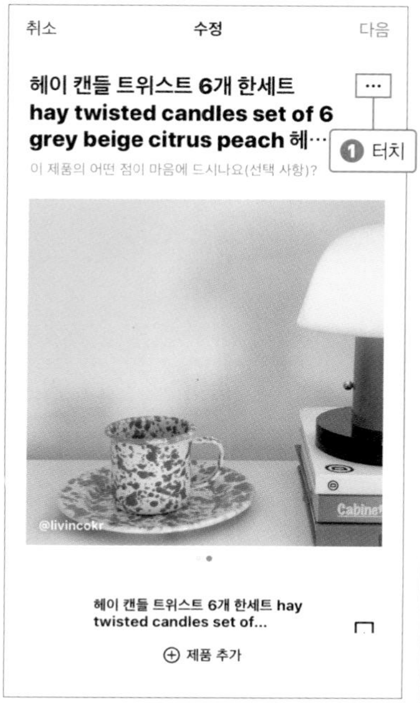

멀티 이미지 수정하기

2 게시물의 다중 이미지를 해제하고 싶다면 제목 오른쪽의 '•••' 아이콘을 터치한 다음 〈사진 및 동영상 선택〉 버튼을 터치합니다.

멀티 이미지 해제하기

3 해제하고 싶은 이미지를 터치하여 비활성화한 다음 <완료> 버튼을 터치하면 가이드에서 다중 이미지 보기 아이콘이 삭제되고 기능 또한 사라집니다.

03 제품 가이드 확인하기

가이드 뷰 보기

1 작성된 가이드의 이미지 영역을 터치하면 해당 제품의 계정으로 이동하고, 이미지 아래 섬네일과 정보 영역을 터치하면 제품의 Shop으로 이동합니다.

TIP 제품 가이드의 경우 인스타 Shop을 운영한다면 해당 제품 링크 기능으로 바로 이동할 수 있도록 하거나 가이드 내에 유사한 상품을 모아 두는 등 마케팅 페이지로 적극적인 활용이 가능합니다.

04 > 이런 곳은 어때? 장소 가이드 만들기

특정한 주제와 관련된 장소, 혹은 내가 소개하고 싶은 곳, 여행하며 돌아본 곳 등을 모아 장소를 중심으로 작성하는 가이드 유형입니다.

01 장소 가이드 만들기

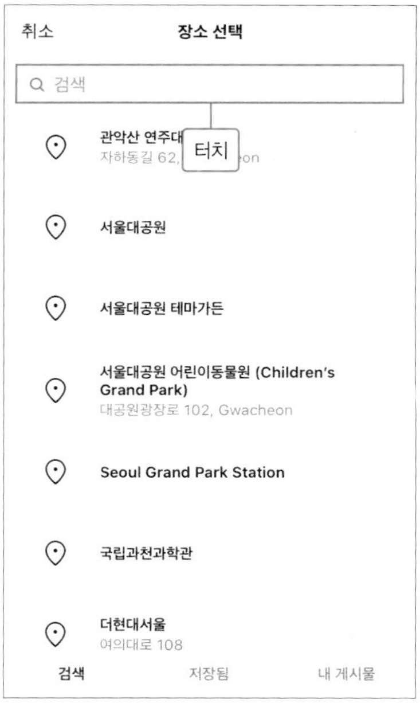

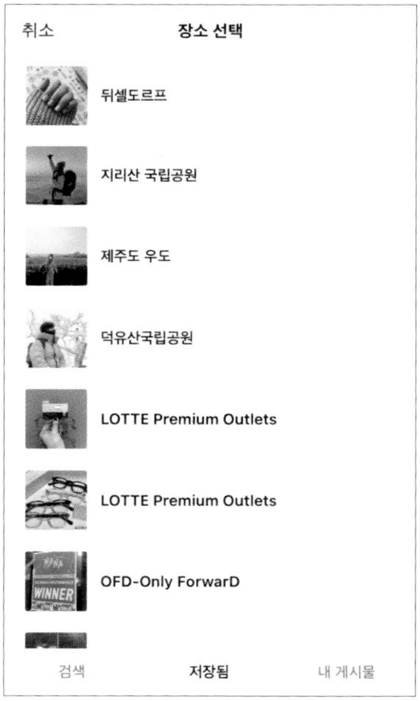

장소 유형 선택하기

1 가이드 유형 중 **장소**를 선택하면 하단에 '검색', '저장됨', '내 게시물' 세 가지 탭 분류를 확인할 수 있습니다. 검색창을 터치하고 원하는 장소를 찾아 선택합니다.

이미지 선택하기

2 검색된 장소의 위치와 피드가 보이며, 원하는 이미지를 최대 5개까지 선택하고 〈다음〉 버튼을 터치합니다.

내용 작성하기

3 선택된 장소의 이미지가 커버 사진과 내용으로 채워집니다. 커버 사진을 변경하거나 제목과 내용을 작성할 수 있습니다.

장소 가이드 뷰 확인하기

4 장소의 이미지 영역을 터치하면 계정으로 이동하고, 이미지 아래의 '장소' 아이콘(⊙)을 터치하면 해당 장소의 페이지로 이동합니다.

가이드 작성에서장소 저장, 해제하기

5 '저장' 아이콘(⊡)을 터치하면 가이드의 장소를 장소 컬렉션에 저장할 수 있으며, 다시 터치하면 해제됩니다.

장소 페이지에서 장소 저장, 해제하기

6 저장된 장소는 장소 페이지로 이동하면 동일하게 저장된 상태로 보이며, '저장' 아이콘()을 터치하면 해제됩니다.

02 저장된 장소 확인하고 인기 장소 보기

저장된 장소 확인하고 인기 장소 보기

1 저장된 장소를 확인하려면 내 계정에서 '더 보기' 아이콘(≡)을 터치하고 **저장됨**을 선택한 다음 '장소' 컬렉션을 터치합니다.

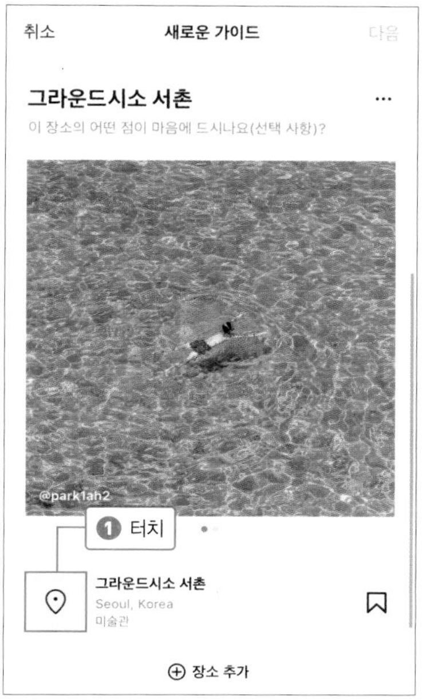

근처 인기 장소 둘러보기

2 장소 가이드에서 '장소' 아이콘( )을 터치하여 해당 장소 페이지로 이동한 다음 〈근처 장소 둘러보기〉 버튼을 터치하면 근처의 인기 장소 둘러보기를 시작합니다.

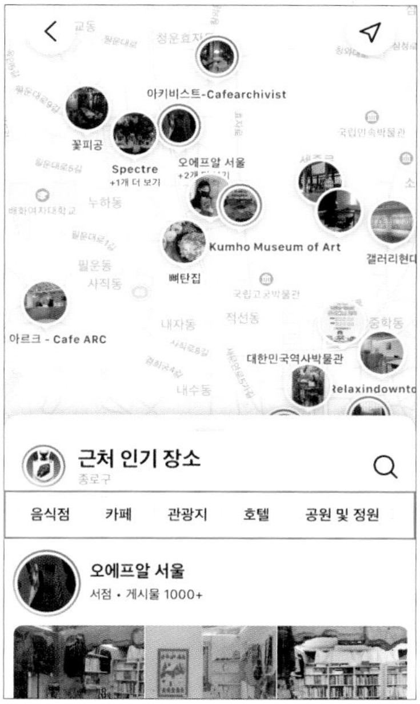

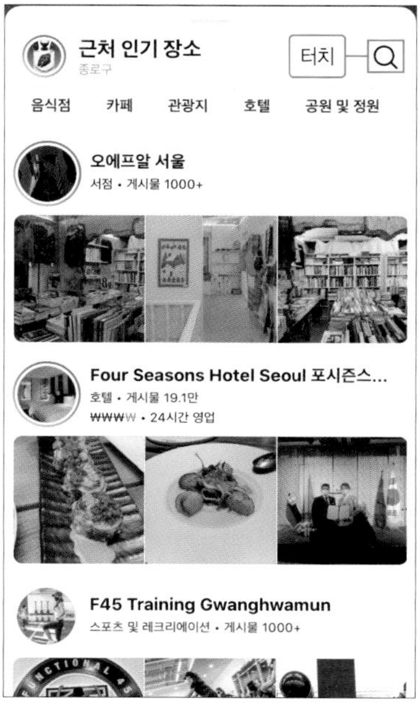

근처 장소 검색하기

3 〈음식점〉, 〈카페〉, 〈관광지〉, 〈호텔〉, 〈공원 및 정원〉, 〈바〉 버튼으로 분류된 장소 정보가 제공되며, '검색' 아이콘( )을 터치하여 원하는 장소를 검색할 수도 있습니다.

05 > 가이드 수정하고 홍보하기

가이드를 작성한 다음 내용을 수정하거나 작성된 가이드를 다른 사용자들에게 홍보하며 알리는 방법에 대해서 알아보겠습니다.

01 가이드 수정, 변경하기

가이드 수정하기

1 가이드 화면에서 '···' 아이콘을 터치한 다음 〈가이드 수정〉 버튼을 터치합니다.

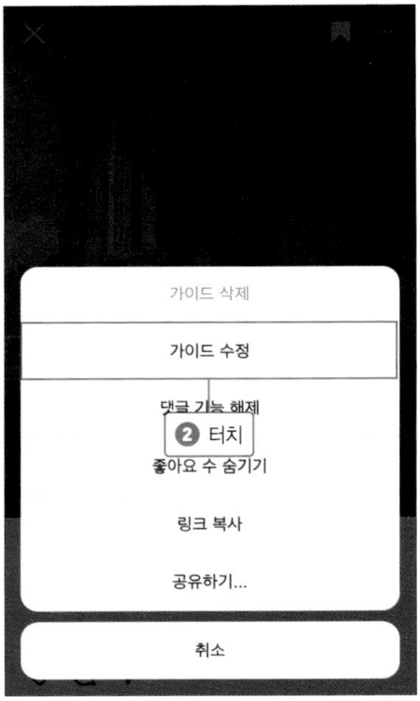

커버 사진 변경하기

2 제목 아래에 '커버 사진 변경'을 터치하고 원하는 사진을 선택하면 커버 사진이 변경됩니다.

제목, 내용 변경하기

3 제목이나 내용을 변경하고 싶은 경우 해당 영역을 터치하면 텍스트 입력이 활성화되어 수정할 수 있습니다.

가이드 삭제하기

4 가이드 화면에서 '•••' 아이콘을 터치한 다음 〈가이드 삭제〉 버튼을 터치하면 완료됩니다.

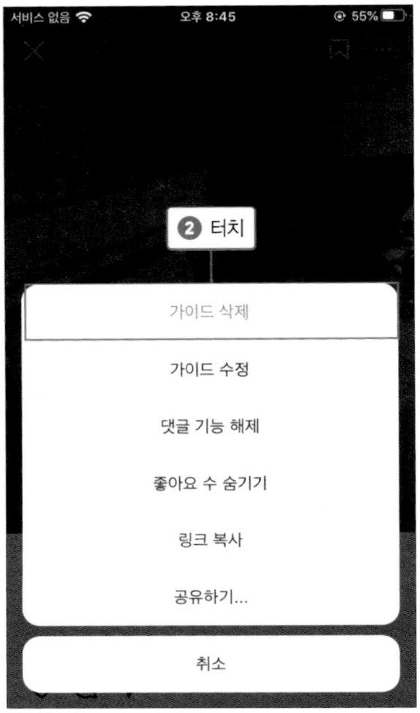

링크 복사, 공유하기

5 가이드를 공유하고 싶거나 링크를 복사하고 싶은 경우 가이드 화면에서 '•••' 아이콘을 터치한 다음 〈링크 복사〉 또는 〈공유하기〉 버튼을 터치합니다.

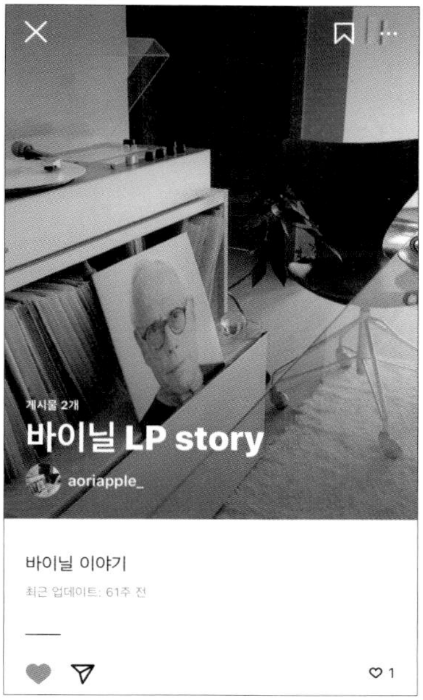

댓글 기능 해제하기

6 댓글 기능을 해제하려면 가이드 화면에서 '···' 아이콘을 터치한 다음 〈댓글 기능 해제하기〉 버튼을 터치합니다. 동일한 옵션에서 〈좋아요 수 숨기기〉 버튼도 터치할 수 있습니다.

02 가이드 알리기

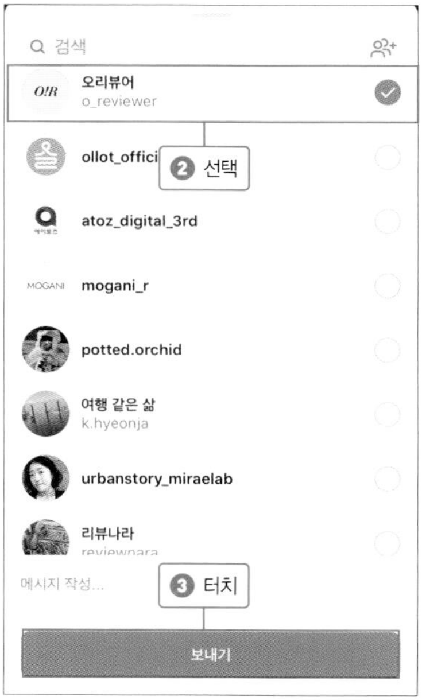

메시지로 전달하기

1 가이드를 메시지로 전달하고 싶다면 가이드 하단의 '메시지' 아이콘(▽)을 터치하여 원하는 사람에게 내용을 전달할 수 있습니다.

스토리에 가이드 추가하기

2 가이드를 스토리에 추가하고 싶다면 가이드 하단의 '메시지' 아이콘(▽)을 터치한 다음 **스토리에 가이드 추가**를 선택하여 업로드합니다.

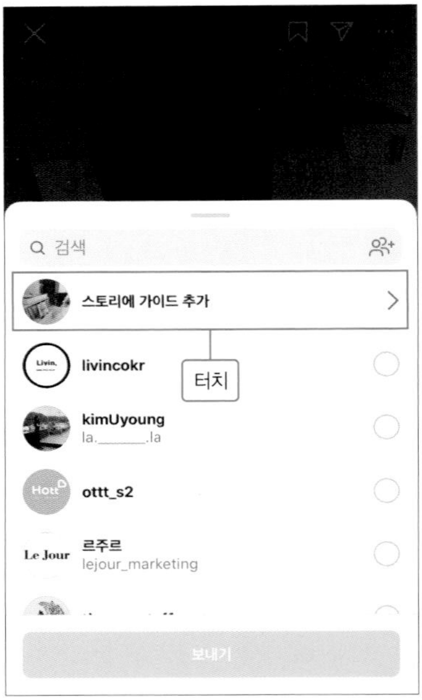

공개할 범위 지정하기

3 스토리에 추가할 가이드는 '내 스토리'에 전체 공개할 것인지 '친한 친구'로 지정된 사람들에게만 보낼지 선택합니다. '다음' 아이콘(→)을 터치하고 〈공유하기〉 버튼을 터치하여 완료합니다.

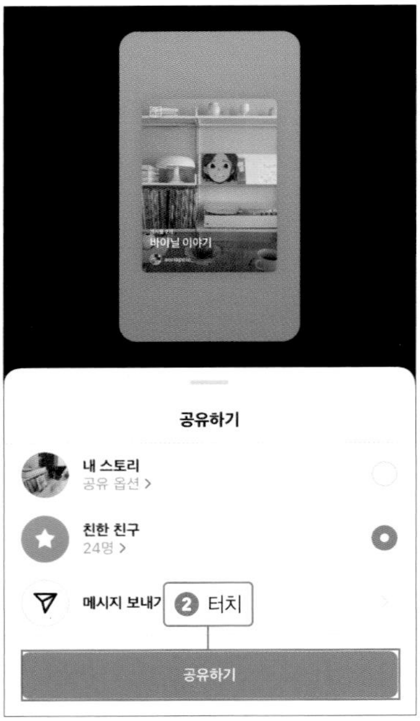

06 원하는 정보를 쉽게! 가이드 즐기기

다른 사용자의 가이드를 구경할 수 있으며 어떤 내용과 형태로 가이드를 작성하는지 살펴볼 수 있습니다.

01 다른 사용자 가이드 구경하기

가이드 구경하기

1 가이드는 가이드를 발행한 계정에서만 볼 수 있으며, 해당 계정에는 '가이드' 카테고리가 생성되어 있습니다.

02 좋아요, 댓글 달기

공감하기

1 가이드를 읽은 후에는 좋아요, 댓글, 메시지 보내기, 공유, 링크 복사, 신고 등을 할 수 있습니다.

03 가이드 저장하기

원하는 가이드 저장하기

1 저장하고 싶은 가이드의 오른쪽 상단에 '저장' 아이콘()을 터치하면 아이콘이 활성화되며 저장이 완료됩니다.

저장된 가이드 확인하기

2 내 계정 오른쪽 상단에서 '더 보기' 아이콘(≡)을 터치한 다음 **저장됨 → 가이드** 폴더를 선택하여 확인할 수 있습니다.

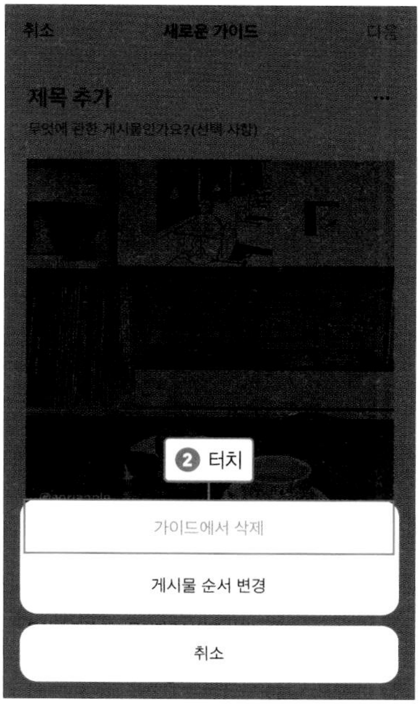

게시물 삭제하기

3 가이드에서 삭제하고 싶은 게시물이 있다면 해당 게시물 오른쪽에 '•••' 아이콘을 터치한 다음 〈가이드에서 삭제〉 버튼을 터치하면 게시물이 삭제됩니다.

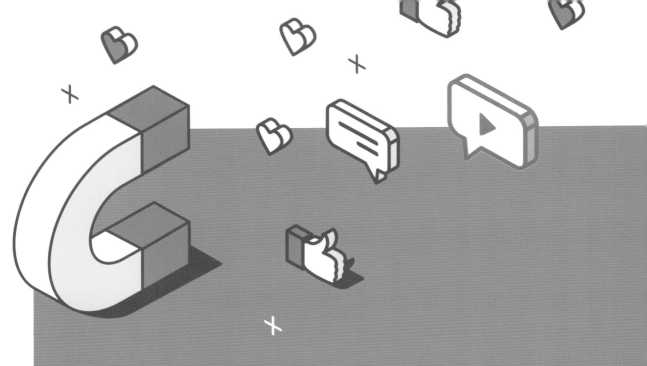

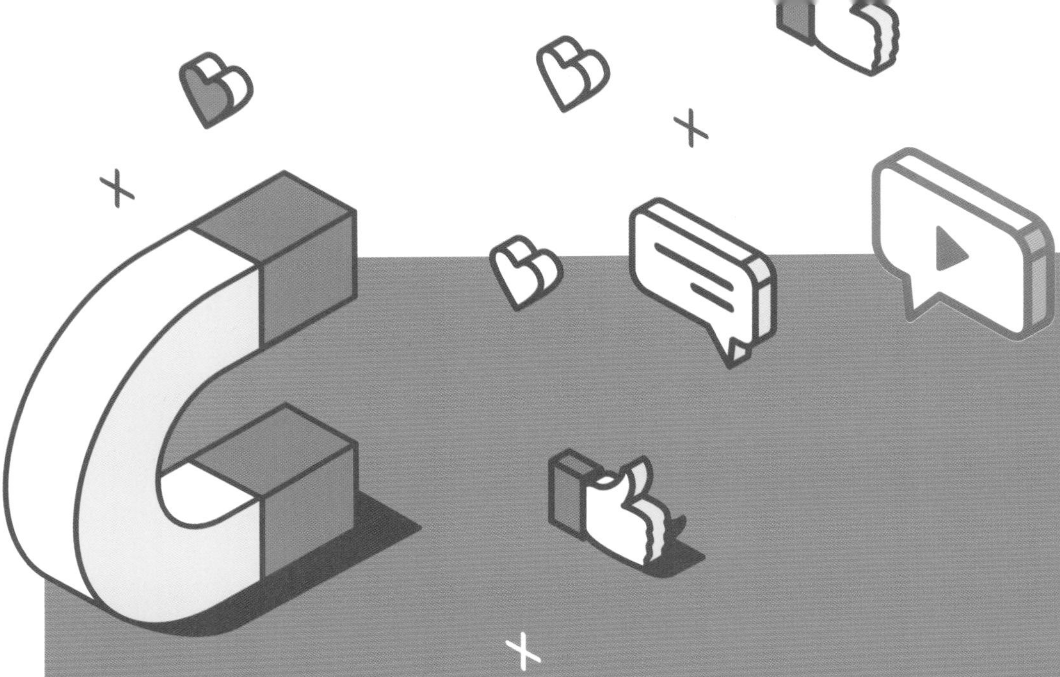

Instagram

PART 07

마케팅 홍보의 필수! 계정 관리하기

인스타그램에 사진과 영상을 올린 다음에는 방문자가 쉽게 게시물을 찾아보기 위한 계정 관리는 필수입니다. 계정 관리는 방문자를 위한 서비스와 같은 개념입니다. 잘 정리된 채널은 그만큼 팔로워를 증가시킬 수 있으며, 게시물의 검색과 홍보도 편리합니다. 이번 장에서는 계정 화면 설정부터 관리 노하우를 알아보겠습니다.

01 > 설정 화면 구성 미리보기

설정 화면에는 내 계정의 설정 및 관리 기능이 포함되어 있어 미리 살펴보도록 합니다.

01 내 계정 관리 기능 살펴보기

내 계정의 오른쪽 위 '더 보기' 아이콘(≡)을 터치하면 계정의 숨겨진 기능들이 나타나며, **설정**을 선택하면 계정을 관리하고 설정하는 다양한 기능을 확인할 수 있습니다. 설정 화면에서 로그인 정보를 확인하고 로그아웃할 수 있으며, 앞서 설명한 계정도 추가 가능합니다.

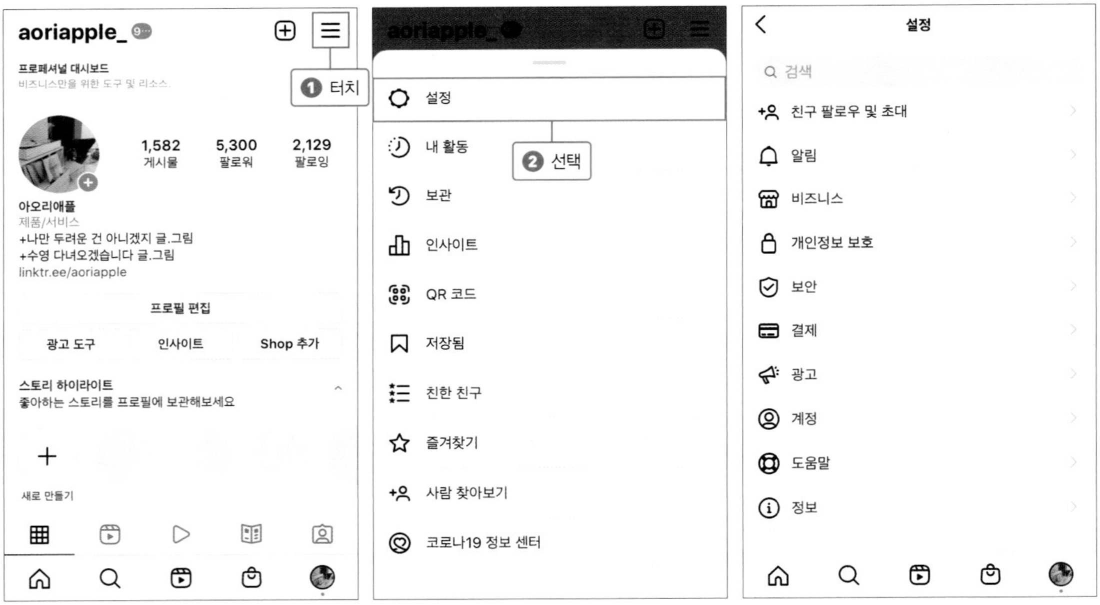

02 인스타그램 명함! QR 코드로 홍보하기

QR 코드를 이용하면 다른 사람들이 스캔만으로 더 쉽게 내 계정을 팔로잉할 수 있어 홍보에 적극 활용 가능합니다. QR 코드는 종이로 프린트하거나 명함으로 만들어 개인 홍보용으로도 사용할 수 있어 알아두면 유용합니다.

01 QR 코드로 팔로워 만들기

QR 코드 만들기

1 내 계정 화면에서 '더 보기' 아이콘(≡)을 터치한 다음 **QR 코드**를 선택합니다.

알아두기

인스타그램으로 나를 홍보하고 싶다면 QR 코드를 적극 활용해 봅시다. 간단히 만들 수 있고, 온라인 및 오프라인 인쇄물로도 홍보할 수 있습니다.

배경 화면 색상 변경하기

2 배경 화면을 터치하면 배경색이 바뀌며 위쪽 옵션 버튼을 터치하면 순서대로 색상, 이모티콘, 셀카 모드로 변경되어 꾸밀 수 있습니다.

배경 화면 변경하기

3 먼저 위쪽 〈색상〉 버튼을 터치한 다음 배경 화면이 아이콘으로 변경되었을 때, 배경을 한 번 더 터치하면 아이콘 옵션 창이 표시되어 아이콘을 변경할 수 있습니다.

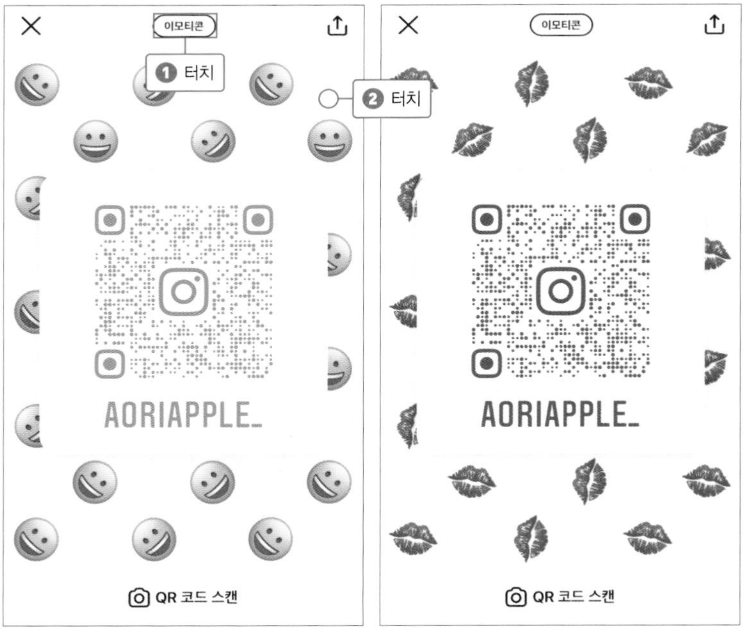

TIP 셀카 사진 옵션에서는 셀카를 촬영하여 배경으로 적용할 수 있습니다.

QR 코드 공유하기

4 배경 화면이 만들어지면 오른쪽 위 '공유하기' 아이콘(↥)을 터치한 다음 공유할 형식을 선택합니다. 예제에서는 카카오톡에 공유하기 위해 '카카오톡' 앱을 터치했습니다.

QR 코드 보내기

5 대화 상대를 선택하고 〈다음〉 버튼을 터치하여 전송합니다.

03 > 찍어서 바로 추가한다! QR 코드로 팔로잉하기

상대방에게 QR 코드를 전달 받고 스캔하는 방법을 알아보겠습니다. 방법은 간단하므로 미리 알아둔다면 좋습니다.

01 QR 코드 스캔으로 팔로잉하기

QR 코드로 스캔하기 1

1 내 계정 화면에서 '더보기' 아이콘(≡)을 터치하고 **QR 코드**를 선택한 다음 하단의 'QR 코드 스캔'을 터치합니다.

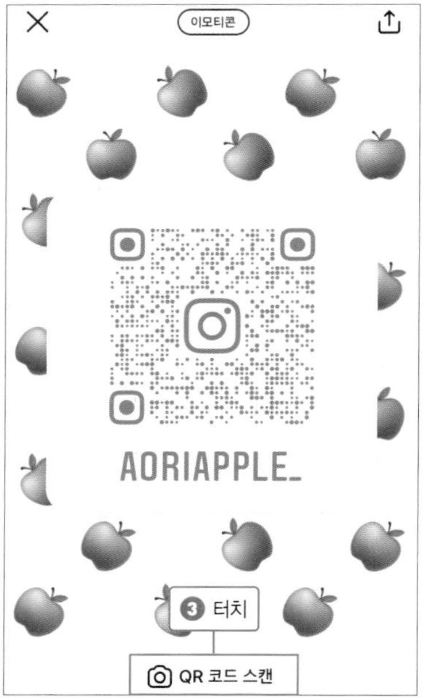

QR 코드 스캔하기 2

2 QR 코드를 촬영하면 자동으로 스캔되어 해당 QR 코드 프로필이 나타납니다. 〈프로필 보기〉 버튼을 터치합니다.

팔로잉하기

3 해당 계정의 홈 화면으로 이동하면 〈팔로우〉 버튼을 터치하여 팔로잉합니다.

04 > 내 활동 히스토리 확인하기

인스타그램에서는 일주일간 사용 시간을 확인할 수 있으며, 필요한 경우에는 무분별한 SNS 활동을 자제하도록 도와주어 사용 시간을 설정할 수도 있습니다.

01 내 활동 관리하기

내 활동 확인하기

1 내 계정에서 '더 보기' 아이콘(≡)을 터치하고 **내 활동**을 선택합니다. 이용 시간, 사진 및 동영상, 반응 등을 확인하고 관리할 수 있습니다.

TIP 일주일 단위의 활동 시간을 확인할 수 있습니다.

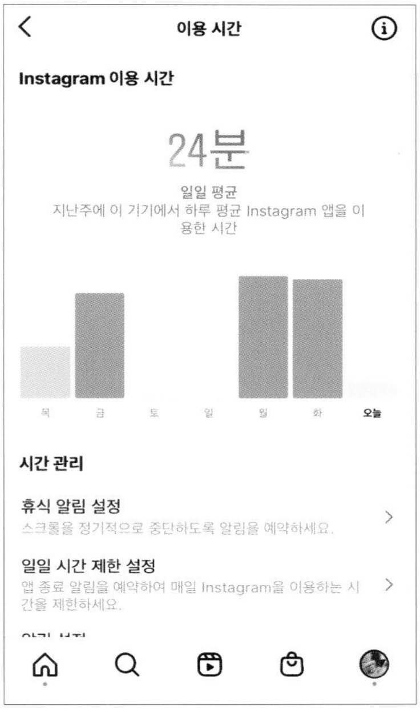

일일 활동 시간 설정하기

2 내 활동에서 **이용 시간**을 선택합니다. 일일 평균 사용 시간을 확인할 수 있으며, 휴식 알림 설정을 선택하거나 일일 시간 제한 설정으로 SNS 사용 시간을 관리할 수 있습니다.

TIP 알림에서는 알림 설정을 세밀하게 설정 또는 해제할 수 있습니다.

02 내 계정 히스토리 보기

내 활동 히스토리 보기

1 내 활동에서 **반응**을 선택하면 내가 작성한 댓글, 좋아요, 스토리 답장을 확인할 수 있으며 선택하여 삭제할 수 있습니다. 그 외에도 내가 업로드한 사진 및 동영상 등의 히스토리를 확인할 수 있습니다.

05 > 2단계 인증 비밀번호 및 보안 설정하기

열심히 관리한 인스타그램 계정이 해킹으로 인해 피해를 입지 않기 위해서는 2단계 인증을 거쳐 보안을 강화하는 것을 추천합니다. 그외 인스타그램에서 제공하는 보안 설정 기능에 대해서 알아보겠습니다.

01 2단계 인증 비밀번호 만들기

보안 화면으로 이동하기

1 내 계정 화면의 '더 보기' 아이콘(≡)을 터치하고 **설정 → 보안**을 선택합니다.

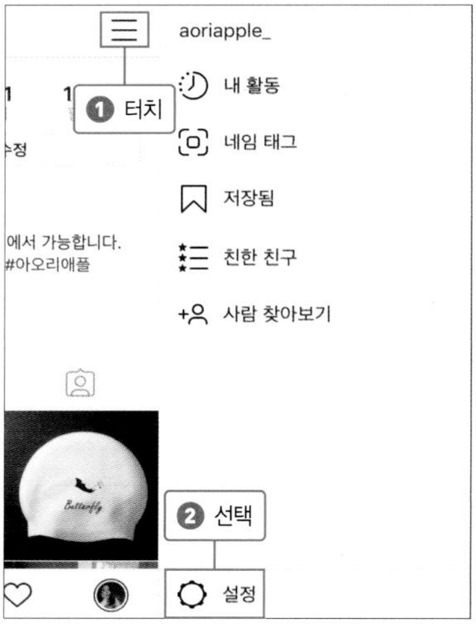

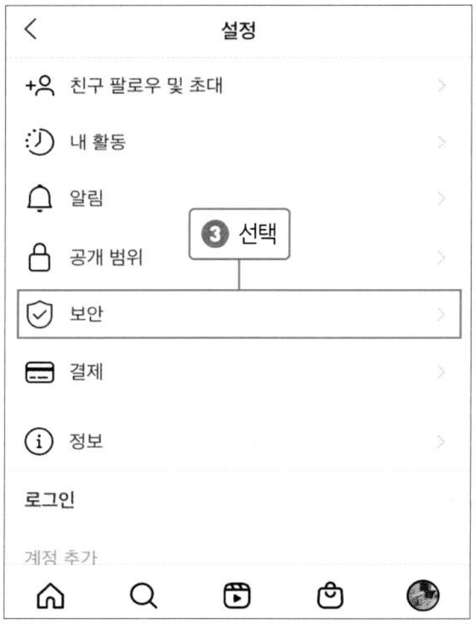

2단계 인증하기

2 **2단계 인증**을 선택하고 아래 〈시작하기〉 버튼을 터치합니다.

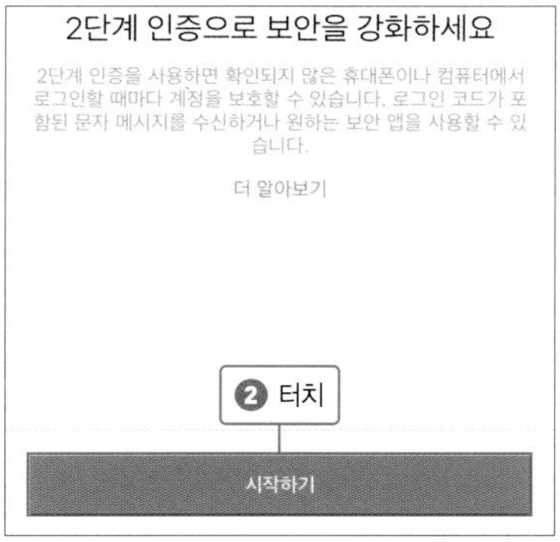

스마트폰 인증하기

3 휴대전화 번호를 입력하고 〈다음〉 버튼을 터치합니다. 문자로 전송된 확인 코드를 입력하고 〈다음〉 버튼을 터치합니다.

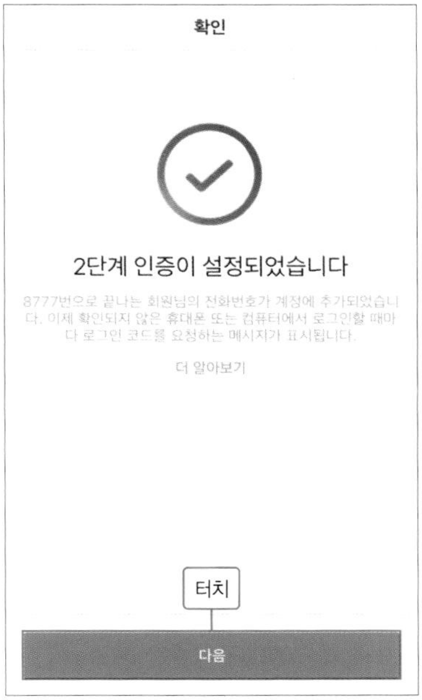

2단계 인증 완료하기

4 2단계 인증 설정이 완료됩니다. 복구 코드를 받기 위해 〈다음〉 버튼을 터치하여 이동합니다.

복구 코드 받기

5 복구 코드가 만들어지면 '스크린샷'을 터치해 복구 코드를 저장한 다음 〈완료〉 버튼을 터치합니다.

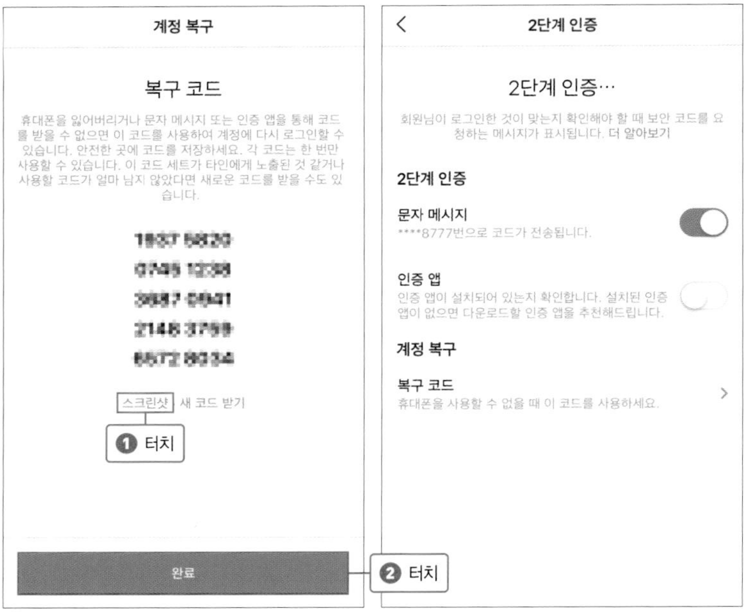

02 보안 점검하고 설정하기

비밀번호 변경하기

1 내 계정 화면의 '더 보기' 아이콘(≡)을 터치하고 **설정 → 보안**을 선택합니다. 보안 화면에서 **비밀번호**를 선택한 다음 기존에 사용하던 비밀번호를 변경하고 〈저장〉 버튼을 터치합니다.

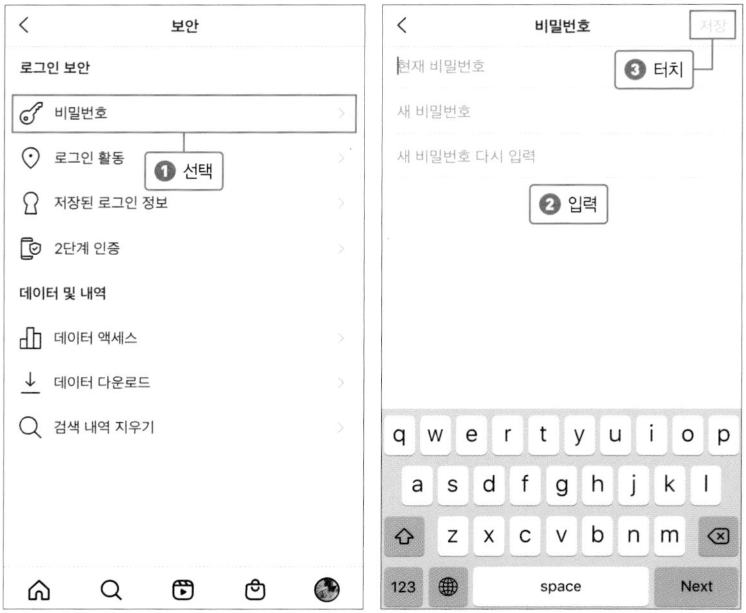

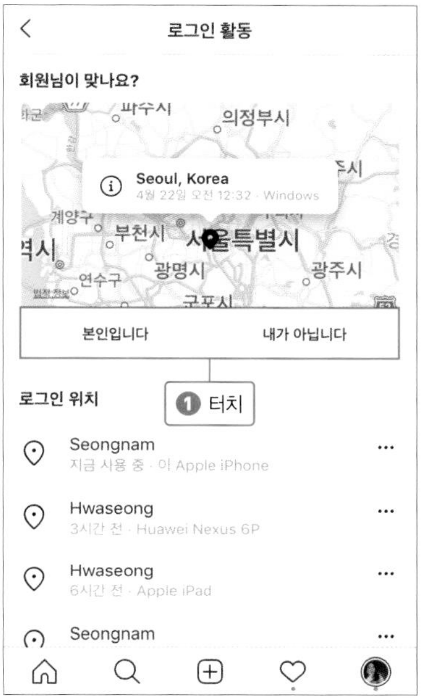

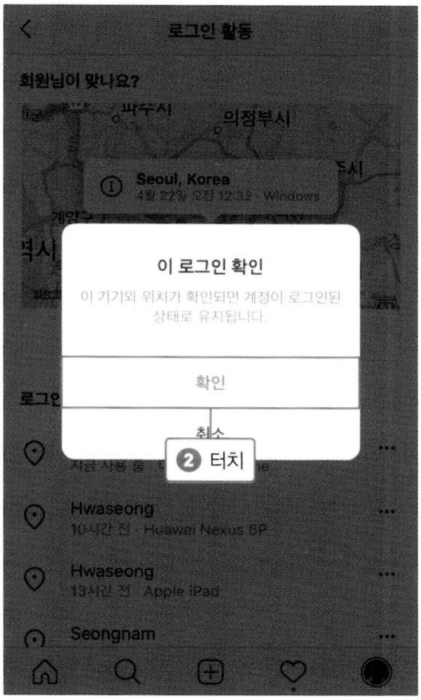

로그인 활동 확인하기

2 보안 화면에서 **로그인 활동**을 선택합니다.

로그인했던 위치와 시간을 리스트로 보여 줍니다. 의심되는 로그인 활동을 대표로 보여주면 '본인입니다' 또는 '내가 아닙니다'를 터치하여 로그인을 해제합니다.

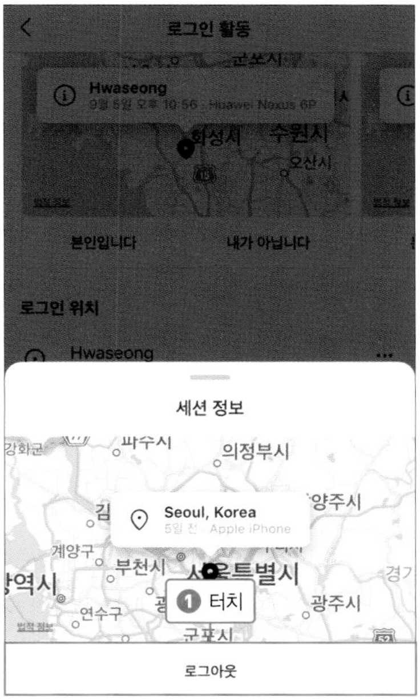

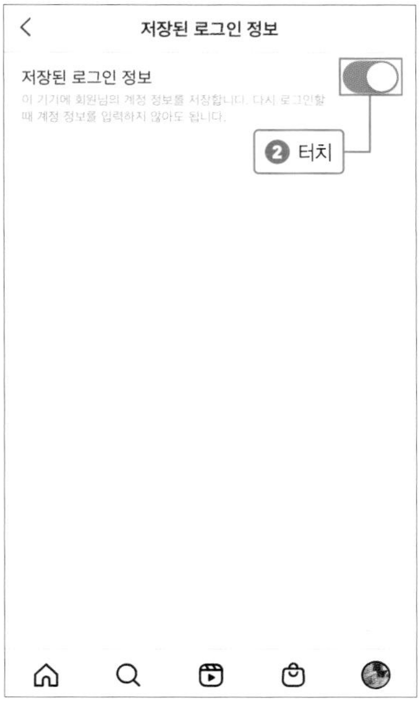

로그인 저장 및 해제하기

3 또 다른 방법으로 아래 로그인 활동 리스트에서 '더 보기' 아이콘(···)을 터치합니다. 〈로그아웃〉 버튼을 터치하면 로그인이 해제됩니다.

4 보안 화면에서 저장된 로그인 정보를 활성화 또는 비활성화합니다. 로그인 정보를 자동으로 설정하거나 해제할 수 있습니다.

TIP 저장된 로그인 정보 기능은 편리하지만 해킹이나 노출이 걱정되면 해제합니다.

06 > 청정 게시물을 위한 공개 범위와 언어 설정하기

인스타그램은 원하지 않는 댓글이나 불쾌한 글을 남기는 계정을 차단하고, 해당 댓글을 필터링하는 기능을 제공합니다. 또한 나를 태그한 게시물을 관리하고 원하지 않는 게시물에서는 내 태그를 삭제하는 기능을 제공하므로 함께 알아봅니다.

01 댓글 허용 범위 설정하기

댓글 관리하기

1 내 계정에서 '더 보기' 아이콘(≡)을 터치한 다음 **설정**을 선택합니다. **개인정보 보호**에서 **댓글**을 선택합니다.

알아두기

인스타그램은 많은 사람이 사용하는 SNS이므로 원하지 않는 방문자가 내 게시물을 보거나 댓글을 남기는 경우가 생깁니다. 광범위하게 노출되는 SNS 특성을 세밀하게 조정하고 내 계정 특성에 맞게 공개 범위를 수정하여 사용하도록 합니다.

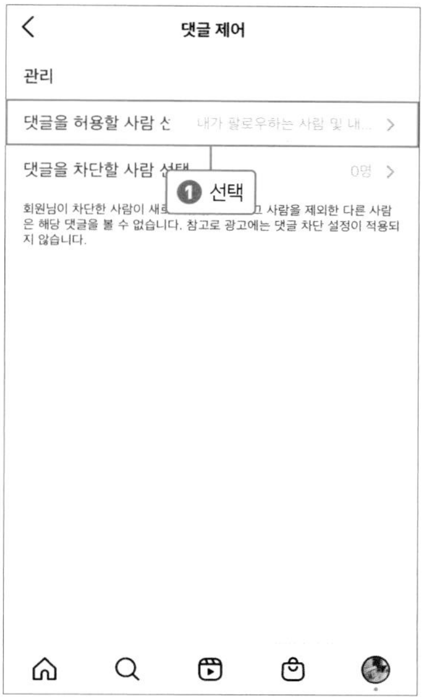

댓글 허용 범위 지정하기

2 댓글을 허용할 계정의 범위를 지정할 수 있습니다. **댓글을 허용할 사람 선택**을 선택한 다음 원하는 옵션을 선택하고 '뒤로 가기' 아이콘(＜)을 터치합니다.

02 특정 댓글 차단하기

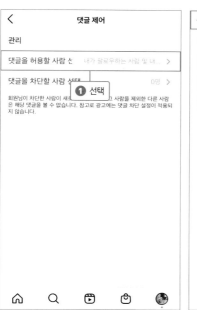

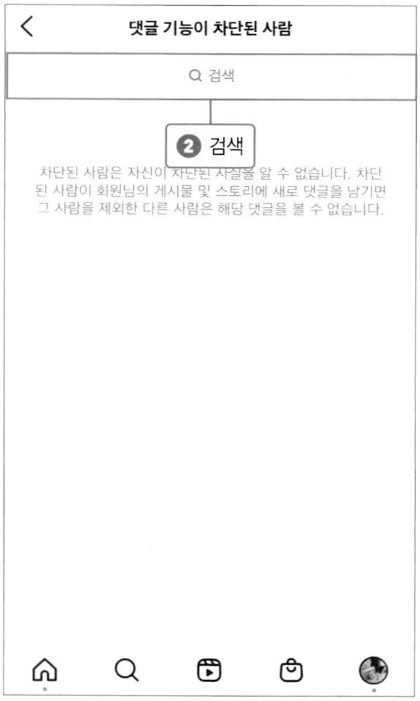

특정 댓글 차단하기

1 내 계정에서 '더 보기' 아이콘(≡)을 터치한 다음 **설정**을 선택합니다. 개인정보 보호에서 **댓글**을 선택한 다음 **댓글을 차단할 사람 선택**을 선택하고 차단하고 싶은 계정을 검색하여 차단합니다.

TIP 차단된 사람의 댓글은 나를 비롯해 다른 사람들이 볼 수 없습니다. 또한 댓글 차단 설정은 차단된 사람이 알 수 없습니다.

댓글 필터링하기

2 '불쾌한 댓글 숨기기'와 '가장 많이 신고된 단어 필터링'을 활성화하면 특정 단어를 필터링할 수 있습니다. 내 계정에서 '더 보기' 아이콘(≡)을 터치한 다음 **설정**을 선택합니다. **개인정보 보호 → 숨겨진 단어**에서 원하는 옵션을 설정합니다.

TIP 숨겨진 단어에서 '리스트 관리'를 터치하면 내가 차단하고 싶은 단어를 추가할 수 있습니다.

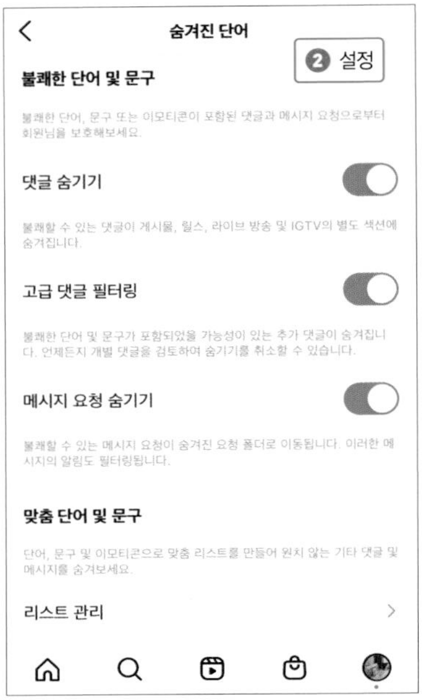

03 태그 허용 관리하기

내 태그 설정하기

1 다른 계정 게시물에 태그되는 것을 원하지 않으면 태그를 숨길 수 있습니다. 태그 허용 대상을 설정하고 태그를 직접 승인하는 옵션을 설정할 수 있습니다. 내 계정에서 '더 보기' 아이콘(≡)을 터치한 다음 **설정 → 개인정보 보호 → 게시물**에서 **태그 직접 승인**을 선택하고 옵션을 설정합니다.

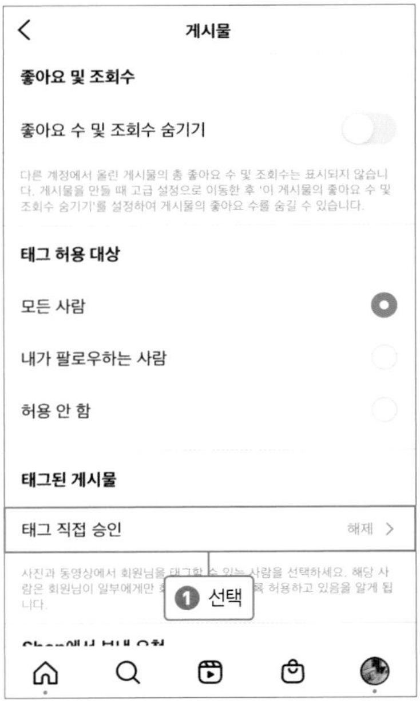

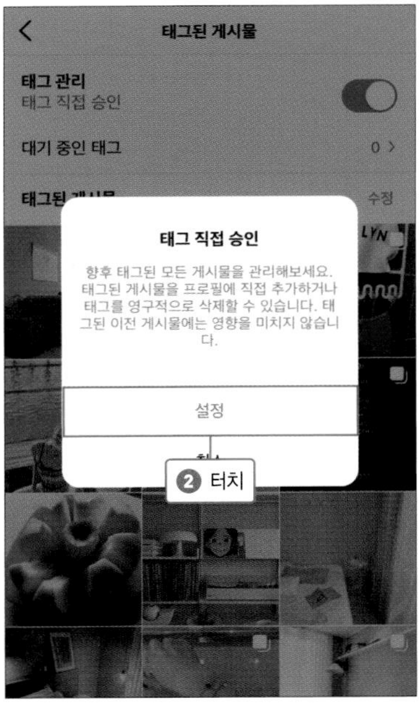

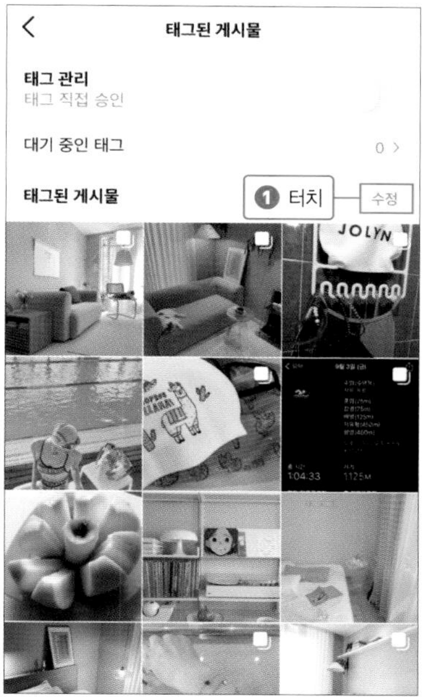

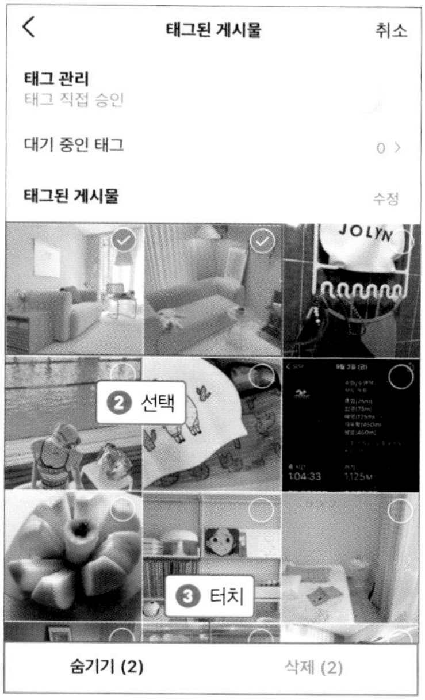

내 태그 관리하기

2 **설정 → 개인정보 보호 → 게시물**을 선택하고 **태그한 게시물**을 선택하면 태그된 게시물 화면으로 이동합니다. 〈수정〉 버튼을 터치하면 게시물을 선택할 수 있으며, 선택한 게시물의 태그를 숨기거나 삭제할 수 있습니다.

04 스토리 관리하기

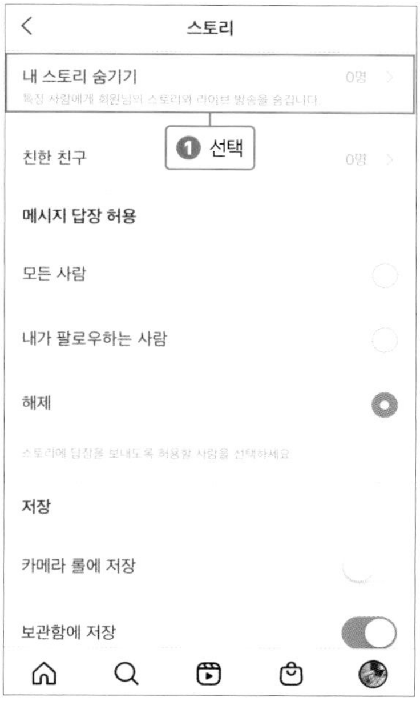

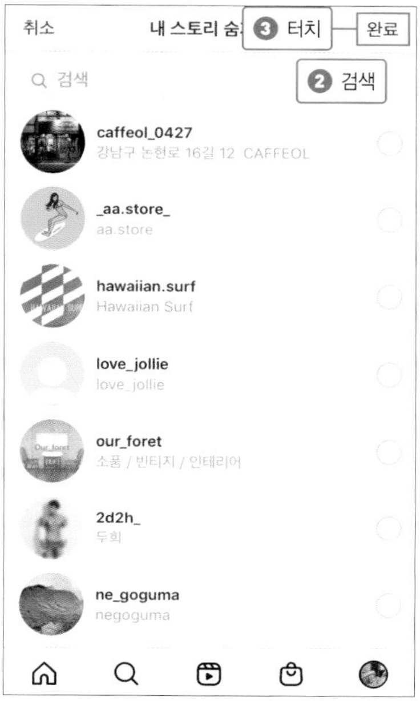

스토리 공개 범위 설정하기

1 공개 범위 화면에서 **스토리**를 선택하면 스토리를 상세하게 설정할 수 있습니다. **내 스토리 숨기기**를 선택한 다음 특정 계정을 검색하고 〈완료〉 버튼을 터치하면 해당 계정에서만 내 스토리가 숨겨집니다.

05 비공개 계정으로 전환하기

계정 비공개하기

1 내 계정 화면의 '더 보기' 아이콘(≡)을 터치한 다음 **설정 → 개인정보 보호**를 선택합니다. '비공개 계정'을 활성화하여 변경할 수 있습니다.

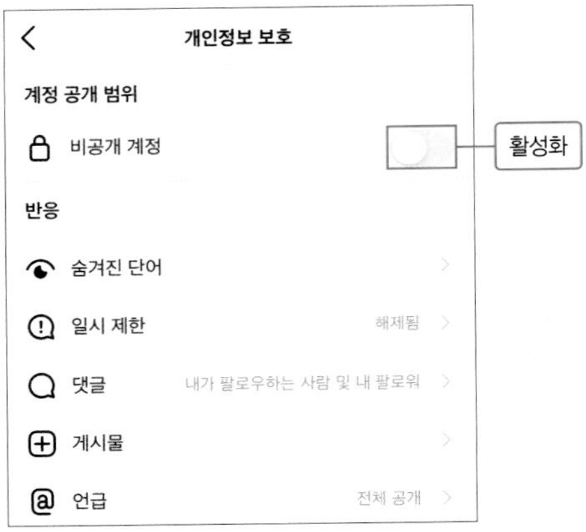

TIP 프로페셔널 계정은 비공개로 전환할 수 없습니다.

06 내 활동 상태 비활성화하기

활동 상태 설정 및 해제하기

1 설정에서 **개인정보 보호 → 활동 상태**를 선택합니다. '활동 상태 표시'를 비활성화하면 상대가 내 활동 상태를 볼 수 없고, 나 또한 상대의 활동 상태를 확인하지 못합니다.

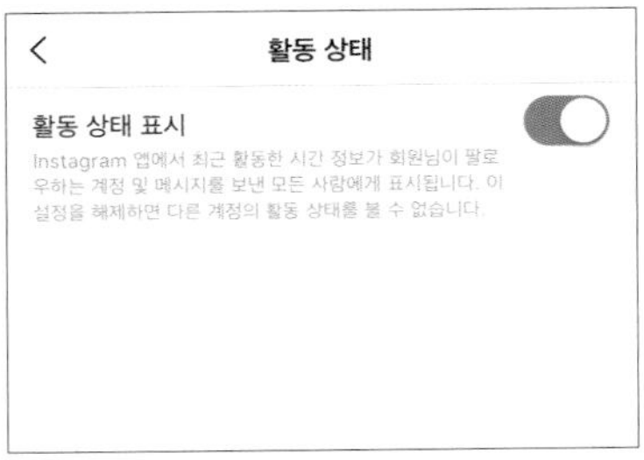

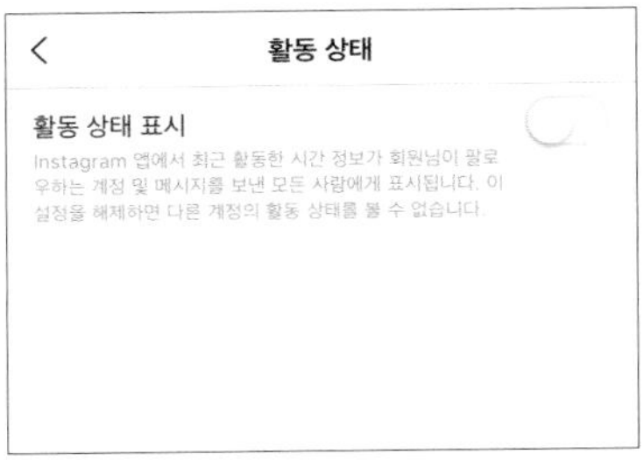

2 활동 상태가 활성화된 상태일 때는 프로필 섬네일과 함께 표시됩니다. 활동 중일 때는 연두색 점으로 표시되며 활동 시간이 표시됩니다.

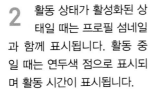

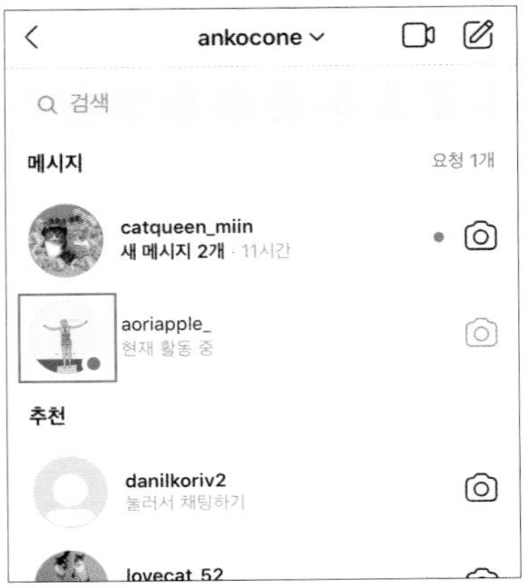

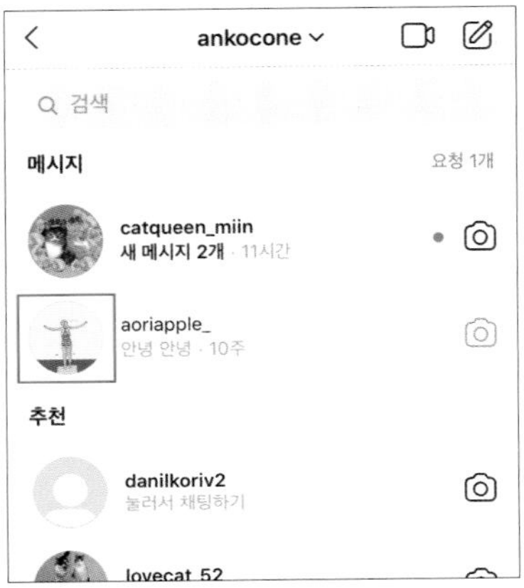

TIP 상대에게도 내 활동이 표시됩니다.

07 > 좀 떨어져 줄래? 차단 및 신고하기

부적절한 게시물이나 댓글, 메시지에 대해 특정 계정을 차단하거나 신고할 수 있습니다. 차단하면 내 계정의 게시물을 확인할 수 없으며 메시지 또한 차단됩니다. 스토리만 차단하는 기능도 있으므로 알아보겠습니다.

01 계정 차단 및 해제하기

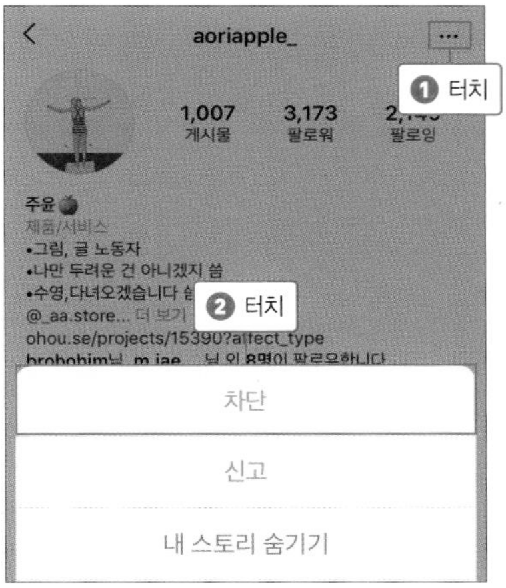

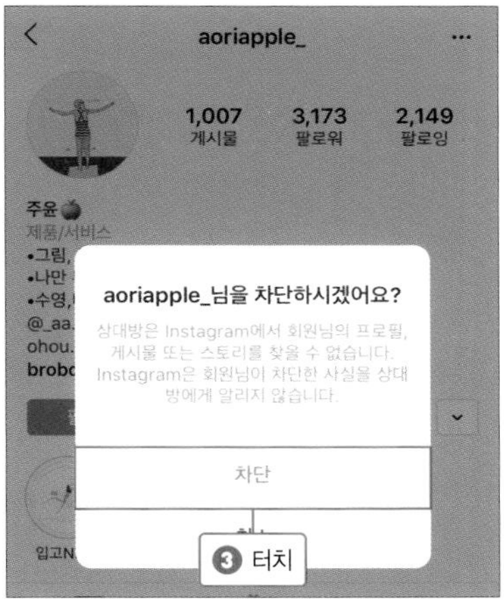

차단하기

1 차단하려는 계정의 '더 보기' 아이콘(⋯)을 터치하고 〈차단〉 버튼을 터치합니다. 팝업창이 표시되면 〈차단〉 버튼을 터치합니다.

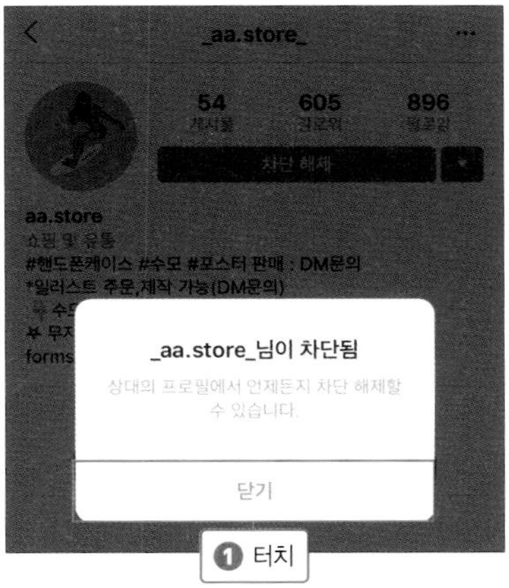

차단 완료하기

2 〈닫기〉 버튼을 터치하여 완료하면 메시지 전송도 차단됩니다.

TIP 해당 계정의 사용자는 내 계정에 방문하면 '게시물 없음'으로 표시됩니다.

차단 해제하기

3 차단하면 해당 계정의 게시물을 확인할 수 없습니다. 다시 차단을 해제하고자 할 때는 '더 보기' 아이콘(···)을 터치하고 〈차단 해제〉 버튼을 터치합니다.

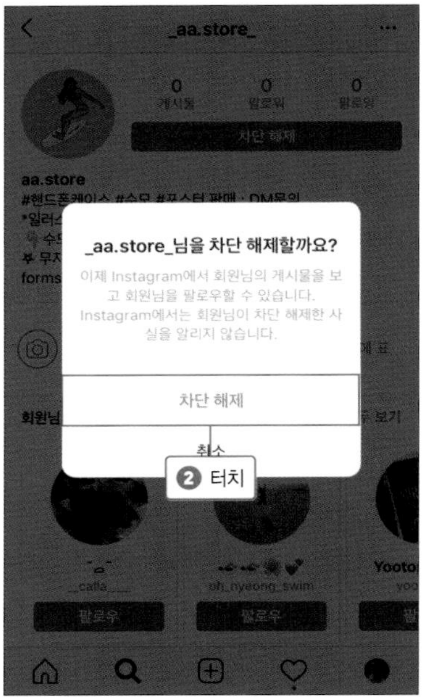

02 스토리 숨기기

내 스토리 숨기기

1 특정 계정에 내 스토리를 숨기고자 할 때 해당 계정에서 '더 보기' 아이콘(···)을 터치하고 〈내 스토리 숨기기〉 버튼을 터치합니다.

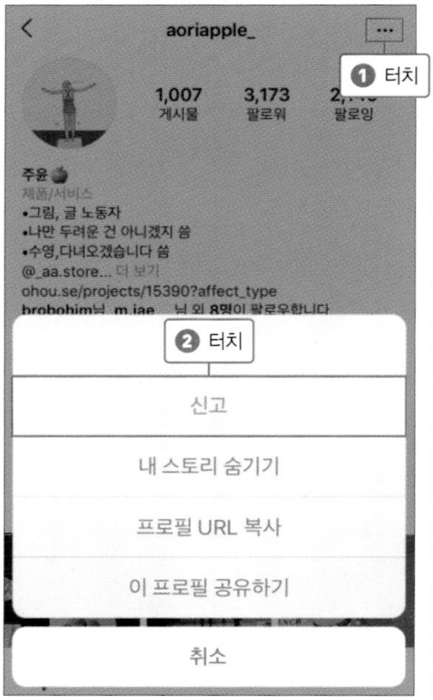

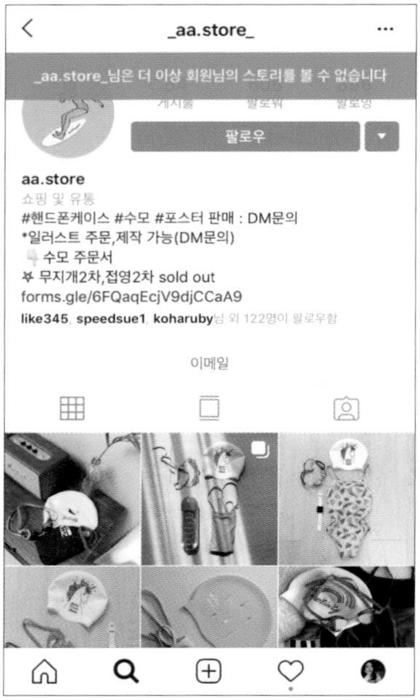

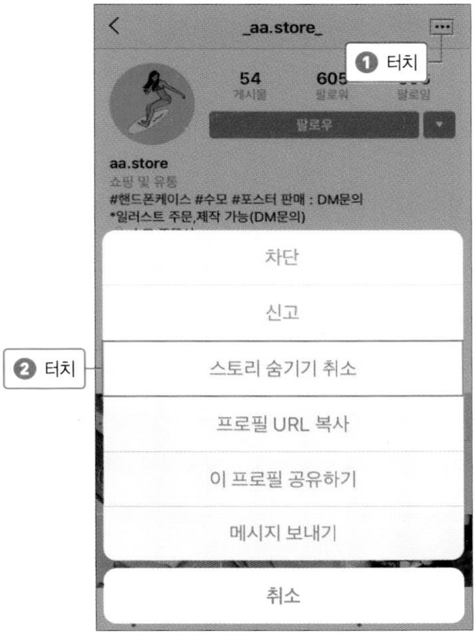

내 스토리 숨기기 취소하기

2 내 스토리 숨기기를 취소하고자 할 때는 '더 보기' 아이콘(…)을 터치한 다음 〈스토리 숨기기 취소〉 버튼을 터치합니다.

03 부적절한 게시물 신고하기

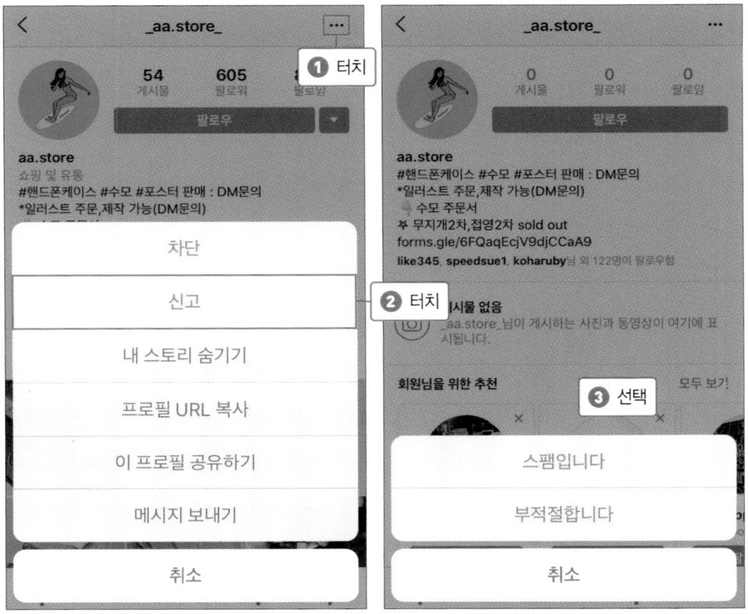

신고하기

1 신고하려는 계정 화면에서 '더 보기' 아이콘(…)을 터치하고 〈신고〉 버튼을 터치한 다음 신고 이유를 선택하여 완료합니다.

TIP 팔로잉하는 계정이 아니라도 부적절한 게시물을 발견했거나 스팸 메시지를 전송하는 경우에도 신고할 수 있습니다.

08 > 비밀번호가 기억나지 않을 때 로그인하기

인스타그램 계정에서 로그아웃한 다음 비밀번호가 생각나지 않을 때 비밀번호를 찾는 방법을 알아보겠습니다. 여러 계정을 사용하더라도 하나의 아이디에 접속하면 사용하는 모든 계정에 접속됩니다.

01 비밀번호를 잊었을 때 로그인하기

비밀번호 찾기

1 인스타그램을 실행하고 아래쪽 '계정 변경'을 터치합니다. 로그인 화면에서 '비밀번호를 잊으셨나요?'를 터치합니다.

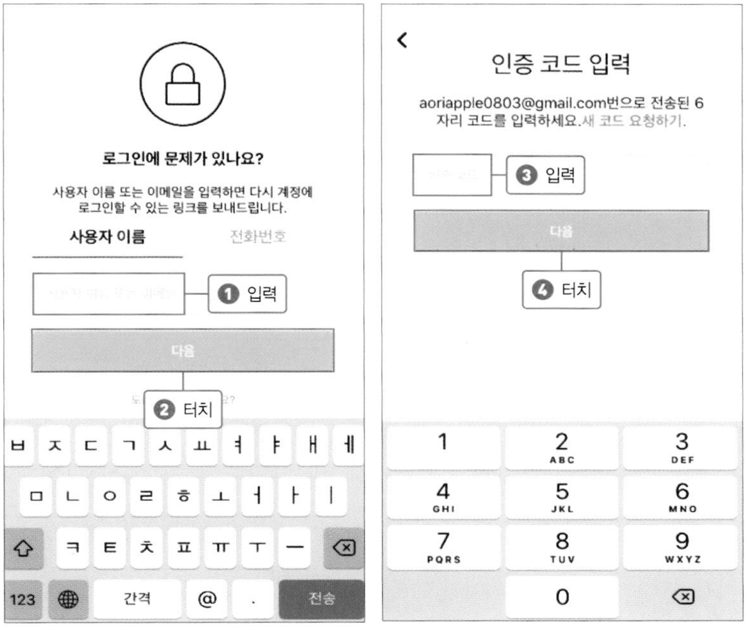

메일로 인증 코드 전송받기

2 사용자 이름에 사용하는 메일 주소를 입력한 다음 〈다음〉 버튼을 터치합니다. 입력한 메일 주소로 인증 코드가 전송되면 인증 코드를 입력하고 〈다음〉 버튼을 터치하면 로그인이 완료됩니다.

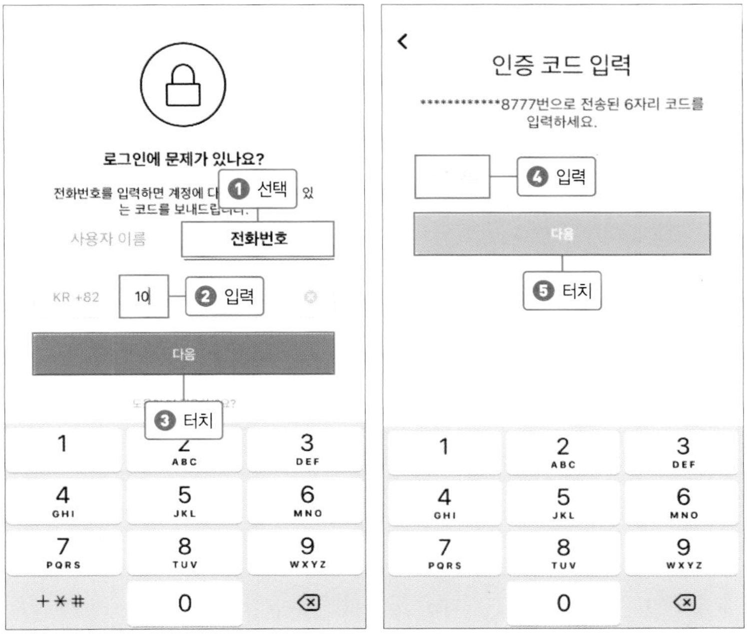

전화번호로 인증 코드 전송받기

3 [전화번호] 탭을 선택한 다음 전화번호를 입력합니다. 문자로 인증 코드가 전송되면 인증 코드를 입력하고 〈다음〉 버튼을 터치하면 로그인이 완료됩니다.

09 > 사용하지 않는 계정 정리하기

계정을 분리하기 위해 만들어둔 계정을 정리하거나, 단순히 가입만 해두고 더이상 사용하지 않는 인스타그램 계정을 일괄 정리하고자 할 때 사용하면 편리한 방법을 알아봅니다.

01 계정 삭제하기

계정 삭제하기

1 모든 계정에서 **설정 → 로그아웃**을 선택하고 인스타그램 앱을 실행합니다. 가입한 모든 계정이 화면에 표시됩니다. '계정 관리'를 선택합니다.

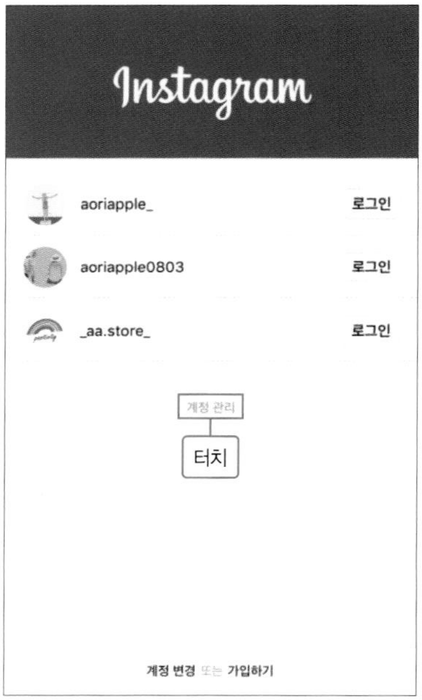

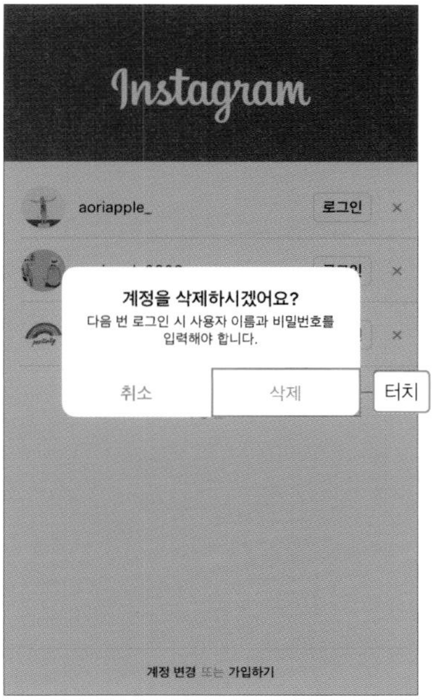

계정 삭제 완료하기

2 해당 계정의 '×' 아이콘을 터치한 다음 〈삭제〉 버튼을 터치하면 완료됩니다.

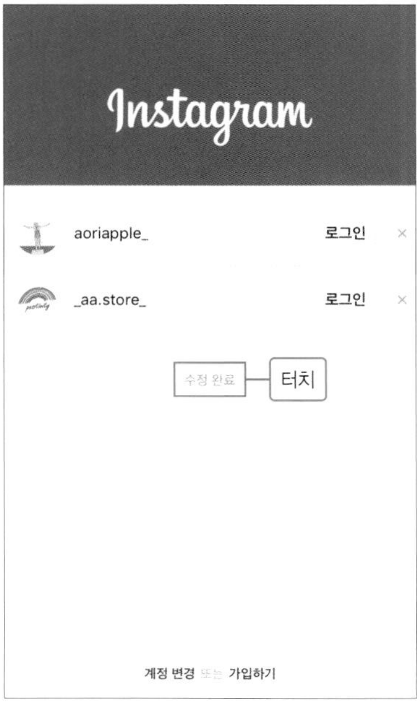

삭제 취소하기

3 삭제하지 않고 이전 단계로 돌아가려면 '수정 완료'를 터치합니다.

10 > 인스타그램의 숨은 기능 알아보기

인스타그램의 설정에는 우리가 미처 알지 못하는 기능이나 설정이 숨겨져 있습니다. 필요한 기능을 찾아서 효과적으로 사용해 봅니다.

01 좋아요 및 조회수 설정하기

좋아요 및 조회수 숨기기

1 내 계정에서 '더 보기' 아이콘(≡)을 터치한 다음 **설정**에서 **개인정보 보호 → 게시물**을 선택합니다. 게시물에서 '좋아요 수 및 조회수 숨기기'를 활성화합니다.

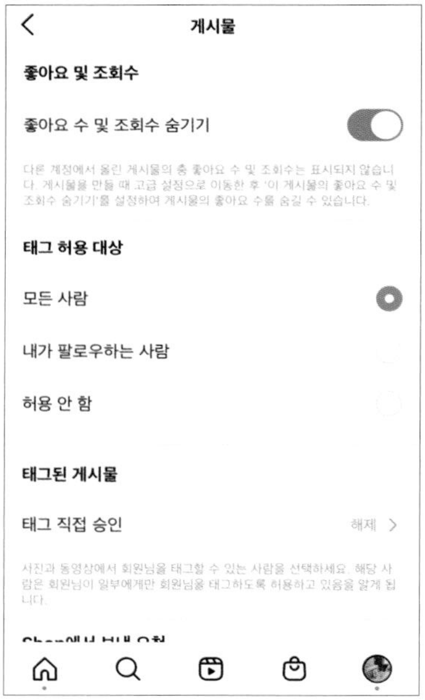

02 언급 허용 대상 설정하기

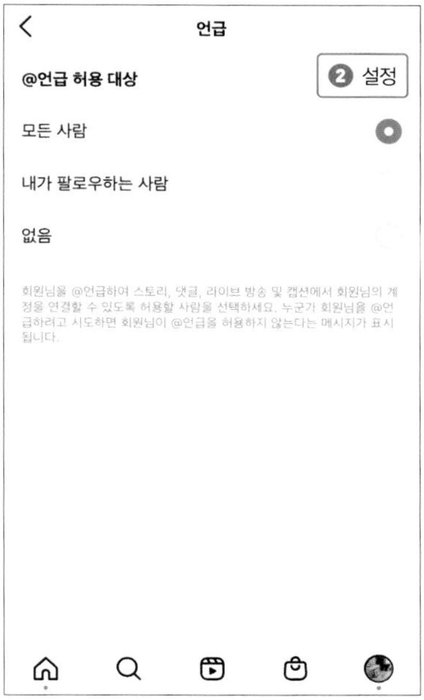

언급 허용 대상 설정하기

1 내 계정에서 '더 보기' 아이콘(≡)을 터치한 다음 **설정**에서 **개인정보 보호 → 언급**을 선택합니다. 언급에서 '@언급 허용 대상'을 선택하여 설정합니다.

03 언어 지정하기

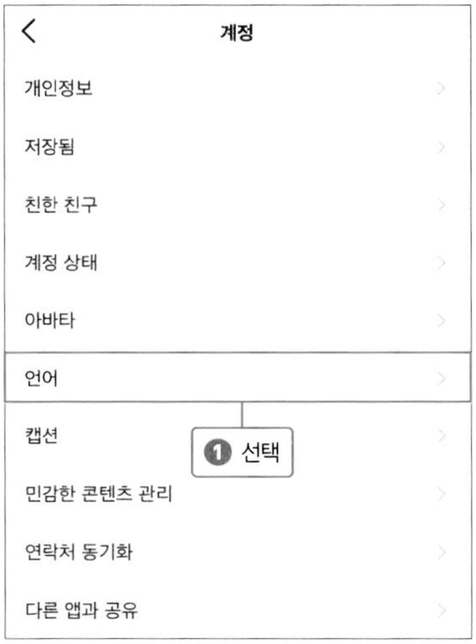

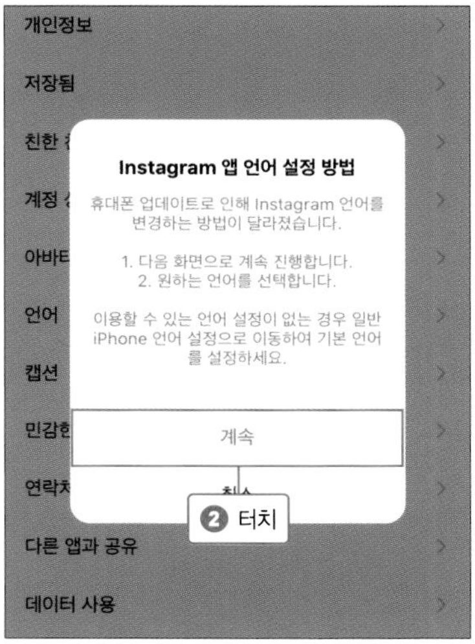

한국어 또는 외국어 지정하기

1 내 계정에서 '더 보기' 아이콘(≡)을 터치한 다음 **계정 → 언어**를 선택합니다. 〈계속〉 버튼을 터치하면 내 모바일 기기에서 언어를 설정하고 완료합니다.

찾아보기

찾아보기

Foreign Copyright:
Joonwon Lee Mobile: 82-10-4624-6629
Address: 3F, 127, Yanghwa-ro, Mapo-gu, Seoul, Republic of Korea
3rd Floor
Telephone: 82-2-3142-4151
E-mail: jwlee@cyber.co.kr

지금 시작해도 괜찮아

이젠 나도! 인스타그램 마케팅

2019. 10. 23. 초 판 1쇄 발행
2022. 6. 20. 개정증보 1판 1쇄 발행
2024. 6. 12. 개정증보 1판 2쇄 발행

지은이 | 정주윤
펴낸이 | 이종춘
펴낸곳 | BM (주)도서출판 성안당
주소 | 04032 서울시 마포구 양화로 127 첨단빌딩 3층(출판기획 R&D 센터)
10881 경기도 파주시 문발로 112 파주 출판 문화도시(제작 및 물류)
전화 | 02) 3142-0036
031) 950-6300
팩스 | 031) 955-0510
등록 | 1973. 2. 1. 제406-2005-000046호
출판사 홈페이지 | www.cyber.co.kr
ISBN | 978-89-315-5886-9 (13000)
정가 | 24,000원

이 책을 만든 사람들
책임 | 최옥현
진행 | 오영미
기획 · 진행 | 앤미디어
교정 · 교열 | 앤미디어
본문 · 표지 디자인 | 앤미디어
홍보 | 김계향, 임진성, 김주승
국제부 | 이선민, 조혜란
마케팅 | 구본철, 차정욱, 오영일, 나진호, 강호묵
마케팅 지원 | 장상범
제작 | 김유석

■ 도서 A/S 안내

성안당에서 발행하는 모든 도서는 저자와 출판사, 그리고 독자가 함께 만들어 나갑니다.
좋은 책을 펴내기 위해 많은 노력을 기울이고 있습니다. 혹시라도 내용상의 오류나 오탈자 등이 발견되면 **"좋은 책은 나라의 보배"**로서 우리 모두가 함께 만들어 간다는 마음으로 연락주시기 바랍니다. 수정 보완하여 더 나은 책이 되도록 최선을 다하겠습니다.
성안당은 늘 독자 여러분들의 소중한 의견을 기다리고 있습니다. 좋은 의견을 보내주시는 분께는 성안당 쇼핑몰의 포인트(3,000포인트)를 적립해 드립니다.

잘못 만들어진 책이나 부록 등이 파손된 경우에는 교환해 드립니다.

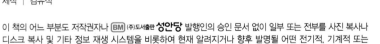